스포츠AI·빅데이터 시리즈①

실전 예제로 배우는
스포츠분석을 위한 인공지능 딥러닝 입문

박재현·윤지운·윤효준·전민수·이지용 지음

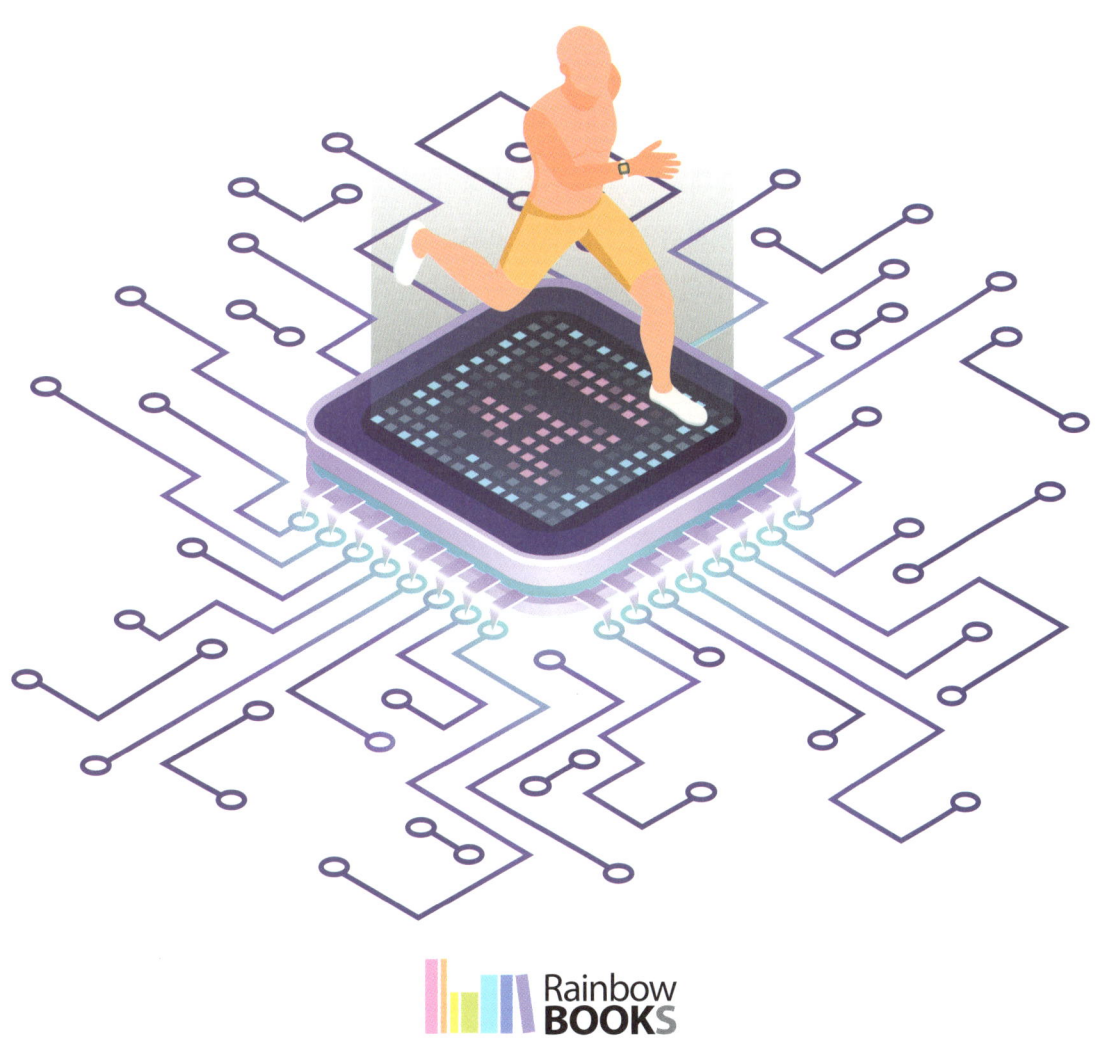

Rainbow BOOKS

머릿말

온 세상이 인공지능 딥러닝의 열풍에 휩싸여 있습니다. 스포츠 분야에서 딥러닝의 바람에 올라타고 싶지만, 현실은 그렇게 녹록지 않습니다. 딥러닝 관련 콘텐츠 대부분은 과거에 접해 보지 않았던 생소한 개념들을 어려운 공식으로만 설명하고 있기 때문입니다. 행렬과 미분을 대면하면서 사람들은 딥러닝에서 손을 놓게 됩니다. "행렬과 미분을 잘했다면, 내가 스포츠 분야에서 공부하고 있겠느냐?"라고 자책하면서 말입니다.

저자들은 자신 있게 말씀드립니다. 이 책이 "여러분을 딥러닝의 매력적인 세계로 안내할 것입니다". "인공지능 딥러닝이 이렇게나 쉬웠어?"라고 의심하게 될 수도 있습니다. 그 정도로 쉽게 정리하였습니다. 미래 스포츠 세상의 중심은 인공지능입니다. 핵심기술은 딥러닝이고요. 인공지능 딥러닝에 첫발을 시작한 여러분들은 이미 절반은 전문가입니다. '시작이 반'이니 말입니다. 컴퓨터와 통계 지식이 없더라도, 포기만 안 한다면 하루 3시간씩 2주간의 시간 투자로 여러분은 딥러닝 모델개발이 가능하게 될 것입니다.

이 책은 열 개의 장으로 구성하였습니다. 인공지능 기본 개념, 기초 파이썬 문법, 딥러닝을 위한 기초통계 그리고 딥러닝의 작동원리 등을 담았습니다. 딥러닝을 경험해 볼 수 있는 예제도 포함했습니다. 파이썬 코드로 작성했고, 데이터와 소스파일은 깃허브(GitHub)에 공개했습니다. 딥러닝 코드를 실행하면서 익힐 수 있도록 설계했습니다. "Trial and Error" 전략입니다. 일단 딥러닝 코드를 돌려보고, 이해되지 않는 개념과 오류발생 코드를 바로잡으며 배우는 전략입니다.

스포츠데이터 사이언스에 관심을 둔 학부생이나 대학원생, 그리고 이 분야의 전문가를 꿈꾸는 분들께도 이 책을 추천합니다. 딥러닝은 스포츠데이터 사이언스의 핵심으로 자리 잡게 될 것이 확실하기 때문입니다. 전통적 방법은 성능 면에서 딥러닝에 견줄만한 비교 대상이 되지 않습니다. 스포츠과학 실험데이터 분석을 위해 딥러닝 적용, 소샘플을 이용한 딥러닝 학습, 딥러닝 성능 판단에 관한 평가지표 개발 등 도전해야 할 숙제도 적지는 않습니다.

이 책은 인공지능 공부에 미쳐있는 한국체대 스포츠분석센터 출신의 교수와 박사들이 중심이 되어 집필했습니다. 딥러닝 시작을 돕는 초보자용 교재가 부족하다는 아쉬움이 동기가 되었습니다. 독자들에게 쉽게 전달 가능한 콘텐츠 개발을 위해 저자 모두 노력했습니다. 특히, 한국체대 윤지운 교수는 한국연구재단 이공분야 지원 과제인 '3D 이미지 활용 딥러닝 체형평가'의 코드를 초보자가 쉽게 실습할 수 있도록 정리해 주었습니다. 단국대학교 전민수 교수는 전 세계 200개 이상 베팅 사이트의 데이터와 인공지능 개념을 쉽게 정리하기 위해 밤을 새웠습니다. 윤효준, 이지용 박사는 각자의 박사논문에 사용했던 자연어처리와 컴퓨터 비전 기반 영상처리 기술을 정리해 주었습니다. 이 책에 모두 담을 수가 없어, 다음 기회로 나누어 담기로 했습니다. 별로 한 일 없이 재촉만 하였던 대표 저자는 그저 감사의 마음만 전하였습니다.

딥러닝의 'ㄷ'자를 모르는 분도 파이썬 코드에 어려움을 느끼지 않도록 정제된 예제를 제공했습니다. 데이터 전처리의 이해를 도우려고 전처리 과정은 쉬운 내용으로 일부 포함했습니다. 예제는 개인용 PC에서도 실습할 수 있도록 용량을 최대한 줄였습니다. 예제 모델의 학술적 의미는 존재하지 않는다는 뜻입니다. 단지 딥러닝 실습 목적으로만 이용하시기 바랍니다. 이 책이 발판이 되어 스포츠데이터 사이언스 분야에서 딥러닝을 이용한 연구가 활발히 이루어지길 기대합니다. 끝으로 이 책의 출판을 흔쾌히 허락해 주신 레인보우북스 민선홍 대표님께 감사드립니다.

2023년 가을 올림픽공원에서
한국체육대학교 스포츠분석센터
책임교수 **박 재 현**

목차

1장 인공지능과 스포츠분석 06

- 1-1. 스포츠분석에 적용되는 인공지능 … 09
- 1-2. 인공지능 활용 스포츠분석 시장 … 11
- 1-3. 스포츠데이터의 수집과 활용에 있어서 윤리적 고려사항 … 17
- 1-4. 스포츠분석 딥러닝 공부를 위한 준비 … 18

2장 파이썬 환경 설정 및 기본 문법 22

- 2-1. 파이썬 설치 및 개발 환경 구성 … 25
- 2-2. 파이썬 기본 문법 … 31
- 2-3. 파이썬 제어문: 조건문, 반복문, 함수 … 38

3장 인공지능의 이해 44

- 3-1. 인공지능의 개념 … 46
- 3-2. 인공지능의 역사 … 49
- 3-3. 데이터와 인공지능 알고리즘 … 53
- 3-4. 스포츠에서 인공지능 활용 사례 … 57
- 3-5. 무작정 따라 해 보는 인공지능 … 61

4장 스포츠분석을 위한 기초통계 64

- 4-1. 스포츠데이터의 유형 … 66
- 4-2. 데이터 집합의 대푯값 … 69
- 4-3. 데이터의 퍼짐 정도: 변산도 … 74
- 4-4. 표준점수 … 77
- 4-5. 변수 간 상관관계 및 선형회귀 … 79

5장 인공지능 딥러닝 작동 원리 84

- 5-1. 자연계 뉴런의 기본 구조와 기능 … 86
- 5-2. 인공뉴런의 디지털 신호 전달 … 90
- 5-3. 인공신경망에서의 신호 연결 … 95
- 5-4. 인공신경망의 오차 교정 … 102

6장
인공지능 딥러닝 실전
110

- **6-1.** 데이터 준비 — 112
- **6-2.** 손글씨 숫자 인식 신경망 — 115
- **6-3.** 텐서플로우1: 딥러닝 모델 개발 — 130
- **6-4.** 텐서플로우2: 딥러닝 모델 사용 — 135

7장
신체데이터 활용 체형분류 예제
142

- **7-1.** 히스-카터 체형분류 이론 SOMATOTYPE — 144
- **7-2.** 체형분류를 위한 딥러닝 분석설계 — 147
- **7-3.** 체형분류 딥러닝 모델 개발 — 149
- **7-4.** 체형분류 딥러닝 서비스 활용 — 152

8장
배당률 데이터 활용 이상 베팅 식별 예제
158

- **8-1.** 스포츠 승부조작의 이해 — 160
- **8-2.** 승부조작 모니터링을 위한 딥러닝 분석설계 — 164
- **8-3.** 승부조작 식별 딥러닝 모델 개발 — 170
- **8-4.** 승부조작 식별 딥러닝 서비스 활용 — 175

09장
이미지 데이터 활용 체조 동작 평가 예제
178

- **9-1.** 인공지능 스포츠 동작 평가 — 181
- **9-2.** 코딩 없이 학습하는 구글 티처블머신 — 182
- **9-3.** 체조 동작평가 딥러닝 서비스 — 188

10장
스포츠AI 딥러닝 모델 평가
194

- **10-1.** 인공지능 딥러닝의 성능 평가 — 196
- **10-2.** 과적합의 문제 — 202
- **10-3.** 기타 고려해야 하는 딥러닝의 사항들 — 204

1장
인공지능과 스포츠분석

1-1. 스포츠분석에 적용되는 인공지능
1-2. 인공지능 활용 스포츠분석 시장
1-3. 스포츠데이터의 수집과 활용에 있어서 윤리적 고려사항
1-4. 스포츠분석 딥러닝 공부를 위한 준비

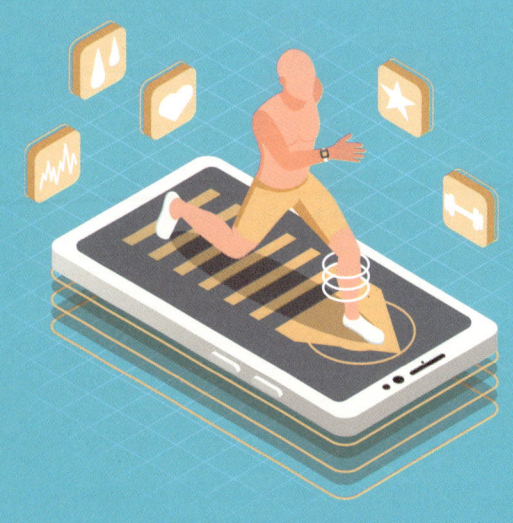

1장
인공지능과 스포츠분석

인공지능 기술은 현대 스포츠분석에 큰 혁신을 가져왔습니다. 스포츠산업 발전과 스포츠데이터의 폭발적 증가는 새로운 융복합 기술도입을 통한 스포츠생태계 변화를 요구합니다. 이 장에서는 인공지능 기술과 스포츠분석의 이해를 바탕으로 빠르게 변화하고 있는 스포츠환경에 대해 살펴보겠습니다.

인공지능

인간의 지능을 모방하여 알고리즘에 의해 판단하는 일종의 컴퓨터 프로그램입니다. 기계가 인간처럼 스스로 학습하고 스스로 문제상황을 인지하고 판단하여 다양한 일을 수행하는 능력을 갖춘 데이터 집합체(data sets)입니다. 대량의 데이터 분석을 통해 패턴을 인식하여 문제를 해결하는 알고리즘을 만들며, 기계학습, 딥러닝, 자연어 처리 등 다양한 분야로 구성되어 있습니다.

스포츠분석

스포츠 관련 방대한 데이터가 만들어지고 있는데, 스포츠분석은 이 데이터를 객관적인 방법으로 기록(측정)하여 체계적으로 분석(평가)하는 일련의 과정을 의미합니다. 스포츠경기 분석(performance analytics)에서 스포츠비즈니스 분석(business analytics)에 이르기까지 매우 폭넓은 범위를 포함하고 있습니다. 스포츠애널리스트는 스포츠를 분석하는 전문가를 말합니다.

인공지능과 스포츠분석의 결합은 스포츠경기의 흥미를 증대시킬 뿐 아니라 새로운 스포츠비즈니스의 도전기회를 제공합니다. 인공지능 기술은 과거와 전혀 다른 새로운 스포츠콘텐츠를 만들고 있습니다. 미래의 역량은 인공지능을 활용하는 능력입니다. 쏟아지고 있는 인공지능 기술을 이해하고 스포츠분야에 접목하여 새로운 가치를 만들어 내길 기대합니다.

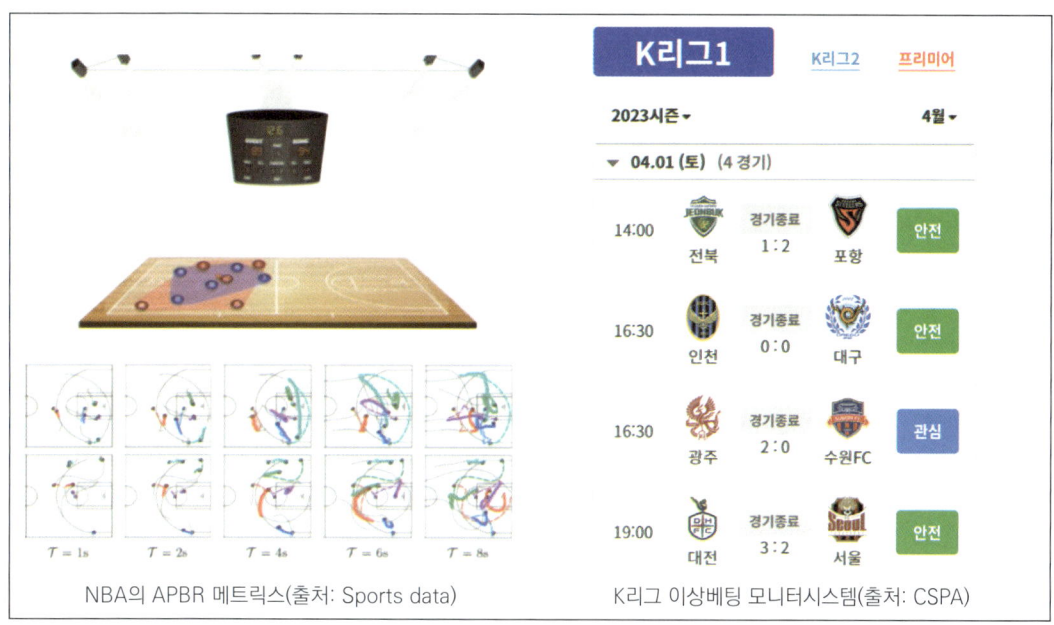

그림 1-1. 스포츠 적용 인공지능 기술 사례

1-1. 스포츠분석에 적용되는 인공지능

인공지능 기술은 혁명적인 세상 변화를 만들고 있습니다. 스포츠분야도 예외가 아닙니다. 선수들의 경기력을 향상시키고, 팀 전술 및 전략을 개선하며, 경기 결과를 예측하려는 노력이 경쟁적으로 이루어지고 있습니다. 이 장에서는 인공지능이 스포츠분야에서 어떻게 적용되고 있는지에 대해 살펴보겠습니다.

●●● 퍼포먼스 분석

인공지능 기술을 적용하여 선수들의 움직임, 기술의 성공 여부, 경기 수행 시간 등 선수들의 퍼포먼스를 분석하고 있습니다. 어떤 선수가 어떤 환경에서 자신의 최대 퍼포먼스를 끌어낼 수 있는지에 대한 패턴을 질적 및 양적 데이터로부터 찾아내고 있습니다.

야구 투수 퍼포먼스 분석

인공지능을 활용하여 투수의 피칭 데이터를 수집하여 분석합니다. 피칭 데이터는 구종, 회전율, 구속, 스핀 비율 등이 포함되어 있습니다. 인공지능 모델은 데이터에 근거를 두고 투수의 강점과 약점을 파악할 수 있습니다. 어떤 투수는 높은 회전율을 가진 커브볼을 통해 상대 타자들을 잡는 데에 능숙하고, 다른 투수는 빠른 스플리터를 잘 구사하여 타자로 하여금 헛스윙을 유도하는데 뛰어날 수 있습니다. 분석결과를 투수들의 훈련에 반영할 수 있습니다. 투수의 특성과 성향에 따라 최적의 투구 전략을 개발하여 투수 경기력 향상에 기여합니다.

●●● 팀 전략 최적화

인공지능 기술은 다양한 경기 상황에 대한 양적 또는 질적 데이터를 분석하여 팀 전술을 최적화하는 데 사용됩니다. 축구, 핸드볼, 농구 등 단체종목은 포메이션, 공격 또는 수비 전술 등의 선택이 매우 중요합니다. 인공지능 기술을 활용하여 상대 팀 전술을 예측하고, 이에 대응하는 우리 팀 최적 전술을 발굴합니다.

축구 팀 전술 최적화

인공지능을 활용해 축구 경기에서 발생하는 다양한 상황에 대한 데이터를 수집하고 분석할 수 있습니다. 포메이션, 선수의 위치, 패스 및 드리블 경로, 슈팅 등의 데이터를 수집할 수 있습니다. 인공지능은 축구경기의 양적 또는 질적 데이터를 기반으로 팀 전술을 최적화합니다. 특정 상황에서 "4-3-3 포메이션 보다 3-5-2 포메이션이 더 효과적이다."라는 패턴을 찾아낼 수 있습니다. 상대 팀과의 경기에서는 공격보다는 수비를 강화하는 전술이 더 효과적일 수 있음을 파악해 내기도 합니다. 분석 결과를 바탕으로 경기 전술을 개발하고, 포메이션을 조정하여 상황에 가장 적합한 전술을 제안할 수 있습니다.

●●● 경기 결과 예측과 승률 분석

인공지능 기술은 과거의 경기 결과와 팀 경기력에서 나타나는 패턴을 확인하여 미래의 경기 결과를 예측하고, 특정 팀의 승률을 분석하기도 합니다. 이를 통해 경기 결과에 대한 예상치를 도출하고, 팀의 전력을 분석하는 데 도움을 줍니다.

경기 결과 예측과 승률 분석

인공지능은 과거의 경기 결과를 종합하여 어떤 요인들이 승패에 영향을 미쳤는지를 파악합니다. 승패에 영향을 미치는 요인들은 과거 전적, 개별 선수의 경기력, 경기장 특성, 상대 기록, 부상선수 유무 등이 예가 될 수 있습니다. 인공지능은 변수 간 상관관계를 바탕으로 특정 팀과 경기에서 승률을 분석해 낼 수 있습니다. 가령, 특정 팀이 지난 몇 경기에서 좋은 성적을 거두고 있고, 상대 팀과의 경기에서 상대적 우위를 갖고 있다면, 인공지능은 과거

누적 정보를 활용해 "해당 팀의 승리확률은 78%다."라고 예측할 수 있습니다. 예측결과는 비즈니스 모델로 만들어져서 상품화되기도 합니다.

●●● 부상 예방과 선수 건강 관리

인공지능 기술은 선수들의 생체 신호와 건강 데이터를 모니터링하여 부상 가능성을 사전에 예측하고, 선수들의 건강 상태를 관리하는 데 사용할 수 있습니다. 이를 통해 선수들은 최적의 경기력을 유지하고, 훈련 또는 경기 중에 발생 가능한 부상 위험을 최소화하는 데 이바지합니다.

부상 예방과 선수 건강 관리

인공지능은 각종 센서를 활용해 선수들의 신체 상태를 실시간 모니터링하여 생체 신호와 건강 데이터를 분석합니다. 심박수, 호흡량, 혈압 등 생리적 정보와 부상경험, 휴식시간 등의 훈련정보들이 모두 데이터가 될 수 있습니다. 인공지능은 데이터를 근거로 선수들의 부상 및 건강관리의 지침을 만들 수 있습니다. 예를 들어, 특정 선수가 훈련 중에 평소보다 높은 심박수로 근육 피로도가 증가하였다면, 인공지능이 실시간 감지하여 해당 선수의 위험을 감지하고 적절한 경고 시그널을 만들어 낼 수 있습니다. 인공지능은 선수들의 최적의 신체상태를 유지하는데 기여합니다.

1-2. 인공지능 활용 스포츠분석 시장

"과학적인 스포츠분석이 왜 필요한가?"라는 질문에 대한 모범 답안 중 하나가 바로 영화 '머니볼(Money Ball)'의 사례입니다. 브래드 피트 주연의 머니볼은 2011년에 개봉된 미국영화입니다. 메이저리그 야구(MLB)를 배경으로 실제 있었던 사례를 다룬 작품입니다. '머니볼'은 높은 효율을 추구한다는 의미로서 혁신적인 전략과 성과를 강조하는 현대 경제학 용어로도 사용되고 있습니다. 머니볼이 현실 스포츠에서 데이터의 가치를 증명한 사례라면, 인공지능 기술은 스포츠콘텐츠를 다양하게 만들 것입니다.

영화 '머니볼' 줄거리

어려서부터 야구에 몸담은 빌리빈(브래드피트 역)은 유소년 시절 어느 구단이나 모두 탐을 냈던 선수입니다. 빌리빈이 고등학교를 졸업할 때 장학금이 보장된 대학생활을 포기하고 프로 팀에 입단하지만 성적은 좋지 않았습니다. 오클랜드 애슬레틱스 팀 단장을 맡게 된 빌리는 2001년 디비전 시리즈 최종전에서 양키즈 구단에게 역전패를 당하게 됩니다. 돈 많은 구단에게 팀 에이스 선수들을 모두 빼앗긴 후 빌리빈은 클리브랜드에 선수 영입을 위해 찾아가서 예일대 경제학과 출신 피터 브랜드를 영입합니다. 피터는 에이스도 빼앗기고 대선수를 사올 수도 없는 오클랜드 어슬레틱스 상황에서 출루율을 강조합니다. 사생활, 스타성, 외모 등 다 제외하고 오직 데이터에 의해 선수를 뽑는 방식을 제안합니다. 전통적인 방식을 고집하였던 감독과의 갈등을 이겨낸 빌리는 숫자로만 채울 수 없는 것을 매꾸려고 노력했습니다. 결과는 놀라웠는데, 오클랜드 애슬레틱스는 20연승을 하게 되었다는 감동 스토리입니다.

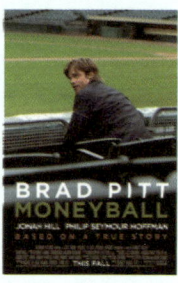

●●● 스포츠분야 인공지능 시장 규모

MMR(Maximize Market Research: maximazemarketresearch.com)은 글로벌 인공지능 관련 스포츠 시장 규모가 2020년 14억 달러(약 17조 원)에서 2029년 192억 달러(145조 원)로 연평균 31.74%로 고속성장을 전망했습니다. 인공지능은 스포츠 경기관람 경험, 경기전술 개발, 경기운영 방식, 티켓판매 방법, 중계방송 형태 등에서 엄청난 변화가 예상됩니다. 유명인을 모델로 한 인공지능 캐스터와 해설자가 도입, 얼굴인식을 통한 경기장 입장, 방송PD 없는 자동 중계 시스템 등 다양한 스마트 시스템을 생각할 수 있습니다. 스포츠데이터

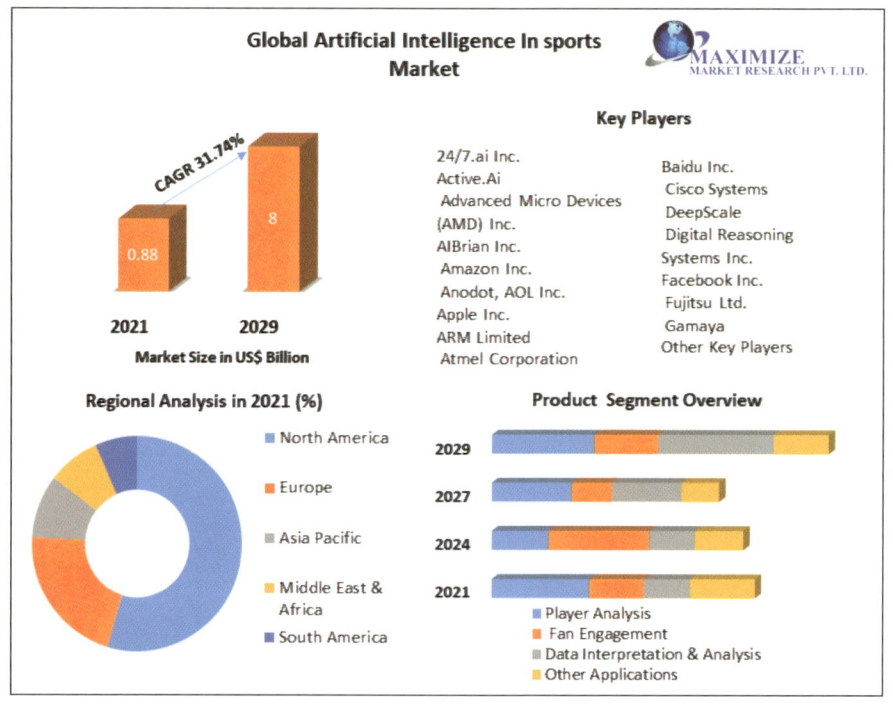

그림 1-2. AI 관련 스포츠시장 규모(출처: Maximize Market Research)

시장의 성장은 멈춤이 없이 가속화를 예상합니다. 미래 인공지능 스포츠시장에서 키플레이어가 되어야합니다. 어떤 제품이 스포츠시장의 중심이 될까요? 융복합적 아이디어를 기반으로 다양한 토론과 진취적인 도전 자세가 필요합니다. 함께 도전해 보시지요.

●●● 스포츠분석 관련 인공지능 어플리케이션

2019년 후반에 급습한 코로나19는 스포츠 트레이닝 시장을 크게 바꾸어 놓았습니다. 홈트레이닝 수요가 급증하면서 가정에서 혼자서 손쉽게 트레이닝을 활용할 수 있는 어플리케이션에 대한 요구 또한 증가했습니다. 과거의 홈트레이닝은 연예인이 등장하는 운동 비디오영상을 떠올리지만, 운동 비디오영상은 한방향 소통으로서 개인별 맞춤형 콘텐츠로 제공하는 것은 불가능했습니다. 인공지능은 개인별로 자세를 모니터링하여 계획을 세우고 성과를 관리할 수 있습니다. 근육량, 지방량, 칼로리 소비량 등 성과 데이터를 실시간 확인도 가능합니다. 컴퓨터 비전(computer vision: CV) 기술은 자세훈련을 위한 비대면 AI코치로 이름 붙여 대면 코치를 완전히 대체할 수 있다는 전망까지 나오고 있습니다. 휴대폰 카메라를 켜기만 하면 운동하는 자세의 정확성을 확인하고, 동작의 개선사항에 대한 조언을 들을 수 있습니다.

그림 1-3. Mediapipe의 CV 기반 실시간 3D 동작 식별 및 분류

다이어트

인공지능 알고리즘은 맞춤형 다이어트 계획을 수립하는 데 있어 유용하게 사용할 수 있습니다. 개인으로부터 수집된 신장, 체중, 훈련량, 수면시간, 근육량, 체지방량, 체수분량 등의 데이터를 활용하여 각 개인별 최적의 맞춤 다이어트 알고리즘을 도출할 수 있습니다. 운동선수에게는 최상의 경기수행을 위한 신체 컨디션 관리 모델을 제시할 수도 있습니다. 최상의 경

기수행에 필요한 영양공급 및 신체구성 관리는 웨어러블 및 모바일 센서를 활용하여 자동화할 수 있습니다.

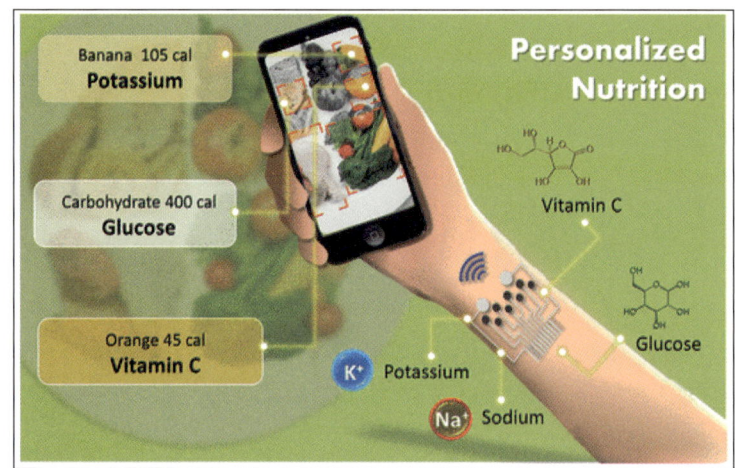

그림 1-4. 개인 맞춤형 영양관리를 위한 웨어러블 및 모바일 센서 활용(출처: ACS Publications)

경기분석

과거에는 축구, 농구, 핸드볼 등 단체종목의 경기분석을 위해 수십 대의 고성능 카메라가 필요했습니다. 인공지능 기술은 단 몇 개의 카메라만으로도 경기장에서 발생하는 활동 대부분을 기록해 낼 수 있습니다. 볼의 궤적을 정확히 읽어낼 수 있고, 어떤 선수가 누구에게 어느 속도로 패스를 했는지 식별하는 일도 가능해졌습니다. 다시는 스포츠 경기에서 '마라도나의 신의 손' 같은 오심은 발생하지 않을 것입니다. 경기가 어떻게 진행되고 있는지 실시간으로 데이터를 받아서 심판판정에 활용할 수 있습니다. 누가 골을 넣었는지, 누가 어시스트를 하였는지, 선수들이 얼마나 움직였는지를 데이터로 확인할 수 있습니다.

그림 1-5. Soccer Game Video Production Solution(출처: byteant)

경기력 분석

2022년을 기준으로 몸값이 가장 비싼 선수는 얼마일까요? 축구선수 음바페로서 몸값이 자그마치 2,172억 원입니다. 운동선수 몸값은 경기력에 의해 매겨집니다. 경기력을 향상시키려면 큰 비용과 노력이 요구됩니다. 인공지능은 선수들의 잠재력을 극대화할 최적의 알고리즘을 제시할 수 있습니다. 경기력 향상을 위해 인공지능의 활용은 크게 증가할 것입니다. 인공지능 시스템 적용을 통한 선수들과 팀의 경기력이 20% 이상 향상될 수 있다는 사실이 데이터로 증명되고 있습니다.

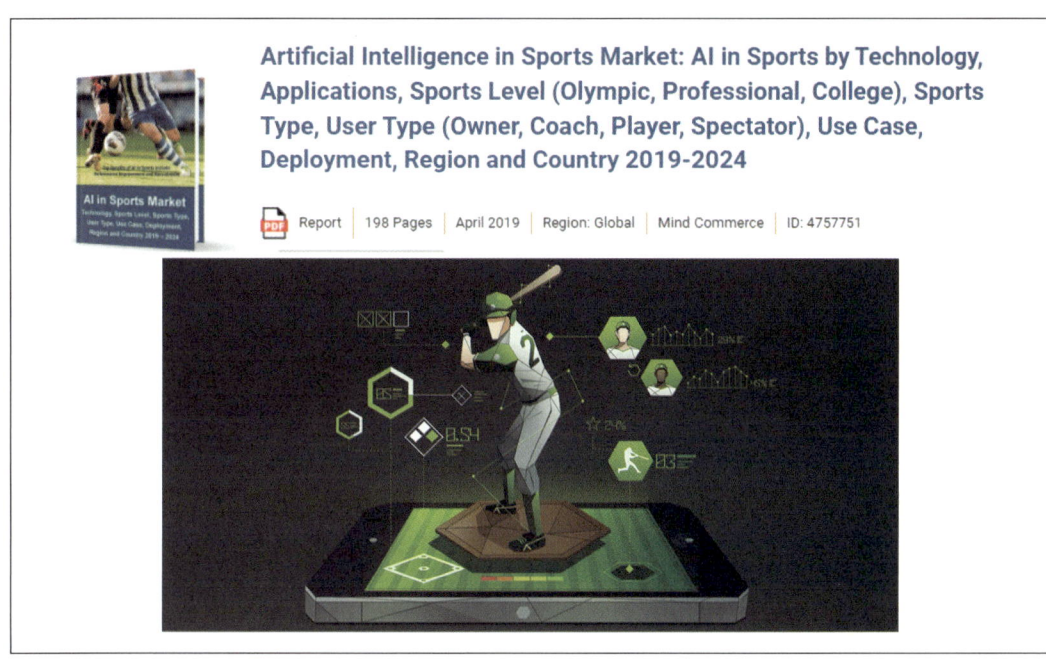

그림 1-6. 인공지능 경기력 분석 사례(출처: AI World School)

스포츠경기 티켓팅

스포츠 이벤트가 열릴 때면 많은 사람이 빠른 속도로 모이게 됩니다. 입장권을 발급받고, 입장권을 확인하는 데 있어 적지 않은 시간과 인력이 투입됩니다. 인공지능 기술은 입장권 발급과 확인 과정을 자동화할 수 있습니다. 얼굴 인식 인공지능 알고리즘을 사용하여 개인에게 입장권을 요구하지 않고도 부정 입장 여부를 쉽게 확인 가능합니다. 경기장을 찾는 스포츠 팬들이 오랜 시간 기다리지 않아도 됩니다. 입장객의 행동 패턴도 확인할 수 있습니다. 성별, 나이, 선호 음식 등을 분석하여 경기장 재방문 가능성을 예측하고, 상품 판매를 위한 제품 마케

팅을 준비하는 데 도움을 줄 수 있습니다. 또한 사람들이 많이 모이는 장소에서 밀집도를 분석하여 위험경고 시그널을 통해 안전한 스포츠문화를 만들 수도 있습니다.

그림 1-7. 스포츠경기장의 AI 얼굴인식 시스템(출처: ABC 뉴스)

스포츠예측

스포츠 경기결과를 사전에 예측하면서 경기를 즐기는 즐거움은 스포츠 소비의 또 다른 형태로 발전하고 있습니다. 우리나라는 스포츠토토, 프로토 같은 스포츠베팅 사업으로 스포츠 흥미를 높이고 공익적 혜택을 만들고 있습니다. 인공지능 기술은 스포츠베팅 산업에도 활용되고 있습니다. 인공지능 기술을 가장 큰 장점은 많은 양의 데이터를 처리할 수 있다는 것인데, 인간의 눈에 의한 모니터링보다 빠르고 정확한 예측이 가능합니다. 경기 전 또는 경기 중에 발생하는 실시간 데이터를 반영한 인공지능 기반 예측모델은 재미있는 스포츠베팅 시장을 만들 것으로 예상케 합니다. 스포츠베팅 규모는 2014년 월드컵 결승전 경기에 약 7조 원, 2015년 미국 메이저리그 야구 월드시리즈 경기에 약 2천843억 원, 2015년 한국 K리그1의 경기당 약 125억 원 정도 규모의 금액으로 베팅이 이루어지는 것으로 추정됩니다. 스포츠베팅 시장 규모는 약 161조 원으로 파악되는데, 인공지능 기반의 베팅시장은 전체시장의 12%에 해당하는 약 2조 원으로 보고 있습니다.

그림 1-8. 주요 경기에서 추정되는 베팅 금액(출처: Sportsradar)

1-3. 스포츠데이터의 수집과 활용에 있어서 윤리적 고려사항

스포츠분야에서 인공지능 모델을 만들려면 필수로 데이터수집 절차를 거쳐야 합니다. 양질의 데이터가 인공지능 성능과 직접 연결이 되어있기 때문에 데이터는 인공지능의 핵심입니다. 인공지능 모델링을 위해 양질의 데이터 확보를 추구하면서도 동시에 데이터수집의 윤리적 측면에서의 검토도 필요합니다. 스포츠데이터의 수집 및 활용에 있어 윤리적으로 고려해야할 사항은 다음과 같습니다.

① 개인정보 보호: 선수나 관중들의 개인정보는 민감한 정보로서 적절한 보호가 필요합니다. 개인 데이터를 수집할 때 또는 개인 식별이 가능한 정보를 활용할 때는 개인정보 보호 규정과 법률을 준수해야 합니다.

② 공정성 및 중립성 유지: 데이터 분석 과정에서 어떤 데이터를 수집하고 어떤 방식으로 활용하느냐에 따라 결과는 편향될 수 있습니다. 모든 데이터 수집과 분석은 중립적이고 공정한 방식으로 이루어져야 합니다.

③ 사회적 영향 평가: 데이터 활용이 선수나 관중 또는 사회 전반에 미칠 영향을 평가해야 합니다. 데이터의 사용 목적이나 결과가 사회적 가치나 권리에 부합하는지 고려해야 합니다.

④ 데이터 정확성과 신뢰성 보장: 잘못된 데이터는 잘못된 결정과 예측을 초래할 수 있으며, 이는 스포츠 팀이나 선수에게 피해를 줄 수 있습니다. 따라서 데이터의 정확성과 신뢰성은 중요한 고려사항입니다.

⑤ 투명성 유지: 데이터수집 및 분석 방법은 투명하게 공개되어야 합니다. 결과를 도출하기 위해 사용된 데이터와 분석 방식에 대한 설명은 분석의 신뢰성을 높이는 중요한 요소입니다.

⑥ 데이터 활용의 한계 설정: 데이터수집과 활용의 범위를 제한하고 민감한 개인정보나 인권 침해와 관련된 활용을 피해야 합니다.

⑦ 데이터 보안 강화: 수집한 데이터는 해킹이나 데이터 유출로부터 보호되어야 하며, 적절한 보안 조치가 필요합니다.

⑧ 데이터 소유권과 권리 규정: 데이터 제공자, 수집기관 및 사용자 간의 권리와 책임을 명확하게 정의하여 혼란을 방지해야 합니다.

이러한 윤리적 고려사항을 준수함으로써 스포츠데이터의 수집과 활용은 효과적이고 지속 가능한 방식으로 이루어질 수 있습니다. 우리나라 정부는 인공지능 윤리기준에 대하여 지침을 만들어 운영하고 있습니다. 필요한 경우 인공지능 윤리기준을 참고하시기 바랍니다.

그림 1-9. 대한민국 정부의 인공지능 윤리 기준

[생각해 보기] 이루다 사건에 대해 어떻게 생각하세요?

이루다 사건의 시작은 이렇습니다. '연애의 과학'이라는 휴대폰 앱이 있습니다. 상대와 나눈 카톡 파일을 전달하면 두 사람 간의 애정도를 분석해 주는 '카톡으로 보는 속마음'이라는 서비스입니다. '연애의 과학'은 사용자들이 제공한 개인정보 등의 데이터를 바탕으로 'AI 챗봇 이루다'를 만들었습니다. 회사 측은 사용자들이 제공한 데이터가 'AI 챗봇 이루다' 개발에만 사용한다고 했으나, 회사 측 입장과 다르게 사회적 문제가 발견되었습니다. 예를 들면, 'AI 챗봇 이루다'는 자신이 학습한 데이터를 기반으로 특정인의 주소, 연락처, 계좌번호 등 민감정보를 여과 없이 공개했습니다. 특히, 'AI 챗봇 이루다'를 성노예로 만드는 방법 등 성희롱의 문제로까지 확장되었습니다. 'AI 챗봇 이루다'는 사용자의 음담패설을 그대로 학습하여 서비스를 제공했습니다. 현재의 법 체계에서는 인공지능이 저지른 범죄를 처벌할 수도 없고, 인공지능을 대상으로 저지른 범죄 역시 처벌할 수 없습니다. 범죄에 대한 책임이 모호해진 것입니다. 따라서 인공지능 개발자는 고도의 윤리의식과 책임감을 가져야 합니다.

1-4. 스포츠분석 딥러닝 공부를 위한 준비

여러분은 스포츠AI 분야에 한발을 들였습니다. 이 책을 손에 넣어 여기까지 읽으셨다면 마음먹고 딥러닝을 배우고자 시간을 낸 것입니다. 크게 마음먹었다고 모든 사람이 마무리까지 완성하지는 않는 듯합니다. 이 책을 읽는 여러분은 딥러닝이 어떻게 작동하는지 그리고 스포츠에 어떻게 접목할지에 대한 호기심이 있습니다. 파이썬 코드 오류가 난다든지 하면, 당장이라도 포기하고 싶어집니다. 그래서 인공지능 딥러닝 기초를 마무리까지 잘하기 위해 준비해야 할 몇 가지를 안내 드립니다.

깃허브 예제 코드 활용

이 책에서 사용된 예제는 모두 깃허브(GitHub)에 올려두었습니다. 깃허브는 컴퓨터 프로그램 개발자들이 코드의 버전 관리 시스템인 깃(Git)을 기반으로 한 코드 호스팅 플랫폼으로서 소스 코드를 저장, 관리, 협업, 공유를 위해 사용하는 도구입니다. 개발자 커뮤니티에서 코드 공유와 협업의 중요한 도구로 자리를 잡았습니다. 깃허브에는 이 책의 예제뿐 아니라 다양한 오픈소스가 공개되어 있으므로 인공지능 딥러닝을 공부하는 데 큰 도움이 됩니다. 우리가 함께 공부하는 스포츠분석을 위한 인공지능 딥러닝 예제의 깃허브 접속 주소는 다음과 같습니다.

스포츠분석을 위한 인공지능 딥러닝 입문 예제파일 깃허브 주소: https://github.com/jaehyeonknsu/SportsAnalyticsDL

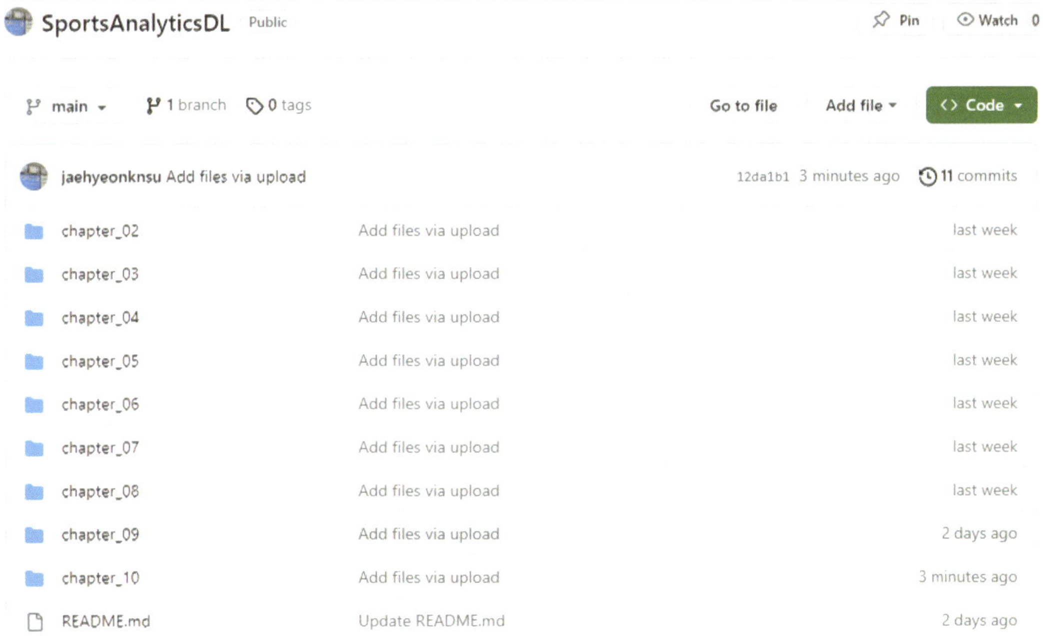

그림 1-10. 예제파일 활용을 위한 깃허브(GitHub)

현재 단계에서는 깃허브 주소에 접속하여 파일이 있다는 사실만을 확인하면 됩니다. 각 파일들을 내려받아 컴퓨터에 저장해 두어도 상관없습니다. 만약 깃허브 계정까지 만드신다면, 더할 나위 없이 칭찬해 드리겠습니다. 깃허브 계정이 없더라도 이 책을 실습하는 데 전혀 문제가 없습니다. 파일폴더를 열어보면 챕터별로 파이썬 소스코드를 비롯해 예제에 사용된 데이터 파일을 확인할 수 있습니다. 이 책을 읽으면서 컴퓨터를 앞에 두고 하나하나 진행하시면, 딥러닝의 기본원리를 익히고 간단한 딥러닝 모델까지 만드는데 문제없이 이루어질 것입니다. 물론 딥러닝 모델의 검증도 가능하게 될 것이라고 장담하겠습니다.

●●● 데이터에 대한 소중한 가치 인식

인공지능 딥러닝의 기술 경쟁은 결국은 데이터 경쟁입니다. 4차 산업혁명 시대는 양질의 데이터를 확보한 사람, 기업, 조직이 최종승자가 될 것입니다. 1차 산업혁명은 석탄을 동력원으로 하여 증기기관이 핵심기술로 등장한 시대입니다. 커다란 산업화의 혁명이 일어났습니다. 2차 산업혁명은 석유 또는 전기를 동력원으로 삼아, 대량생산 기술을 핵심으로 성장을 이끈 시대였습니다. 3차 산업혁명은 컴퓨터를 동력원으로 하여 통신, 즉 인터넷 기술을 핵심으로 하여 성장하였습니다. 엘빈토플러(Alvin Toffler)가 말한 제3의 물결(the third wave), 정보화 혁명이 일어났습니다.

제4차 산업혁명은 무엇을 동력원으로 삼아 어떤 기술로 세상을 변화시킬까요? 바로 데이터를 동력원으로 하여 인공지능을 핵심기술로 만드는 혁명입니다. 과거에는 정형화되어 있는 숫자 데이터만을 다루었으나 현재는 문자, 이미지, 영상, 소리 등 다양한 형태의 데이터를 다루는 기술을 확보했습니다. 바로 빅데이터 처리기술입니다. 그러나, 아무리 많은 데이터를 가지고 있다고 하더라도, 데이터에서 의미 있는 패턴을 찾아내지 못한다면 그 데이터는 무용지물입니다. 데이터로부터 찾아낸 의미 있는 패턴은 자율주행 자동차 등 로봇 기술을 만들어 내었고 챗GPT 등 생성형 인공지능 기술을 만들었습니다. 반대로 제아무리 우수한 인공지능 기술을 가졌더라도 데이터가 없다면 역시 쓸모없습니다. 데이터 없는 인공지능 기술은 포장지만 예쁜 빈박스이기 때문입니다.

우리 속담에 '구슬이 서 말이어도 꿰어야 보배이다.'라는 말이 있습니다. 제4차 산업혁명과 매우 잘 어울리는 속담입니다. 따라서 딥러닝 알고리즘의 성능은 결국 데이터의 질이 결정하게 됩니다. 우리는 스포츠 분야에서 다양한 데이터를 접하게 되는데, 데이터의 가치를 중요하게 생각해야 합니다. 좋은 데이터수집을 위한 다양한 경로를 확보하는 것은 우수한 스포츠 애널리스트의 자질입니다.

4차 산업혁명 시대의 동력원과 핵심기술		
	동력원	핵심기술
1차 산업혁명	석탄	증기기관
2차 산업혁명	석유(전기)	대량생산(컨베이너벨트)
3차 산업혁명	컴퓨터	통신(인터넷)
4차 산업혁명	빅데이터	인공지능

그림 1-11. 4차 산업협명 시대의 동력원과 핵심기술

●●● 불타오르는 열정과 강철같은 엉덩이

깃허브 접속하여 예제파일을 확인하셨다면, 이제 여러분은 이미 스포츠분석을 위한 딥러닝 개발자로 등극하셨습니다. 제 생각에는 이 책을 마스터하기 위해서는 하루 3시간씩, 얼추 보름 정도의 시간이면 충분할 것 같습니다. 40여 시간 정도 되겠군요. 물론 파이썬을 전혀 모른다는 가정에서 추정한 시간입니다. 이미 파이썬을 접해 알고 있다면, 그 시간은 절반 정도로 줄어들 것입니다. 딥러닝은 스포츠의 다양한 분야에 응용할 수 있습니다. 스포츠분야의 다양한 호기심으로 딥러닝을 활용할 수 있길 바랍니다.

파이썬 코드를 처음 시작하는 사람이라면, 파이썬 기본 문법을 배우다가 지쳐 포기해 버리는 경우를 많이 봐왔습니다. 조건문, 변수정의, 클래스 등에 관한 개념이 정립되지 않아서 어떻게 시작해야 할지 막막해하는 경우도 봤습니다. 기초수학 또는 통계학 지식이 없어, 딥러닝의 원리를 배우는데 어려워하는 경우도 적지 않을 것입니다. 행렬곱셈과 미분함수의 계산이 어렵게 느껴지기도 합니다. 상관계수와 회귀분석의 기울기와 절편, 분산과 표준점수 등에 관한 지식은 딥러닝 원리를 이해하는 데 유용하다는 사실은 알지만, 역시 어렵습니다.

그러나 파이썬을 전혀 모르는 상태이고, 수학 또는 통계학 지식이 미천하다 하여도 딥러닝을 배우는데, 전혀 문제 될 것이 없다는 사실을 곧 깨닫게 될 것입니다. 파이썬과 수학 또는 통계학 분야 기초지식이 없다는 것을 전제로 하여 이 책을 썼기 때문입니다. 하루 세 시간씩 딱 2주만 투자하시면, 파이썬 기본 문법이나 기초수학 또는 통계학 지식이 딥러닝을 배우는 데 필수 조건이 아니었다는 사실을 알게 됩니다. 그럼에도 파이썬 기본 문법이나 기초수학 또는 통계학 지식이 있는 것과 없는 것은 하늘과 땅의 차이가 있습니다. 이때 필요한 것은 강철같은 엉덩이입니다. 컴퓨터 앞에 엉덩이를 붙이고 하루 세 시간씩 딱 2주입니다. 2주 후에는 많은 부분이 저절로 해결될 것입니다.

공부는 머리로 하는 것이 아닙니다. 제아무리 좋은 머리를 타고났더라도, 컴퓨터 앞에서의 시간투자 없이는 딥러닝을 숙달할 수 없습니다. 여러분의 불타오르는 열정과 40여 시간을 컴퓨터 앞에 앉아 있는 강철같은 엉덩이가 여러분을 딥러닝 분석가로 등극시켜 줄 것입니다. 이 과정을 모두 겪은 여러분은 스포츠분석에 딥러닝을 적용할 수 있는 스포츠애널리스트입니다.

2장
파이썬 환경 설정 및 기본 문법

2-1. 파이썬 설치 및 개발 환경 구성
2-2. 파이썬 기본 문법
2-3. 파이썬 제어문: 조건문, 반복문, 함수

2장
파이썬 환경 설정 및 기본 문법

이 장에서는 파이썬 언어의 설치 및 기본문법에 대해 알아보도록 하겠습니다. 이 장을 통하여 파이썬 프로그램의 설치와 환경 설정 그리고 기본 문법 학습을 통해 프로그램의 기초를 다지고자 합니다. 파이썬 언어의 특징과 장점을 살펴보고, 비주얼 스튜디오 코드를 활용하여 파이썬 기초문법 실습을 통해 프로그램 코딩이 어떻게 이루어지는지를 간단히 경험해 보겠습니다. 튼튼한 기초는 인공지능 분야에 대한 흥미와 이해를 높이는 데 도움이 될 것입니다. 파이썬은 다음과 같은 특징을 가지고 있는 컴퓨터 언어입니다. 파이썬 개발자 귀도 반 로섬의 유명한 말이죠. "인생은 짧습니다. 여러분에게는 파이썬이 필요합니다."

특징

– 파이썬은 프로그래밍 문법이 상대적으로 쉬워서 코드를 보면 직관적으로 알 수 있는 부분이 많습니다.

```
if "사과" in ["딸기", "바나나", "포도", "사과"]:
    print("사과가 있습니다.")
```

– 다양한 플랫폼에서 사용할 수 있습니다. C언어와 찰떡 궁합을 가지고 있습니다.
– 라이브러리가 풍부하며, 컴파일 언어가 아닌 인터프리터 언어입니다.
– 애니메이션이나 그래픽을 쉽게 사용할 수 있습니다. "Life is too short, You need python."

파이썬은 귀도 반 로섬(Guido Van Rossum)이 취미로 만든 프로그래밍 언어로 알려져 있습니다. 귀도 반 로섬이 취미를 찾던 중, 크리스마스 휴가 기간에 심심해서 만든 프로그램이 파이썬이라고 합니다. 1991년에 최초로 파이썬을 발표했고, 2000년에 파이썬2, 2008년에 파이썬3를 발표하였습니다. 우리는 파이썬3을 중심으로 배워나갈 것입니다. 구글에서 만들어진 소프트웨어의 50% 이상이 파이썬 언어로 알려져 있습니다. 또한 인스타그램, 넷플릭스, 아마존 등에서도 파이썬을 주요 개발언어로 채택하고 있습니다. 앞에서 설명하였듯 파이썬 언어는 직관적으로 이해하기 쉬워 공동 작업과 유지 보수가 매우 편리한 것이 특징입니다.

귀도 반 로섬

2-1. 파이썬 설치 및 개발 환경 구성

●●● 파이썬 다운로드 및 설치

파이썬 프로그램을 다운받기 위해서는 공식 홈페이지인 'www.python.org'에 접속하면 최신 버전을 내려받을 수 있습니다. 첫 페이지의 제시되어 있는 여러 메뉴에서 'Downloads' 메뉴를 선택하면 최신버전의 파이썬을 다운로드 할 수 있는 메뉴가 바로 나타납니다. 2023년 8월을 기준으로 최신파일은 'Python 3.11.4'입니다. 최신 버전의 장점도 있지만, 이미 검증되어 안정화된 이전 버전을 다운받아 설치하는 것도 좋은 방법입니다. 이 책에서는 Windows용 'Python 3.11.2' 버전을 다운받아 실습하도록 하겠습니다. 아래 그림처럼 Windows용을 선택한, 컴퓨터 사양에 따라서 64-bit 그리고 32-bit를 선택하여 다운받아 설치하면 됩니다. 파이썬의 시작은 설치와 환경설정에서부터 시작됩니다. 파이썬을 설치하였다면, 절반은 성공한 것입니다.

① Python.org 첫화면의 다운로드 메뉴에서 Windows용을 선택

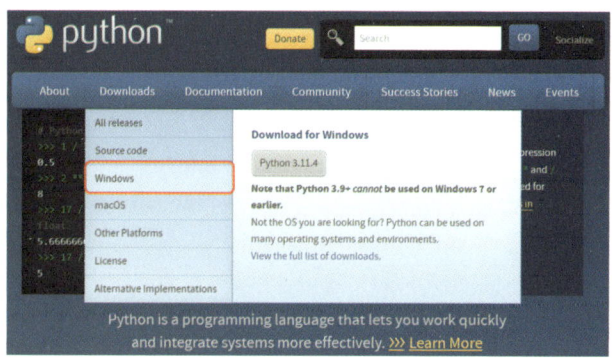

② Python 3.11.2를 찾아서 Windows용 64-bit를 선택해서 다운로드 및 설치

③ 설치화면에서 'Add python.exe to PATH' 옵션을 반드시 체크, 그리고 Customize installation 진행

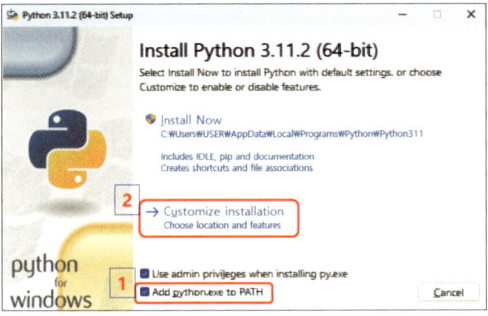

④ 모든 설치 옵션을 선택한 후, 'Next' 그리고 'Install' 진행

⑤ 설치 진행 및 설치 완료 메시지 확인

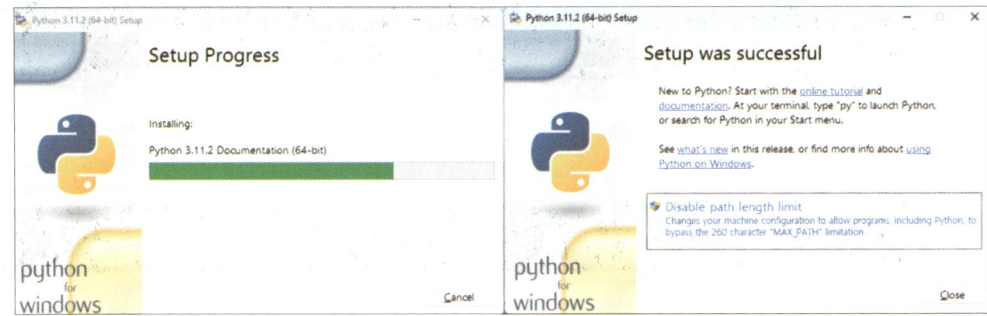

●●● 파이썬 둘러보기

파이썬 설치가 완료되었다면, 파이썬을 실행시켜 간단히 둘러보겠습니다. 파이썬을 실행시키는 방법은 간단합니다. 우선 윈도우 검색창에서 python을 검색하면 우리가 설치했던 'Python 3.11 (64-bit)'를 찾을 수 있습니다. 이를 선택해 실행합니다.

① 파이썬 찾아 실행

② 파이썬 실행 첫 화면

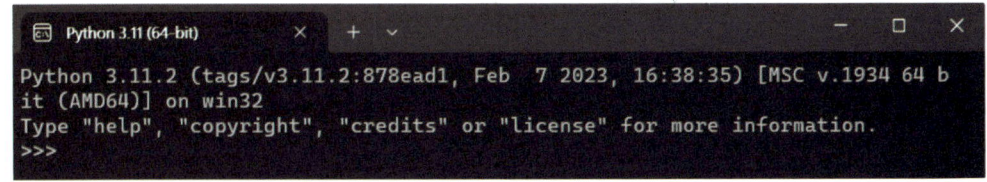

파이썬을 찾아 실행하여 위와 같은 화면이 만들어지면 성공적으로 설치가 된 것입니다. 위 화면과 같이 꺾쇠 세 개 모양('>>>')이 나오는데, 이는 REPL(read evaluate print loop)이라고 합니다. 파이썬 구문을 입력하면 결과를 보여주고 다시 입력할 수 있는 도구입니다.

③ 'Hello Park!' 출력 테스트

```
>>> print("Hello Park!")
Hello Park!
>>>
```

REPL에 print("Hello Park!")를 입력하여 'Hello Park!'을 출력해 보았습니다. 처음으로 파이썬을 실행해 보았습니다. 그럼 '2 + 5'를 입력해 계산도 가능한지 확인해 보겠습니다.

```
>>> 2 + 5
7
>>>
```

여기까지 문제없이 따라왔다면, 파이썬 설치가 잘 되었습니다.

④ 파이썬 REPL에서 나가기

```
>>> exit()
```

REPL에서 'exit( )'를 입력하면 파이썬이 종료됩니다.

●●● 코드 에디터 Visual Studio Code 다운로드 및 설치

파이썬을 설치하였다면, 코드를 효율적으로 작성하기 위한 에디터를 설치하여야 합니다. 물론 코드 에디터 없이 윈도우 메모장이나 파이썬에 기본적으로 내장된 IDLE를 이용할 수도 있습니다. 코드 에디터를 사용하면 코드 오류를 쉽게 확인할 수 있고, 파일 위치 등의 경로 등을 쉽게 확인할 수 있기 때문에 코드 에디터 사용을 추천합니다. 많이 사용되고 있는 코드 에디터는 파이참(PyCharm), 아이들(IDLE), 주피터 노트북(Jupyter Notebook), 비주얼 스튜디오 코드(Visual Studio Code) 등이 있습니다. 우리는 실습에서 비주얼 스튜디오 코드를 사용하도록 하겠습니다. 비주얼 스튜디오 코드는 비주얼 스튜디오와 완전히 다른 프로그램입니다. 헷갈리지 않도록 주의해야 합니다.

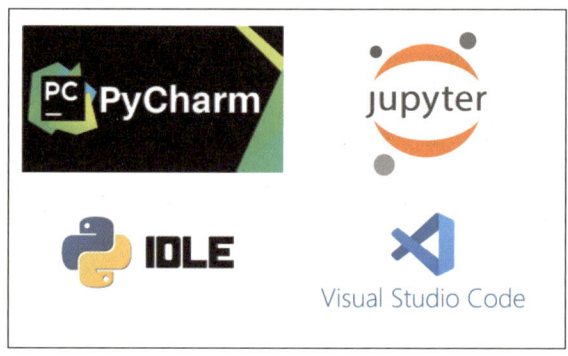

① https://code.visualstudio.com에 접속하여 비주얼 스튜디오 코드 다운로드

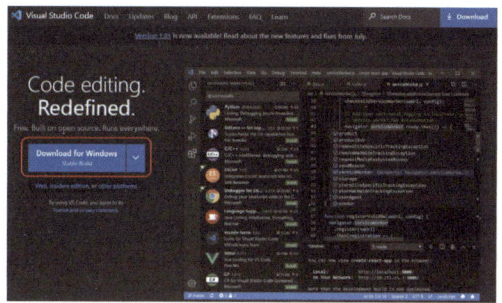

② 자동 다운로드된 'VSCodeUserSetup-x64-1.81.0.exe'을 실행, 라이센스 동의, 설치경로 확인

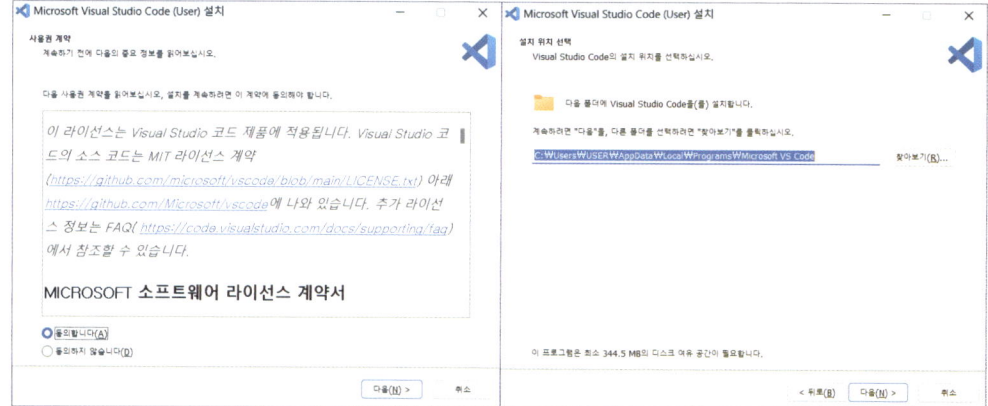

③ 바탕화면 바로가기 등 모든 옵션 체크 및 설치 진행

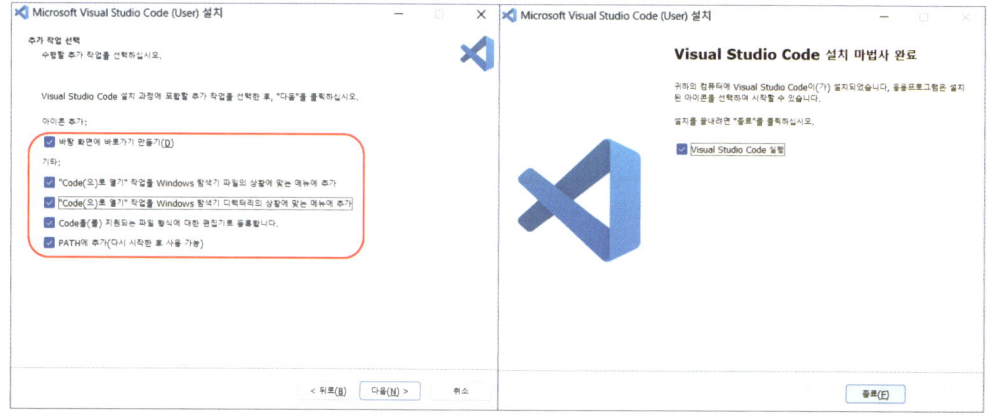

④ 비주얼 스튜디오 코드에서 'Hello Park!" 실행

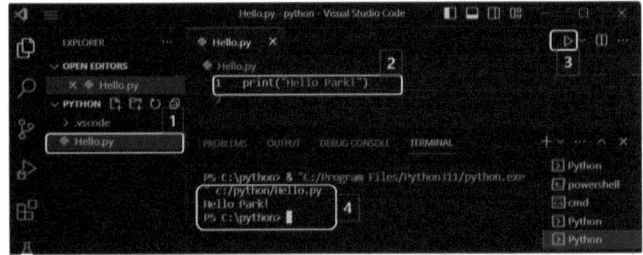

비주얼 스튜디오 코드는 파일 디렉토리의 확인, 코드 작성, 코드 실행, 코드 실행결과 확인을 모두 하나의 화면에서 진행할 수 있다는 것이 가장 큰 장점입니다. 비주얼 스튜디오 코드를 사용하면 코드 작성의 효율성을 크게 높일 수 있습니다. 먼저 좌측 창에서 'EXPLORER' 창에서 '' 버튼을 누르면 새로운 파일을 만들 수 있습니다. 우선 'Hello.py'로 이름을 부여하겠습니다. 여기서 주의해야 할 점은 파일 확장자를 반드시 '.py'로 입력해 주셔야 비주얼 스튜디오 코드는 파이썬 파일로 자동인식하게 됩니다. 옆에 있는 '' 버튼은 파일 폴더를 새로 만드는 아이콘입니다. 파일 폴더를 구분해 정리할 수도 있겠습니다.

●●● 파이썬 라이브러리 설치

라이브러리는 프로그래밍에서 재사용 가능한 코드 모음입니다. 특정기능을 수행하기 위한 함수, 클래스, 상수 및 도구들을 포함하는 소프트웨어 모음입니다. 예를 들면 파이썬에서 NumPy는 수학계산을 위한 라이브러리이고, Matplotlib은 그래프 및 시각화를 위한 라이브러리입니다. 라이브러리를 이용하면 특정 작업을 쉽게 처리할 수 있습니다. 코드를 수행했을 때, 만약 필요한 라이브러리가 설치되어 있지 않다면 다음과 같은 에러 메시지가 출력됩니다. 이 문제를 해결하는 방법은 해당의 라이브러리를 설치하면 됩니다. 간단하지요?

ModuleNotFoundError: No module named '라이브러리이름'

라이브러리를 설치하는 방법은 다양합니다. 우리는 'pip'를 이용해 라이브러리를 설치하는 방법을 사용하겠습니다. VS code는 세 개의 창이 있습니다. 터미널 창에서 다음과 같이 'pip'를 입력해 라이브러리를 설치할 수 있습니다. 터미널 창이 열려있지 않았다면, 상단메뉴의 '보기(V)'를 선택해 터미널을 실행하면 됩니다.

pip install 라이브러리이름

2-2. 파이썬의 기본 문법

●●● 자료형 알아보기

파이썬에서 사용되는 자료의 형태는 다양합니다. 자료는 변수의 값으로 변수 박스에 저장이 됩니다. 변수 박스는 프로그래밍에서 사용되는 용어로, 변수의 값을 저장하고 변경할 수 있는 메모리 공간을 의미합니다. 예를 들어, x = 10이라는 코드가 있다면, x라는 이름을 가진 변수 박스에 10이라는 값이 들어가게 됩니다. 만약 x = x + 5라는 코드를 추가한다면, x라는 변수 박스에 있는 값은 10에서 15로 바뀌게 됩니다. 나이, 이름, 신장, 체중 등의 변수 값을 저장할 수도 있습니다.

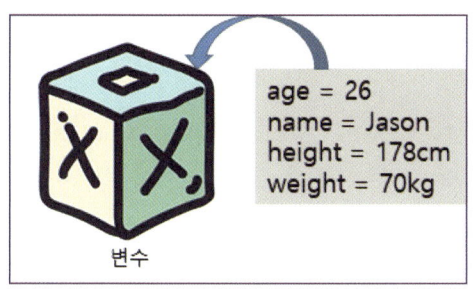

그림 2-1. 변수의 의미

① 숫자 자료형

파이썬에서 숫자 자료형은 변수의 수치 값을 나타내는 데이터 유형입니다. 숫자 자료형은 정수형('int')과 실수형('float')으로 크게 두 가지로 구분하고 있습니다. 숫자 자료형은 수치적 연산이 가능합니다. 사칙연산인 덧셈('+'), 뺄셈('-'), 곱셈('*'), 나눗셈('/')뿐만 아니라 제곱('**'), 나머지('%') 등 다양한 연산을 수행할 수 있습니다.

[정수형 int]
정수형은 정수 값을 나타내는 자료형입니다. 음의 정수, 양의 정수, 그리고 0을 포함하여 모든 정수 값을 다룰 수 있습니다. 예컨대, '-3', '0', '42' 등이 정수형 숫자의 예입니다.

[실수형 float]
실수형은 소수점 값을 나타내는 자료형입니다. 소수점 이하의 숫자를 표현하는데 사용됩니다. 예컨대, '3.14', '-0.5', '1.0' 등이 실수형의 숫자의 예입니다.

```
[코드 02-02-01] 숫자 자료형의 사용 예
1    #정수형 변수
2    age = 25
3    #실수형 변수
4    pi = 3.14159
5    #연산
6    result = age + pi
7    print(result)
```

[결과]
28.14159

② 문자 자료형

파이썬에서 문자 자료형은 텍스트 데이터를 나타내는 데 사용되는 유형입니다. 문자열(string)이라고도 불리며, 작은따옴표(' ') 또는 큰따옴표(" ")로 둘러싸인 문자들의 열을 나타냅니다. 문자열을 생성하거나 문자 결합 등 인덱싱과 슬라이싱, 문자열 포맷팅 등을 통해 텍스트 데이터를 다룹니다.

[문자열 생성]

문자열은 작은따옴표나 큰따옴표로 둘러싸인 문자들의 연속입니다. 예컨대, `"Hello, Park!"`이나 `"My name is {name}"`과 같은 문자열을 생성할 수 있습니다.

[문자 결합]

'+' 연산자를 사용하여 문자열을 결합할 수 있습니다. 이를 문자열 연결이라고 합니다.

[인덱싱과 슬라이싱]

문자열 내의 각 문자는 인덱스(index)로 접근할 수 있습니다. 문자열의 첫 번째 문자는 인덱스 0으로 시작합니다. 또한 슬라이싱(slicing)을 사용하여 문자열의 부분을 추출할 수 있습니다.

[문자열 포맷팅]

문자열 내에 변수 값을 삽입하거나 서식을 지정하는 포맷팅(formatting)을 할 수 있습니다. 이를 위해 f-문자열이나 format( ) 메서드 등을 사용할 수 있습니다.

[문자열 메서드]

문자열은 다양한 내장 메서드를 활용하여 검색, 변경, 분리, 대소문자 변환 등 다양한 조작을 수행할 수 있습니다.

[코드 02-02-02] 문자 자료형의 사용 예

```
1  greeting = "Hello"
2  name = "Park"
3  full_greeting = greeting + " " + name
4  print(full_greeting)
5  formatted_string = f"My name is {name}."
6  print(formatted_string)
```

[결과]
Hello Park
My name is Park.

③ 리스트 자료형

파이썬에서 리스트 자료형은 여러 값을 순서대로 저장하는 데이터 유형입니다. 리스트는 변경 가능한(mutable) 시퀀스로, 다양한 데이터 유형을 포함할 수 있습니다. 리스트는 대괄호([ ])로 둘러싸여 있으며, 각 값은 쉼표로 구분됩니다.

[값 저장]

리스트는 여러 값을 하나의 변수에 저장할 수 있습니다. 숫자, 문자열, 다른 리스트, 객체 등 어떤 데이터 유형이든 리스트 내에 저장할 수 있습니다.

[인덱싱과 슬라이싱]

리스트 내의 각 값은 인덱스(index)로 접근할 수 있습니다. 인덱스는 0부터 시작하며, 음수 인덱스는 뒤에서부터 카운트합니다. 슬라이싱(slicing)을 사용하여 리스트의 부분을 추출할 수 있습니다.

[리스트 연산]

리스트 간에 '+' 연산을 사용하여 두 리스트를 결합할 수 있습니다. '*' 연산을 사용하여 리스트를 반복할 수도 있습니다.

[리스트 메서드]

리스트에는 다양한 내장 메서드가 제공되어 검색, 추가, 삭제, 정렬 등의 작업을 수행할 수 있습니다.

[코드 02-02-03] 리스트 자료형의 사용 예

```
1   numbers = [1, 2, 3, 4, 5]
2   print(numbers)
3   fruits = ['apple', 'banana', 'cherry']
4   print(fruits[1])
5   combined_list = numbers + fruits
6   print(combined_list)
7   repeated_list = numbers * 3
8   print(repeated_list)
9   fruits[0] = 'orange'
10  print(fruits)
11  fruits.append('grape')
12  print(fruits)
13  fruits.remove('banana')
14  print(fruits)
```

[결과]
[1, 2, 3, 4, 5]
banana
[1, 2, 3, 4, 5, 'apple', 'banana', 'cherry']
[1, 2, 3, 4, 5, 1, 2, 3, 4, 5, 1, 2, 3, 4, 5]
['orange', 'banana', 'cherry']
['orange', 'banana', 'cherry', 'grape']
['orange', 'cherry', 'grape']

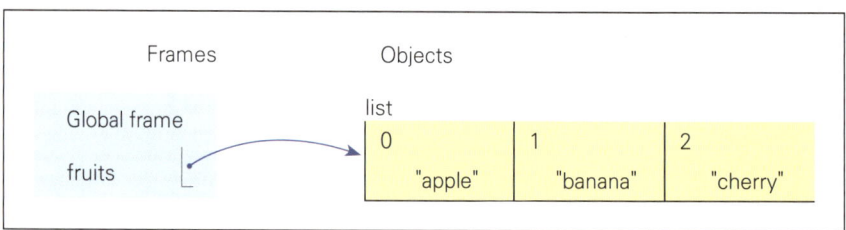

그림 2-2. fruits = ['apple', 'banana', 'cherry']의 리스트 개념도

④ 튜플 자료형

파이썬에서 튜플 자료형은 여러 값을 순서대로 저장하는 데이터 유형입니다. 리스트와 유사하지만 중요한 차이점이 있습니다. 튜플은 변경 불가능한(immutable) 시퀀스로, 한 번 생성되면 내부의 값을 수정할 수 없습니다. 튜플은 괄호('( )')로 둘러싸여 있으며, 각 값은 쉼표로 구분됩니다. 튜플 자료형은 변경되지 않아야 하는 데이터나 구조를 저장할 때 유용하며, 더욱 안전하게 데이터를 다루는 데 활용됩니다.

[값 저장]

튜플은 여러 값을 하나의 변수에 저장할 수 있습니다. 숫자, 문자열, 다른 튜플, 객체 등 어떤 데이터 유형이든 튜플 내에 저장할 수 있습니다.

[인덱싱과 슬라이싱]

튜플 내의 각 값은 인덱스(index)로 접근할 수 있습니다. 인덱스는 0부터 시작하며, 음수 인덱스는 뒤에서부터 카운트합니다. 슬라이싱(slicing)을 사용하여 튜플의 부분을 추출할 수 있습니다.

[불변성]

튜플은 한 번 생성되면 내부의 값을 수정할 수 없습니다. 이는 튜플의 불변성을 의미합니다. 이러한 특성은 튜플이 변경되지 않아야 하는 데이터를 저장할 때 유용합니다.

[튜플 메서드]

튜플은 리스트보다 적은 메서드를 가지고 있습니다. 하지만 'count( )'나 'index( )'와 같은 메서드를 사용하여 튜플 내의 값 검색 및 통계 작업을 수행할 수 있습니다.

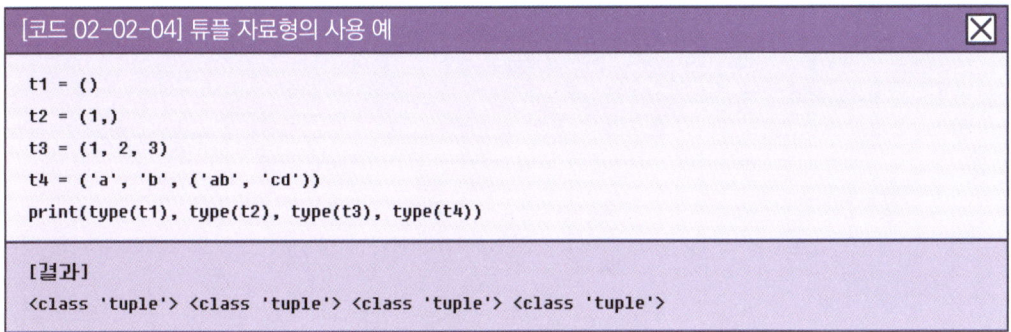

⑤ 딕셔너리 자료형

파이썬에서 딕셔너리 자료형은 키-값 쌍을 저장하는 데이터 유형입니다. 딕셔너리는 중괄호({})로 둘러싸여 있으며, 각 키와 해당 값을 콜론(:)으로 연결하여 저장합니다. 딕셔너리는 특정 키를 사용하여 값을 검색하고 저장하는 데 사용되며, 키는 고유한 값이어야 합니다.

[값 저장]

딕셔너리는 키와 해당 값을 쌍으로 저장합니다. 각 키는 해당 값을 검색하는데 사용됩니다. 키와 값은 콜론(:)으로 구분하며, 키-값 쌍은 쉼표로 구분됩니다.

[검색과 수정]

딕셔너리의 키를 사용하여 해당 값을 검색할 수 있습니다. 또한 키를 사용하여 값을 수정하거나 새 키-값 쌍을 추가할 수 있습니다.

[키의 고유성]

딕셔너리의 키는 고유한 값이어야 합니다. 중복된 키는 허용되지 않습니다.

[딕셔너리 메서드]

딕셔너리에는 키와 값의 검색, 추가, 삭제, 키 목록 추출 등을 위한 다양한 내장 메서드가 있습니다.

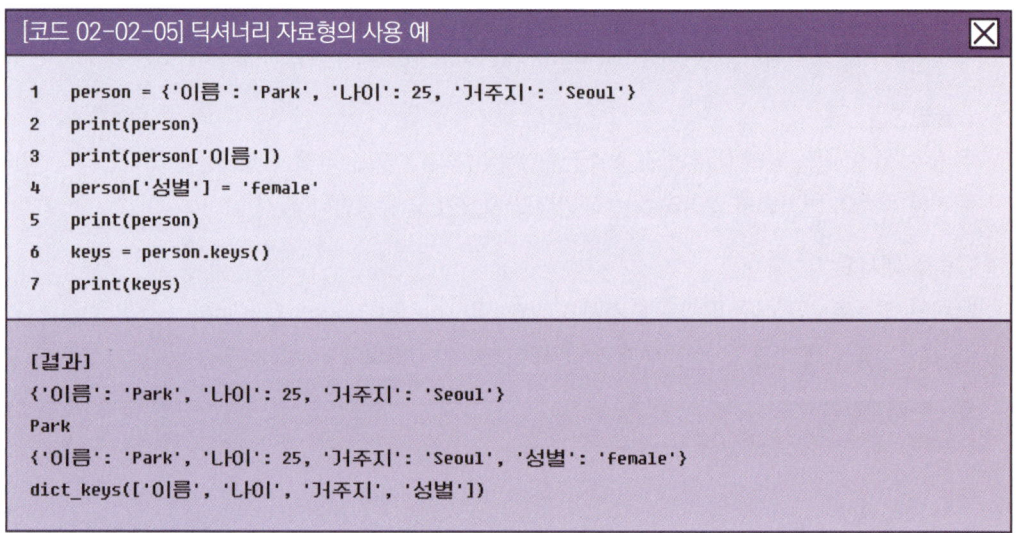

```
[코드 02-02-05] 딕셔너리 자료형의 사용 예
1   person = {'이름': 'Park', '나이': 25, '거주지': 'Seoul'}
2   print(person)
3   print(person['이름'])
4   person['성별'] = 'female'
5   print(person)
6   keys = person.keys()
7   print(keys)
```

[결과]
{'이름': 'Park', '나이': 25, '거주지': 'Seoul'}
Park
{'이름': 'Park', '나이': 25, '거주지': 'Seoul', '성별': 'female'}
dict_keys(['이름', '나이', '거주지', '성별'])

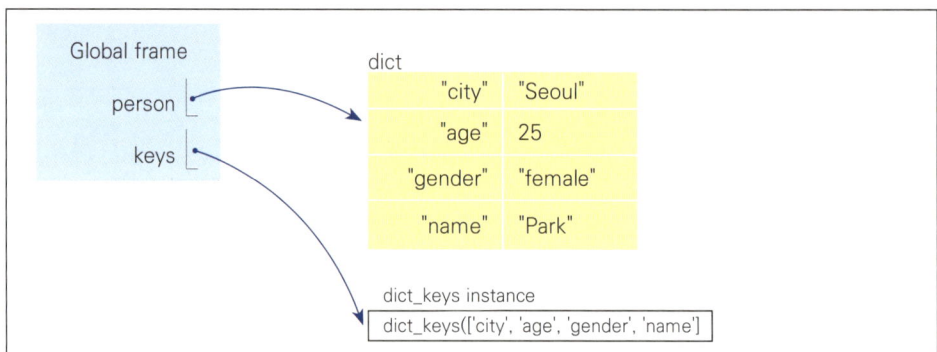

그림 2-3. 딕셔너리의 키와 해당 값의 개념도

⑥ 집합 자료형

파이썬에서 집합 자료형은 고유한 값을 저장하는 데이터 유형입니다. 집합은 중복된 값을 허용하지 않으며, 순서가 없는 데이터 집합을 나타냅니다. 집합은 중괄호({})로 둘러싸여 있으며, 각 값은 쉼표로 구분됩니다.

[중복제거]

집합은 중복된 값을 허용하지 않기 때문에, 중복된 값을 가진 데이터에서 고유한 값을 추출하거나 중복을 제거할 때 유용합니다.

[순서없음]
집합은 값의 순서를 유지하지 않습니다. 따라서 인덱싱을 통한 접근이 불가능하며, 순서가 중요하지 않은 경우에 사용됩니다.

[집합 연산]
집합 간의 교집합, 합집합, 차집합 등 다양한 집합 연산을 수행할 수 있습니다.

[집합 메서드]
집합에는 데이터의 추가, 제거, 검색, 길이 측정 등을 위한 다양한 내장 메서드가 있습니다.

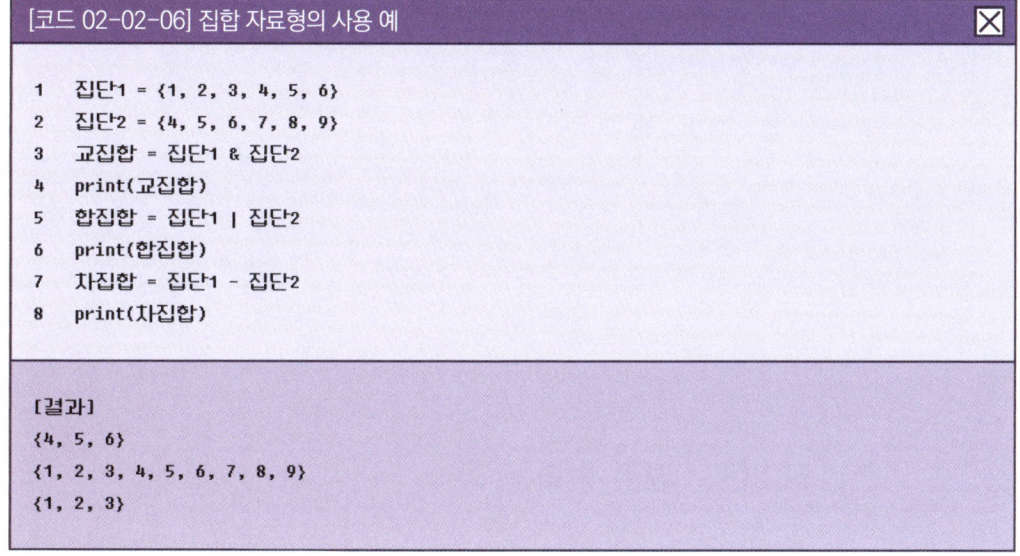

⑦ 불 자료형

파이썬에서 불(Bool) 자료형은 참(True)과 거짓(False)을 나타내는 데이터 유형입니다. 불 자료형은 조건문, 논리 연산 등에서 주로 사용되며, 프로그램의 흐름을 제어하는 데 중요한 역할을 합니다. 불 자료형은 프로그래밍에서 조건을 판단하고 흐름을 제어하는 데 핵심적인 역할을 하며, 논리 연산과 조건문에서 자주 사용됩니다.

[두 가지 값]
불 자료형은 두 가지 값인 참(True)과 거짓(False)을 가집니다. 이 값은 대소문자를 구분합니다.

[조건 판단]
조건문(if문, while문 등)에서 조건을 평가하고, 해당 조건이 참인지 거짓인지를 판단하는데 사용됩니다.

[논리 연산]

불 자료형은 논리 연산자(and, or, not)와 함께 사용되어 복잡한 조건을 다루는 데 도움을 줍니다.

[비교 연산]

불 자료형은 두 값의 비교 결과를 나타내는데 사용됩니다. 두 값이 같은지(`==`), 다른지(`!=`), 크거나 작은지(`>`, `<`, `>=`, `<=`) 등을 비교할 때 불 자료형이 반환됩니다.

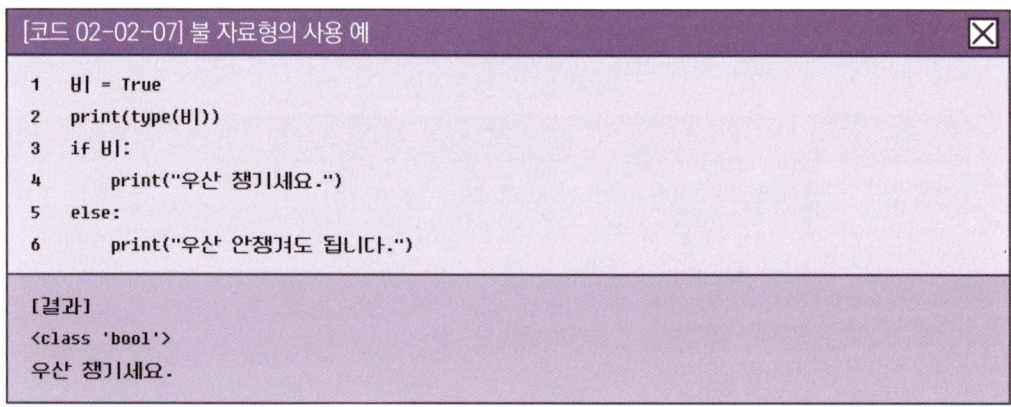

2-3. 파이썬 제어문: 조건문, 반복문, 함수

파이썬 제어문은 프로그램 실행 흐름을 제어하는 데 사용되며, 주로 조건문과 반복문으로 나뉩니다. 이들은 프로그래밍에서 중요한 역할을 하며, 다양한 상황에서 프로그램의 동작을 지정하고 조작하는 데 사용됩니다. 즉 프로그램의 흐름을 지정하고 반복 작업을 효율적으로 처리하는 데 사용됩니다. 제어문을 적절히 활용하여 프로그램을 구성하면 다양한 작업을 수행할 수 있습니다. 제어문에서 사용되는 기호는 `==`는 '같다', `!=`는 '다르다', `>`는 '~보다 작다', `<`는 '~보다 크다', `>=`는 '이하이다', `<=`는 '이상이다' 등으로 사용된다.

●●● 조건문

조건문은 특정 조건이 참(True)인 경우에 코드 블록을 실행하는 데 사용됩니다. 파이썬에서는 두 개의 조건이라면 if, else로 조건문을 구성하고, 셋 이상이라면 if, elif (else if), else 키워드를 사용하여 조건문을 구성할 수 있습니다. 조건문은 프로그램의 분기를 결정하고 다양한 상황에 따라 다른 코드를 실행하는 데 유용합니다.

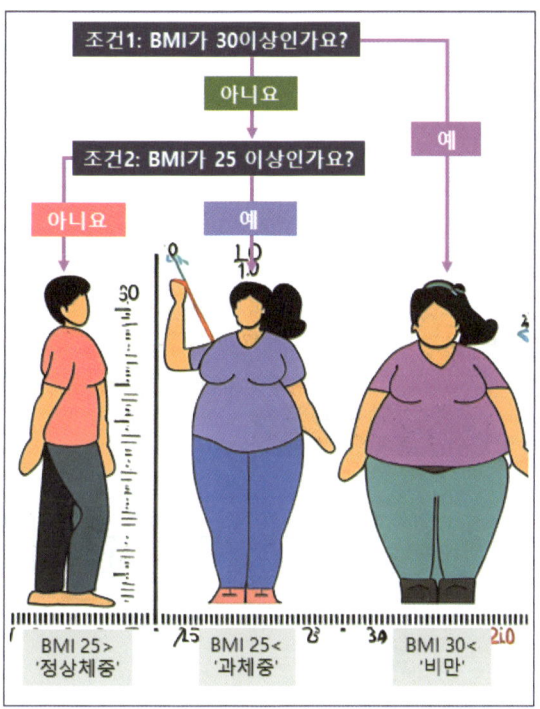

그림 2-4. 조건문을 이용한 BMI 평가 개념

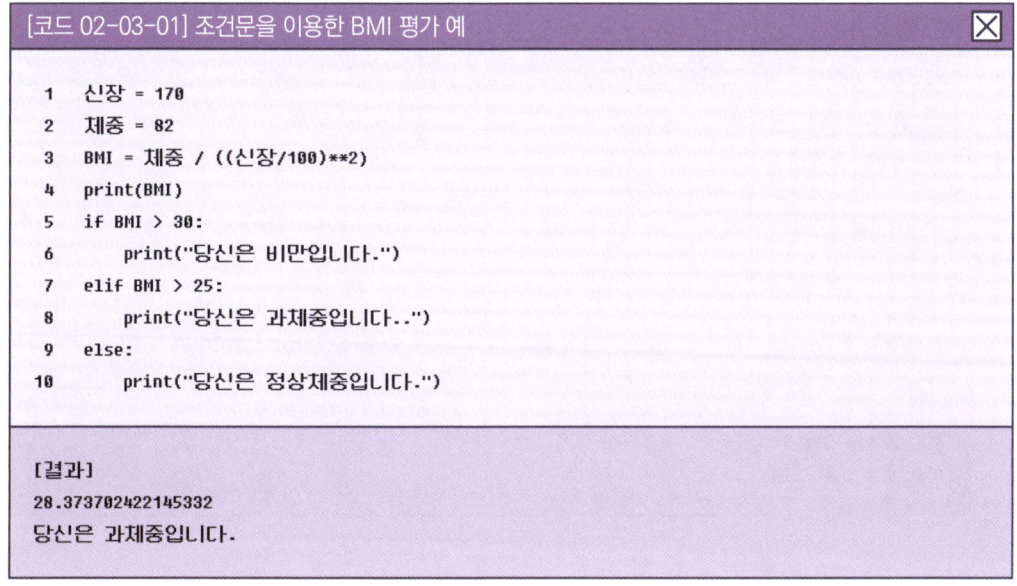

●●● 반복문

반복문은 일련의 작업을 반복적으로 수행하는 데 사용됩니다. 파이썬에서는 주로 'while' 루프와 'for' 루프를 사용합니다. 'while' 루프와 'for' 루프에 대해 알아보겠습니다.

① while 루프 반복문

'while' 루프는 특정 조건이 참인 동안 while 문 코드의 범위 내에 있는 블록을 반복 실행합니다. 점프횟수가 5 보다 작다면 점프를 반복합니다.

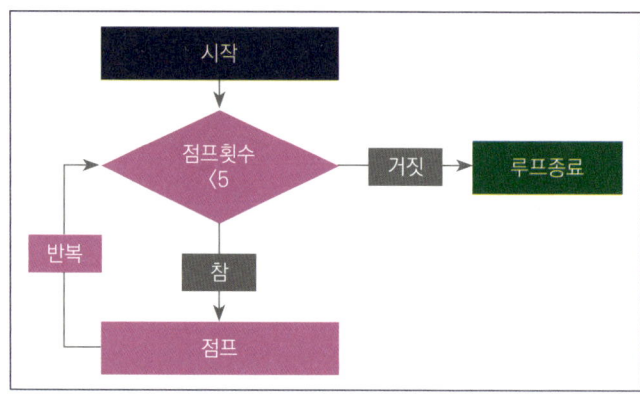

그림 2-5. 'while' 반복 루프의 개념

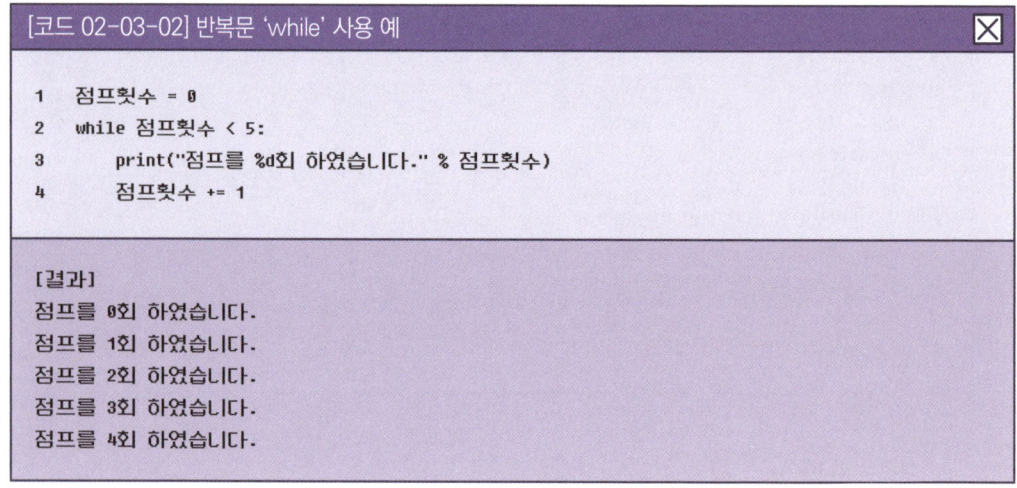

② for 루프 반복문

'for' 루프는 시퀀스(리스트, 튜플, 문자열 등)의 각 요소를 순회하며 'for' 코드 범위내의 블록을 반복 실행합니다. 시퀀스는 여러 항목으로 구성된 컬렉션을 말합니다. 예컨대, 종목 = ['탁구', '야구', '태권도']과 같은 리스트가 있다면, 탁구, 야구, 태권도가 시퀀스가 되며 이들 각각에 대해 반복하게 됩니다.

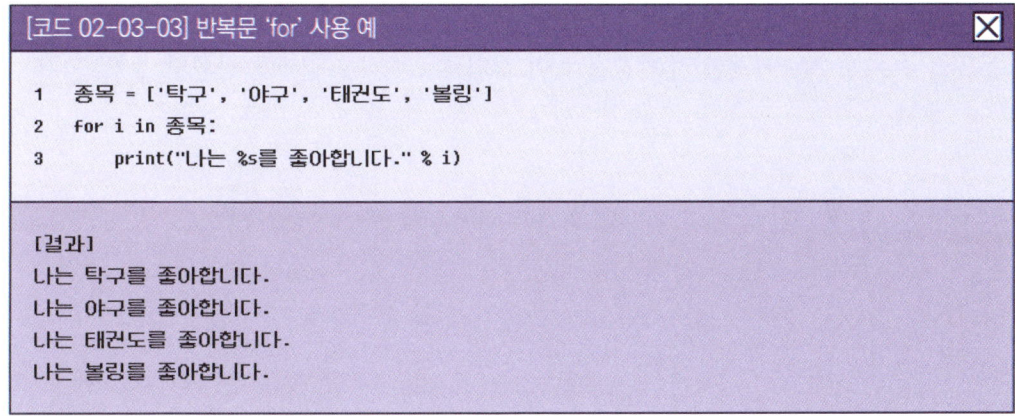

③ range 반복문

'range'는 파이썬에서 연속된 정수의 시퀀스를 생성하는 데 사용되는 함수입니다. range 함수는 숫자의 범위를 지정하여 해당 범위 내의 정수 시퀀스를 생성하며, 주로 반복문과 함께 사용됩니다. range 함수는 세 가지 인자를 받습니다. 시작(start), 끝(stop), 간격(step)이며, 간격은 생략 가능합니다. 시작 값부터 끝 값 미만까지의 정수 시퀀스를 생성합니다.

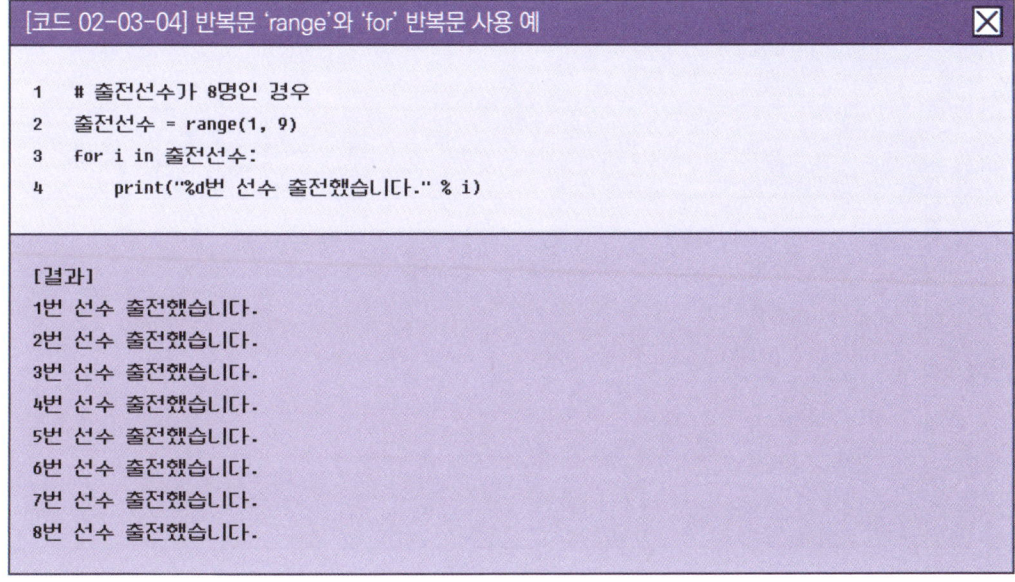

●●● 함수

파이썬에서 함수(Function)는 일련의 코드 블록을 하나로 묶어서 특정 작업을 수행하도록 정의한 것입니다. 동일한 계산을 반복적으로 수행 한다든지 할 때, 함수의 사용은 필수입니다. 함수를 사용하면 코드의 재사용성을 높이고, 코드의 구조를 조직화하여 가독성을 높일 수 있습니다. 함수는 특정한 입력 값을 받아 작업을 수행하고 결과를 반환할 수 있습니다.

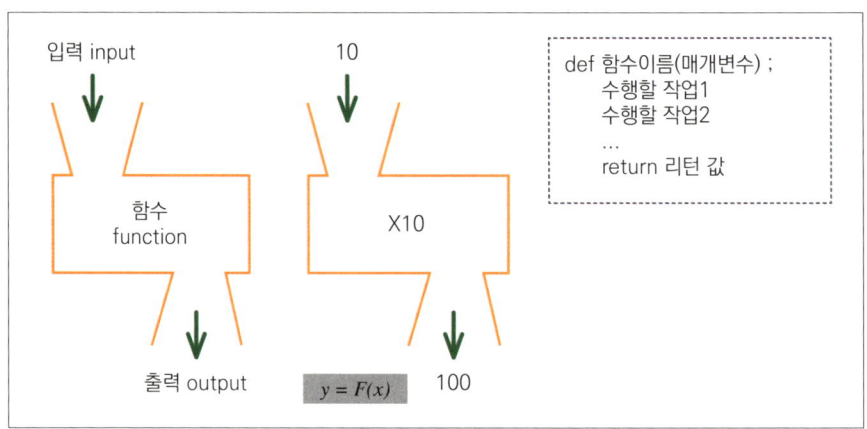

그림 2-6. 함수의 기본 구조 이해

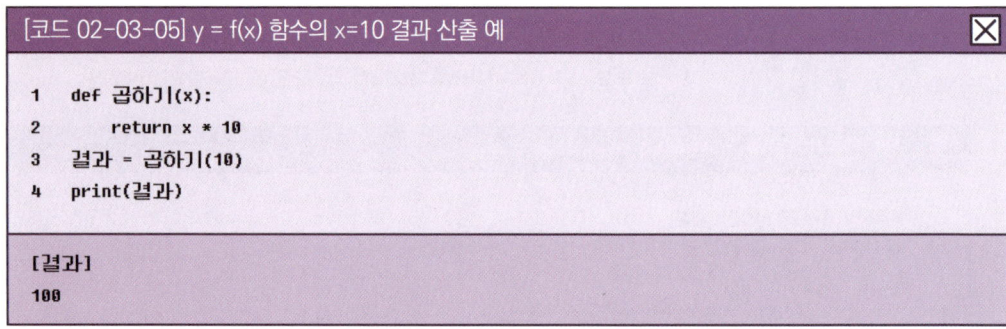

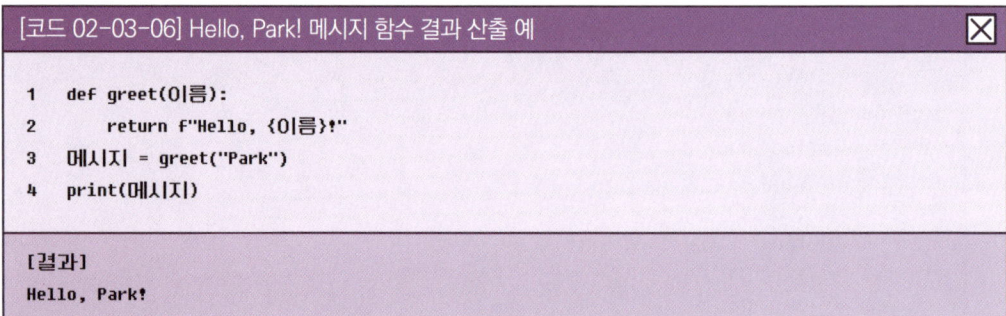

파이썬에서 함수를 사용하면 코드를 재사용하고 모듈화하여 작업을 간결하게 처리할 수 있습니다. 예컨대, 함수는 한번 만든 후, 반복적으로 동일한 작업을 수행해야 할 때 호출해서 사용할 수 있어 편리하게 사용할 수 있습니다. 특히, 함수는 가독성을 높이며 디버깅이 용이하며, 큰 문제를 해결 가능한 작은 단계로 나누어 구조화할 수 있습니다. 매개변수와 반환 값을 활용하여 유연성을 확보하고, 중복된 코드를 최소화하여 유지보수를 용이하게 합니다.

이제 여러분은 파이썬에 대한 기본을 공부하였습니다. "시작이 반이다."라는 말처럼 인공지능에 대해 절반은 공부한 것입니다.

3장
인공지능의 이해

3-1. 인공지능의 개념
3-2. 인공지능의 역사
3-3. 데이터와 인공지능 알고리즘
3-4. 스포츠에서 인공지능 활용 사례
3-5. 무작정 따라 해 보는 인공지능

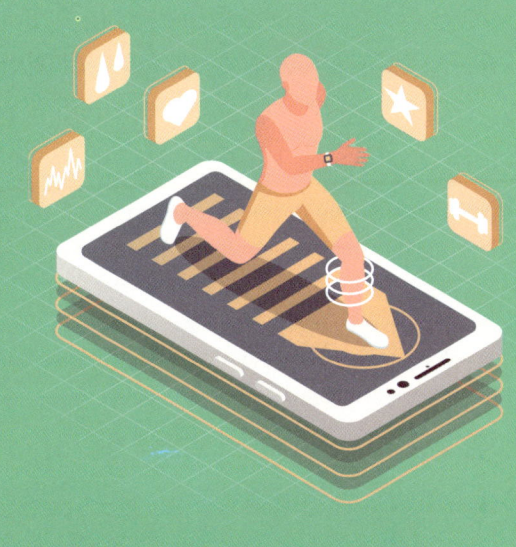

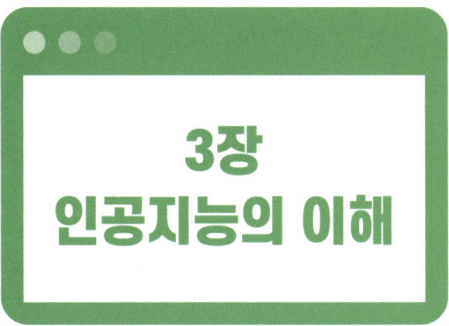

3장
인공지능의 이해

이 장은 현대 사회에서 기술의 중요성이 높아지고 있는 인공지능에 대한 개념과 원리에 대해 알아보겠습니다. 인공지능은 컴퓨터가 마치 사람처럼 학습하고 의사결정을 수행하는 능력을 포괄하여 지칭하는 개념입니다. 이 장에서는 인공지능의 개념과 역사에 대해 알아보고, 머신러닝과 딥러닝 기술이 현실세계에서 어떻게 활용이 되고 있는지를 학습할 것입니다. 특히, 스포츠분야에서 급속히 발전하고 있는 컴퓨터 비전(computer vision: CV)의 사례와 함께 실제 스포츠 분야에서 인공지능 기술이 어떻게 응용되고 있는지 살펴보겠습니다.

3-1. 인공지능의 개념

인공지능은 지능(intelligence)을 인공(artificial)적으로 만든다는 뜻입니다. 저와 여러분들이 가지고 있는 지능은 인공지능과 대비하여 자연지능(natural intelligence)으로 표현합니다. 또는 지능을 인간이 가진 고유한 특성이라고 한다면 인간지능(human intelligence)이라고도 할 수 있습니다. 인공적으로 만든 지능이 왜 필요한가를 논하기에 앞서 지능에 대해 알아보겠습니다.

●●● 지능과 인공지능

우리가 알고 있는 지능은 무엇을 의미할까요? 컴퓨터에서 인간지능을 재현하는 것 또는 인간지능을 재현해 내는 기술이라고 인공지능이라고 한다면, 인간지능을 재현해 내는 행위는 무엇일까요? 예컨대, 지능을 계산능력이라고 정의한다면, 이미 컴퓨터는 인간보다 더 빠르고 정확하게 계산할 수 있으니, 인간의 지능을 뛰어 넘었다고 볼 수 있습니다. 그러나, 계산능력은 단순히 반복작업의 과정일 뿐, 의미를 붙여 판단하지 않기 때문에 지능이라고 말하지는 않는 듯합니다.

그림 3-1. 양학선 도마 신기술(출처: 서울신문, 2013.10.04.)

2013년 2월 쯤 기계체조 양학선 선수가 기존의 '양1' 기술을 발전시켜 '양2'라는 기술을 선보였습니다. 기계체조 지능이 없는 사람은 '양1'과 '양2'가 어떤 차이가 있는지 전혀 인식하지 못합니다. 기계체조 지능이 풍부한 사람은 '양1'과 '양2'의 기술이 어떤 차이가 있는지를 인식하는 것은 매우 쉬운 일입니다. 심지어 각 기술의 성공여부에 대해 소수점 0.1점 아래까지 차이를 식별해 내기도 합니다. 기계체조 지능이 없는 사람 입장에서 보면 매우 신기한 일입니다. 어떻게 저 작은 차이를 인지해 내는 것인지 말입니다. 우리말에 멍청한 사람에 빗대어 "똥인지 된장인지 구분하지 못한다."라는 놀림 말이 있습니다. 무엇이 좋고 무엇이 나쁜지 알지 못한다는 뜻으로서 지능의 결여 상태에 대한 표현입니다. 지능은 학습을 통해 개발됩니다. 학습을 한다는 것은 차이에 대한 인식을 가진다는 뜻으로 해석됩니다. 갓 태어난 아기가 가족과 타인 간의 차이를 인식하는 과정 그리고 강아지와 고양이의 차이를 인식하는 과정이 바로 학습입니다. 따라서 지능이란 "차이(다름)를 인지하는 능력"이라고 볼 수 있습니다.

그림 3-2. 컴퓨터에게 쉬운 일과 어려운 일

지능을 어떻게 인공적으로 만들 수 있을까요? 컴퓨터에게 개와 고양이가 '다르다는 것'을 어떻게 학습시킬까의 문제입니다. 예를 들어 컴퓨터에게 대량의 데이터를 이용해 개와 고양이가 지닌 패턴에서 차이점을 찾도록 해야합니다. 일정한 패턴을 반복적으로 학습하여 개와 고양이의 형상을 개념화하고 추론해 내는 것입니다. 그림 3-3은 기계체조 선수와 배드민턴 선수를 대상으로 신장과 근육량을 조사한 데이터입니다. 상대적으로 기계체조 선수는 신장이 작고 근육량이 많은 특성, 배드민턴 선수는 신장이 크고 근육량이 적은 특성을 확인했습니다. 기계체조 선수 또는 배드민턴 선수인지를 알지 못하는 새로운 선수의 데이터가 입력되었습니다. 컴퓨터는 새로 입력된 선수가 기계체조와 배드민턴 중 어느 쪽의 특성을 많이 가졌는지를 확률로 나타낼 수 있습니다. 비로소 컴퓨터가 차이를 식별하는 능력을 갖추게 된 것입니다. 신장과 근육량을 기반으로 컴퓨터에게 기계체조와 배드민턴 선수를 구분하는 지능을 부여한 것입니다. 인공적으로 만든 지능을 컴퓨터에게 부여했습니다.

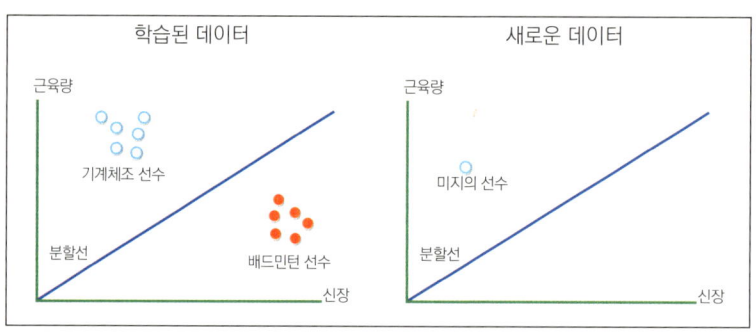

그림 3-3. 데이터 기반의 학습과 예측의 개념

●●● 인공지능, 머신러닝, 딥러닝

인공지능 관련 자료를 접하다 보면 머신러닝(machine learning), 딥러닝(deep learning)이라는 용어들은 한 번쯤 들어봤을 겁니다. 가끔은 이 용어들을 혼용해서 사용하기도 하고, 가끔은 완전히 다른 의미로 쓰기도 합니다. 인공지능 관련 용어들이 어떻게 다른지 알아보겠습니다.

인공지능은 매우 포괄적인 개념입니다. 머신러닝과 딥러닝을 모두 포함하는 용어입니다. 인공지능이라는 용어 자체는 1950년대에 등장했습니다. 초기에는 단순히 규칙에 따라 작업을 제어하는 것을 인공지능이라는 이름을 붙여 사용했습니다. 과거 90년대에 국내 가전기업에서 온도가 자동 제어되는 에어컨 시스템을 인공지능 에어컨이라고 이름 붙여 제품을 출시했던 적도 있었습니다. 인공지능이 광범위한 제어 알고리즘을 의미한다면, 머신러닝은 인공지능의 하위 개념으로서 데이터로부터 알고리즘을 학습해내는 체계입니다. 데이터로부터 반복 계산을 통해 최적의 함수(파라미터)를 찾아내는 알고리즘이 머신러닝입니다. 최적의 함수를 스스로 찾아낸다고 하여 기계가 학습한다는 의미로 머신러닝(기계학습)이라고 명칭을 붙였습니다. 딥러닝은 머신러닝의 한 부분입니다. 머신러닝이 데이터를 반복 연산하여 최적의 함수를 찾아내는 것과 같이 딥러닝 역시 반복 연산을 통해 최적의 함수를 찾아냅니다. 딥러닝은 다양한 머신러닝 방법들 중에서 신경망(neural network)을 통해 학습하는 기술입니다. 딥러닝 기술은 구글에서 알파고를 선보인 이후, 전 세계적으로 주목받는 원탑 기술로 자리를 잡았고, 최근에는 인공지능이라고 하면 대부분 딥러닝 기술을 의미합니다.

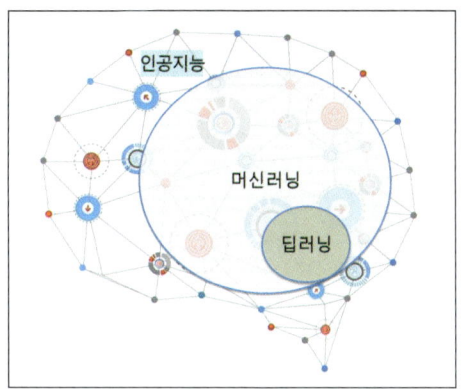

그림 3-4. 인공지능, 머신러닝, 딥러닝의 관계

3-2. 인공지능의 역사

인공지능이 대중에서 관심을 받게 된 배경은 구글의 알파고가 등장한 덕이 큽니다. 알파고 이전까지는 대부분의 대중들은 터미네이터 같이 영화에서나 나올듯한 로봇 기술로서 인공지능을 떠올렸습니다. 인공지능은 우리가 생각하는 것 이상으로 오랜 역사를 가졌습니다. 인공지능에 대한 간략한 역사를 살펴보겠습니다.

●●●● 1943년 맥컬리-피츠 모델 (McCulloch-Pitts model)

1943년 워런 맥컬리(Warren McCulloch)와 월터 피츠(Walter Pitts)는 인간의 학습방법을 고안하던 중에 인간의 뇌를 닮은 기계 회로인 맥컬리-피츠 모델을 발표합니다. 0과 1로 이루어진 단순 2진법 논리 모델로서 복잡한 자극과 반응을 서로 연결하면 기계가 복잡한 학습까지 가능하다는 이론입니다. 맥컬리-피츠 모델은 현재 사용하고 있는 딥러닝의 기반인 신경망 이론의 기초가 되었습니다.

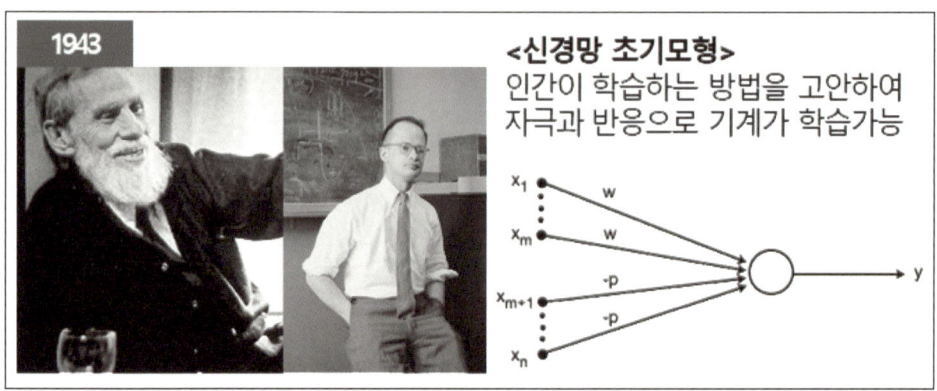

그림 3-5. 맥컬리-피츠 모델

●●● 1949년 햅의 학습가설 (Hebbian Learning Hypothesis)

1949년에 도널드 햅(Donald Hebb)은 학습이 이루어지는 뇌신경 매커니즘을 바탕으로 학습가설을 발표합니다. 햅의 학습가설은 뉴런 사이 연결의 활성화가 학습과 기억 형성에 영향을 미친다는 가설입니다. 먼저, "뉴런 활성화되면 뉴런과 뉴런 간의 연결 강도가 증가한다."라는 원리입니다. 이를 요약하면, 두 개의 뉴런이 동시에 활성화된다면, 두 뉴런 사이의 시냅스 연결 강도가 강화된다는 것입니다. 이 가설은 뉴런 간 연결이 만들어지고 뉴런 간 연결 강도를 정립하는 아이디어를 제공하였습니다. 햅의 학습가설은 학습 및 기억형성의 메커니즘을 설명하는데 중요한 역할을 했습니다.

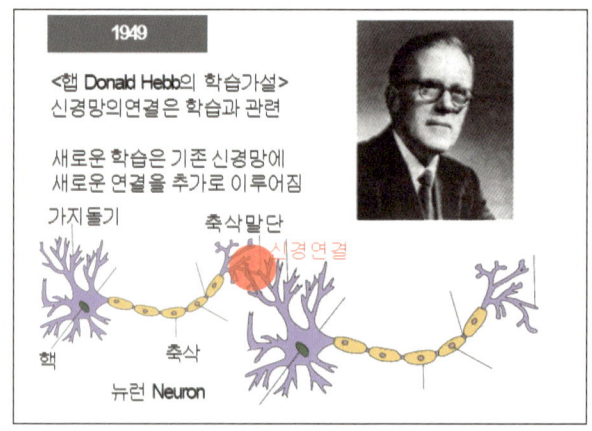

그림 3-6. 햅의 학습가설

●●● 1957년 프랭크의 퍼셉트론 (Frank's perceptron)

1957년 프랭크 로젠블라트(Frank Rosenblatt)는 먹컬러-피츠 모델을 기반으로 퍼셉트론이라는 인공신경망의 구조를 제안하였습니다. 오늘날의 인공신경망 모델의 기초입니다. 프랭크의 퍼셉트론은 인공지능 연구의 1차 황금기를 만들었습니다. 퍼셉트론은 입력값과 가중치의 선형 결합을 계산한 후, 활성함수를 사용하여 결과를 출력하는 구조입니다. 입력값들이 가중치와 곱해져서 합산되고, 그 결과가 특정 임계치를 넘으면 활성화되어 출력을 생성하고 임계치를 넘지 않는다면 비활성화되어 출력을 생성하지 않는 구조입니다. 퍼셉트론은 간단한 선형문제를 해결하였으며, AND, OR, NOT과 같은 논리 게이트를 구현하는데 유용하게 사용되었습니다. 그러나 XOR과 같은 비선형 문제에 대해서는 한계가 있었습니다. 간단한 XOR 문제 조차 해결할 수 없다는 한계에 부딪혀 인공지능 연구는 1차 암흑기를 경험했습니다.

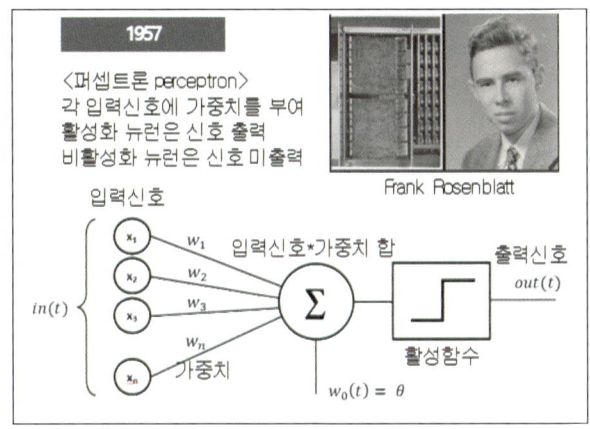

그림 3-7. 프랭크의 퍼셉트론

●●● 1986년 다층 퍼셉트론 (multi-layer perceptron)

1986년 루멜하트(David Rumelhart)는 XOR의 간단한 문제도 해결할 수 없었던 퍼셉트론에 대해 다층 퍼셉트론 적용을 제안했습니다. 퍼셉트론은 하나의 직선을 이용하기 때문에 XOR 논리함수에 좌우되는 데이터를 분류하는 것이 불가능했습니다. 선형 퍼셉트론의 한계였습니다. 루멜하트는 다층 퍼셉트론으로 문제를 해결하고자 제안하였습니다. 한 개의 직선이 아니라 여러 개의 직선을 이용한다면 XOR의 함수를 분류하는 것이 어렵지 않다는 개념입니다. 직선은 수십 개 또는 수백 개가 될 수도 있습니다. 다층 퍼셉트론은 현대식 신경망 모형의 토대가 되었습니다.

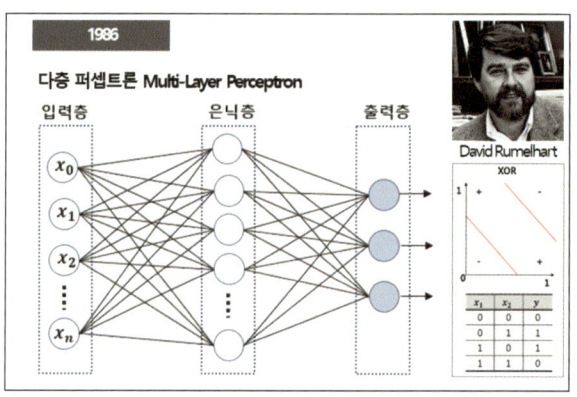

그림 3-8. 다층 퍼셉트론

●●● 2006년 데이터 초기 값 설정을 통한 성능향상: 힌턴의 증명(Hinton's proof)

2006년 제프리 힌턴(Geoffrey Hinton)은 딥러닝의 아버지로 불리는 사람입니다. 1986년에 다층 퍼셉트론이 제안되었지만, 이후 20여 년 동안 다층 퍼셉트론의 성능향상은 높아지지 않았습니다. 연구자들이 다층 퍼셉트론을 외면했습니다. 이 시기를 인공지능 2차 암흑기라고 합니다. 힌턴은 인터넷 발달에 따라 수많은 데이터 활용 가능하다는 점을 기초로 초기 가중치를 잘 설정한다면 신경망의 성능을 획기적으로 높일 수 있다고 생각했습니다. 사람들이 잘 믿지 않자, 힌튼은 2012년에 다층 퍼셉트론 알고리즘으로 IMAGENET의 ILSVRC 대회에 출전해 이미지 인식률을 기존 74%에서 84%로 높여 세상 사람들을 놀라게 했습니다. 이미지 인식오류는 2015년 5% 미만 수준에 도달하였고, 2017년 인간의 수준을 뛰어넘었습니다. 힌턴은 구글의 석학 연구원으로도 활동했으며, 오류 역전파, 딥러닝, 힌턴 다이어그램 등을 발명해 오늘날 딥러닝의 아버지로 불리고 있습니다.

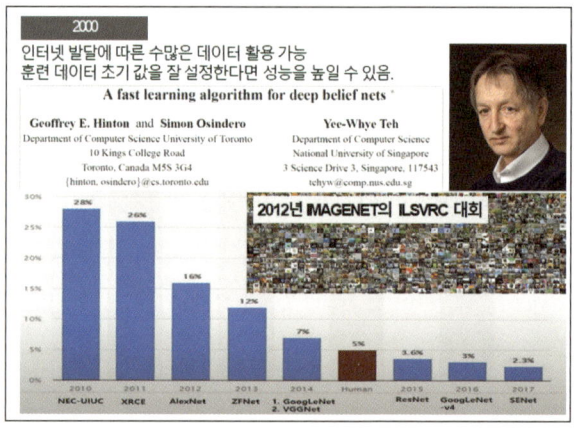

그림 3-9. 2012년 Imagenet의 ILSVRC 대회 출전 힌턴 신경망 성능

●●● 2016년 구글 딥마인드(DeepMInd)의 알파고(Alpha Go)

2016년 구글은 세상을 깜짝 놀라게 만든 이벤트를 열었습니다. 구글 딥마인드가 개발한 인공지능 알파고와 이세돌 9단의 바둑 대국이 벌어졌습니다. 알파고와 이세돌의 대국은 인공지능 발전을 보여준 역사적 사건이 되었습니다. 알파고는 대량의 바둑 기보를 학습하여 인간 수준 이상으로 실력을 갖추게 되었습니다. 알파고와 이세돌 간 진행된 5번의 대국은 알파고가 4번 승리하여, 딥러닝의 우수성을 입증하였습니다. 이 사건으로 딥러닝의 놀라운 성능이 세상에 알려졌고, 인공지능 기술이 대중들에게 주목받게 되었습니다.

그림 3-10. 구글 딥마인드의 알파고

3-3. 데이터와 인공지능 알고리즘

인공지능은 다양한 분야에서 마술 같은 멋진 성과를 보여주고 있습니다. 인공지능은 고인이 된 인기 가수의 모습을 재현해 낸다거나, 유명 화가의 작품의 화풍을 흉내 내어 새로운 그림을 그려내기도 합니다. 과거에는 상상할 수도 없었던 일들이 현실에서 벌어지고 있습니다.

그림 3-11. 고흐 풍의 화풍을 학습한 디즈니 만화 구피 캐릭터(출처: 트위터 딥포저)

이런 일이 어떻게 가능할까요? 인기 가수와 유명 화가의 데이터를 학습한 인공지능 알고리즘이 만드는 일입니다.

인공지능 알고리즘은 전통적 방법과는 비교할 수 없을 정도로 매우 강력합니다. 아무리 강력해도 모든 문제든 한 방에 인공지능이 해결할 수는 없습니다. 인공지능을 적용하기에 적합한 분야가 있고, 그렇지 않은 분야가 있습니다. 데이터는 인공지능의 학습에 가장 중요한 요소입니다. 데이터가 없다면 또는 데이터가 부실하다면 인공지능은 쓸모없는 기술일 뿐입니다. '구슬이 서 말이어도 꿰어야 보배'라고 하는 속담이 있습니다. 데이터와 인공지능의 관계를 매우 잘 표현하는 속담입니다. 그렇다면 인공지능을 적용하여 효과적으로 해결할 수 있는 문제들은 어떤 유형이 있는지 살펴보겠습니다.

●●● 스포츠정보 검색 문제

인공지능은 정보를 검색하는 문제를 해결하는 데 적용할 수 있습니다. 예컨대, 선수 정보, 경기 결과, 팀 통계 등 필요한 정보를 인공지능 알고리즘에 의해 쉽게 찾을 수 있도록 모델을 구축할 수 있습니다. 스포츠 팬 또는 스포츠애널리스트에게 큰 도움을 줄 수 있습니다. 스포츠정보의 검색 문제는 다음 단계를 통해 알고리즘을 구축할 수 있습니다.

그림 3-12. AI 활용 실시간 정보 탐색(출처: Stats Perform)

① 데이터 수집 및 정제: 먼저, 스포츠 관련 데이터를 수집하고 정제해야 합니다. 이 데이터에는 스포츠 경기와 관련된 정량적 또는 정성적 데이터를 모두 포함하여야 합니다. 데이터 수집과 정제는 인공지능 알고리즘의 성능과 직접 연결이 되기 때문에 매우 중요합니다.

② 데이터 색인화: 수집한 데이터를 적절한 형식으로 저장하고 색인화해야 합니다. 이를 통해 검색 속도를 높일 수 있습니다. 방법으로 데이터베이스를 활용하여 데이터를 저장하고 관리할 수 있습니다.

③ 자연어 처리(NLP) 기술 적용: 사용자의 검색어가 자연어로 주어지면, 자연어 처리 기술을 사용하여 그 질문을 이해하고 의미를 추출해야 합니다. 이를 통해 검색 질문 사용자의 의도에 따라 정확한 검색 결과를 도출할 수 있습니다.

④ 검색 쿼리 생성: 사용자의 질문에 대하여 적절한 검색 쿼리를 생성합니다. 예를 들어, "2023년 NBA MVP는 누구인가요?"라는 질문에 대하여 검색 쿼리(query: DB에 원하는 정보를 요청하는 문장을 의미)를 생성합니다.

⑤ 검색결과 제공: 생성된 검색 쿼리를 데이터 색인화된 정보와 비교하여 가장 적합한 결과를 찾아 사용자에게 제공합니다. 이때는 높은 정확성과 빠른 검색 속도를 보장해야 합니다. 또한 검색 결과를 효과적으로 출력해야 합니다. 예컨대, 선수통계, 경기기록 등을 시각적으로 제공하여 사용자가 원하는 정보를 빠르게 파악할 수 있도록 할 수 있습니다.

●●● 최적화(optimization) 문제

인공지능은 다양한 분야에서 최적화 문제에 매우 유용한 방법으로 활용되고 있습니다. 스포츠분야에도 인공지능 알고리즘은 최적화 문제의 해결에 예외가 될 수 없습니다. 예를 들면, 축구 또는 농구와 같은 팀 스포츠에서 승리하기 위해 어떤 전략을 채택하여야 하는지를 찾아낼 수 있습니다. 선수 로테이션 최적화, 훈련 계획 최적화, 선수 스카우팅 최적화 등 스포츠분야에 적용하여 경기력을 향상시키는데 크게 기여할 수 있습니다. 스포츠분야의 최적화 문제는 다음 단계를 통해 알고리즘을 구현할 수 있습니다.

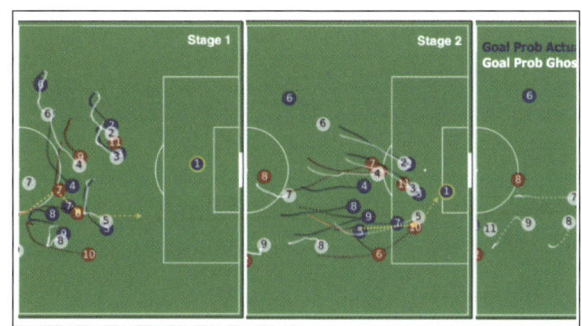

그림 3-13. 가상 올스타 전략(출처: Daniel Peterson, Solutions Director)

① 문제 정의: 최적화 문제를 명확하게 정의합니다. 예를 들어, 어떤 조건에서 어떤 목적을 최대화한다거나 또는 최소화하는 문제를 다룹니다. 스포츠분야에서 특정 선수의 성적을 최적화한다거나 팀의 전술을 최적화하는 등 문제는 다양하게 정의될 수 있습니다.

② 변수 정의: 문제에 부합해 최적화해야 할 변수를 정의합니다. 이 변수들은 조작 가능한 값들이야 하고, 최적화 과정에서 조정되는 대상변수이기도 합니다. 스포츠분야에서는 선수들의 출전시간, 심폐지구력 능력 등이 변수가 될 수 있습니다.

③ 목적함수 정의: 최적화 문제의 목적을 수학적 함수로 정의합니다. 이 함수는 변수들의 조합에 따라 최대화하거나 또는 최소화해야 할 값입니다. 예컨대, 스포츠 경기에서 승리 수를 목적함수로 설정하였다면 승리 수가 최대가 되는 최적화된 변수 조합을 만들 수 있습니다.

④ 제약조건 확인: 최적화 과정에서 고려해야 할 제약조건을 확인합니다. 제약조건은 문제의 현실적인 한계나 제한 사항을 반영하는 것입니다. 예컨대, 선수들이 가지고 있는 기본 능력 등을 반영하여 최적의 전략을 수립해야 한다는 것입니다.

⑤ 최적화 알고리즘 선택: 문제에 따라 적절한 최적화 알고리즘을 선택합니다. 이 알고리즘은 목적함수와 제약조건 등을 고려하여 최적의 변수 조합을 찾아냅니다.

⑥ 최적화 수행 및 결과해석: 선택한 최적화 알고리즘을 실행하여 목적함수를 최대화하거나 최소화하는 최적의 변수 조합을 찾습니다. 그리고 최적화 결과를 해석하여 실제로 어떤 의미가 있는지를 파악합니다. 이 결과를 활용하여 스포츠 팀의 전략을 조정하거나 선수의 훈련 계획을 최적화할 수 있습니다.

●●● 예측, 분류, 군집화 문제

인공지능은 스포츠 분야에서 예측, 분류, 군집화 문제를 해결하는 예는 쉽게 찾을 수 있습니다. 예를 들면, 선수들의 능력과 플레이 스타일을 기반으로 특정 선수가 어떤 포지션에 가장 적합할지를 예측하여 선수 포지션을 배정할 수 있습니다. 또한 스포츠영재를 발굴하여 미래 우수선수로 성장해 나갈 수 있는지를 예측하는 분야에도 적용할 수 있습니다. 스포츠 분야

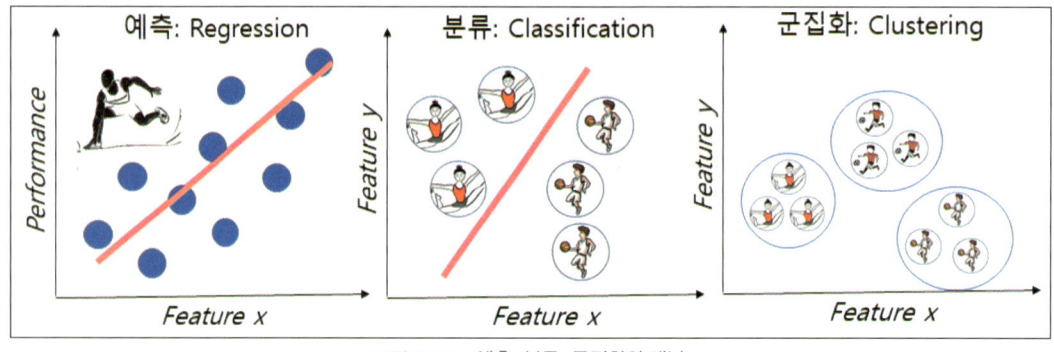

그림 3-14. 예측, 분류, 군집화의 개념

에서 예측, 분류, 군집화 문제는 다음 단계를 통해 알고리즘을 구현할 수 있습니다.

① 데이터 수집 및 전처리: 예측, 분류, 군집화와 관련된 데이터를 수집하고 필요한 전처리 작업을 수행합니다. 선수의 체격 관련 데이터라던지, 경기 수행 관련 데이터 등 매우 다양할 수 있습니다.

② 특성 추출(결과변수): 예측, 분류, 군집화에 필요한 특성을 추출하거나 선택합니다. 흔히 무엇을 예측, 분류, 군집화할 것인가에 대한 결과 변수로서 특성을 의미합니다.

③ 데이터 분할: 예측, 분류, 군집화를 위하여 수집된 데이터를 훈련 데이터와 테스트 데이터로 나눕니다. 모델을 훈련하고 검증하는 데 필요한 작업입니다.

④ 예측 및 분류 모델 선택: 예측, 분류, 군집화를 위한 적절한 모델을 선택합니다. 회귀분석, 신경망분석, 의사결정 트리, K-Means 등의 모델을 선택할 수 있습니다.

⑤ 모델 훈련: 선택한 모델을 훈련 데이터에 적합하도록 학습시킵니다. 모델은 데이터의 패턴을 학습하여 데이터를 예측하는데 적용하거나, 분류 또는 군집화하기 위한 결정을 내립니다.

⑥ 모델 검증 및 결과평가: 훈련된 모델을 사용하여 테스트 데이터를 적용하여 예측, 분류, 군집화 작업을 수행합니다. 훈련 데이터로 개발된 모델이 얼마나 좋은 성능을 가졌는지를 검증하는 단계입니다. 예측, 분류, 군집화 모델의 정확도, 정밀도, 재현율 등을 사용하여 모델의 성능을 평가합니다.

3-4. 스포츠에서 인공지능 활용 사례

스포츠 분야에서 인공지능은 다양하게 활용되고 있고, 혁신적 성과도 만들고 있습니다. 데이터의 홍수 속에서 의미 있는 정보를 추출하여, 경기력 향상 및 스포츠산업 분야에서 활용하고 있습니다. 스포츠 분야에서 인공지능이 어떻게 활용되고 있는지 알아보겠습니다.

●●● 축구 경기분석

축구 경기에서 선수들의 움직임을 확인하는 일은 매우 중요합니다. 또한 선수들이 사용하는 슈팅, 패스, 크로스, 태클, 인터셉트와 같은 특정 행위와 움직임 거리, 스프린트 횟수 등 이

동 데이터는 훈련계획 또는 전술수립에 활용할 수 있습니다. Bepro11은 축구 경기장을 촬영하는 3대의 카메라로 영상을 수집한 후, 대상을 추적하는 기술로 모든선수들의 움직임을 포착해 내고 있습니다. 인공지능 기술로 선수들의 움직임을 트레킹 하는 것입니다. AI가 놓치는 부분이 있다면 100여 명의 분석관이 보완하는 작업을 진행합니다. Bepro11의 AI 코칭 시스템은 2019년 FIFA U-20 월드컵에서 준우승한 대한민국 축구팀 코칭에도 사용된 바 있습니다. 축구의 고장인 유럽 5대 리그의 주요 팀을 고객으로 확보한 축구 분석 전문회사입니다.

그림 3-15. 비프로일레븐 화면(출처: 비프로일레븐 홈페이지)

●●● 인공지능 활용 심판판정

스포츠 경기에서 심판판정에 불만을 느끼고 판정에 불복의사를 표현하는 경우가 왕왕 있습니다. 예컨대, 프로야구에서 투수가 던진 공에 대하여 스트라이크 또는 볼의 판정은 심판에 의해 최종 결정이 내려집니다. 이 과정에서 실제로는 스트라이크인데 볼로 잘못 판정된다든지 또는 실제로는 볼인데 스트라이크로 잘못 판정된다면 승패 자체에 영향을 끼치는 경우가 발생하기도 합니다. 인공지능 기술은 영상촬영 기술, GPS, 각종 센터, 웨어러블 기기 등의 데이터를 활용해 신뢰로운 심판판정 모델을 만들 수 있습니다.

스포츠 심판판정에 있어 대표적인 것이 호크아이입니다. 미국 프로야구는 현재 전 구장에서 호크아이 야구공 추적 시스템을 사용하고 있습니다. 우리나라 프로야구도 역시 호크아이

그림 3-16. 인공지능 활용 오프사이트 판정(출처: FIFA)

AI 시스템 도입을 진행하고 있습니다. 호크아이는 테니스에서도 활용되고 있는데, 주로 라인 인아웃 여부를 판독하고 있습니다. 영상을 3D 이미지로 구현해 공의 궤적에 대한 빅데이터 자료를 학습시켜 복합적으로 동작합니다. 지난 FIFA 월드컵에서 오프사이드 판정에 인공지능 기술을 도입하여 판정시비를 줄였던 사례도 있습니다. 인공지능 기술은 심판의 오심을 줄여 스포츠의 공정성을 확보하는 데 크게 기여하고 있습니다.

●●● 인테그리스포츠: 비정상 스포츠베팅 신호 탐지

스포츠 경쟁에서 공정성은 매우 중요한 가치입니다. 경기 결과가 참가자들의 노력과 능력에 의해 결정되어야 한다는 원칙이 바로 공정성을 의미합니다. 그렇지 않으면 스포츠는 존재 의미를 상실하며 가치가 훼손될 수 있습니다. 최근 주요 스포츠 경기가 수행되면 전 세계적으로 해당 스포츠에 대하여 베팅이 이루어지고 있습니다. 예컨대, 우리나라에서 유럽의 주요 국가에서 진행되는 경기에 대해 베팅을 할 수 있고, 해외 여러 지역에서도 역시 우리나라 내에서 진행되는 경기에 대해 베팅을 할 수 있습니다. 2020년 세계적으로 스포츠베팅 시장규모는 약 161조 원에 육박하는 것으로 알려져 있습니다. 2020년 기준으로 대한민국 전체 예산 규모가 약 513조 원이라는 사실에 비추어 스포츠베팅 시장규모의 크기를 짐작할 수 있습니다. 특히, 규모에 관해 확인조차 불가능한 불법 스포츠베팅 시장을 포함하면, 스포츠베팅 시장의 크기를 상상할 수 있습니다.

스포츠베팅은 공정한 경쟁을 전제로 이루어지는데, 우리는 유명 스포츠 선수들이 승부조작에 연루되었다는 뉴스를 가끔 접하게 됩니다. 스포츠 승부조작은 사전에 경기의 결과를 정해 놓고 마치 최선을 다해 경기에 임하는 척하여, 스포츠 팬들을 기만하는 일종의 사기행위입니다. 스포츠에서 퇴출당하여야 하는 범죄입니다. 그러나 스포츠베팅에 많은 돈이 걸려있고,

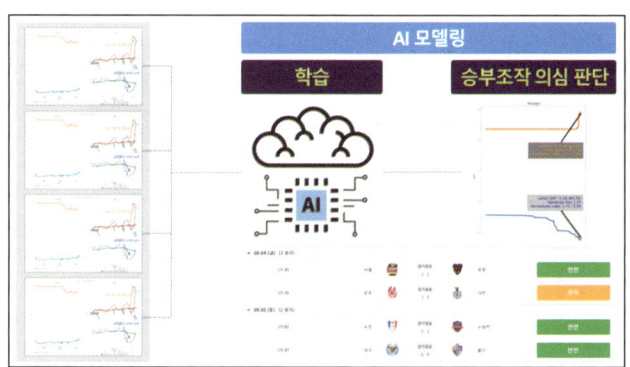

그림 3-17. 한국체대 스포츠분석센터 인테그리스포츠(출처: www.cleansports.re.kr)

승부조작 브로커가 큰돈으로 선수, 감독, 심판 등 당사자을 유혹하고자 하는 경제적 이익 관계가 형성되어 있다면 승부조작 동기는 지속될 것입니다. 모든 스포츠 경기를 인간이 모니터링하여 스포츠 승부조작의 위험 정도를 확인하는 것은 현실적으로도 불가능합니다.

인공지능은 스포츠 승부조작을 예방하기 위해 중요한 역할을 수행합니다. 예를 들면, 전세계에서 베팅이 이루어지는 배당금을 모니터링하여 이상 시그널이 발생하는 경우 집중분석을 진행할 수 있다는 것입니다. 한국체육대학교 스포츠분석센터는 스포츠 승부조작이 발생하였던 경기의 베팅 데이터와 정상경기의 베팅 데이터를 인공지능으로 학습시켜 모니터링을 위한 모델을 구축했습니다. 그리고 전세계 200여 베팅 기관으로부터 실시간으로 수집하여 5개의 비정상 베팅 시그널을 탐지하는 알고리즘을 적용하여 비정상 베팅 신호가 감지가 되면 '안전', '관심', '주의', '경계', '위험'의 5단계로 알람을 발생시킵니다.

●●● OCR 기반 금지약물 검색

스포츠에서 금지약물의 복용은 비윤리적 행위로서 엄격한 처벌이 따르게 됩니다. 그러나 대부분의 선수들은 어떤 약물이 복용 가능한 약물인지 또는 어떤 약물이 금지된 약물인지에 대해 정확히 알지 못합니다. 감기에 걸렸거나, 다쳤을 경우 의사의 처방에 따라 약물을 복용하게 됩니다. 만약 의사가 잘못 처방한 약물이 금지약물에 해당한다고 하더라도 복용에 따른 모든 책임은 선수가 져야합니다. 물론 WADA(World Anti-Doping Agency) 또는 KADA(Korea Anti-Doping Agency) 홈페이지에는 어떤 약물이 금지약물에 해당하는지를 확인할 수 있도록 검색기능을 제공하고 있지만, 검색 절차가 다소 복잡하여 선수들이 사용하기에 제한이 있습니다.

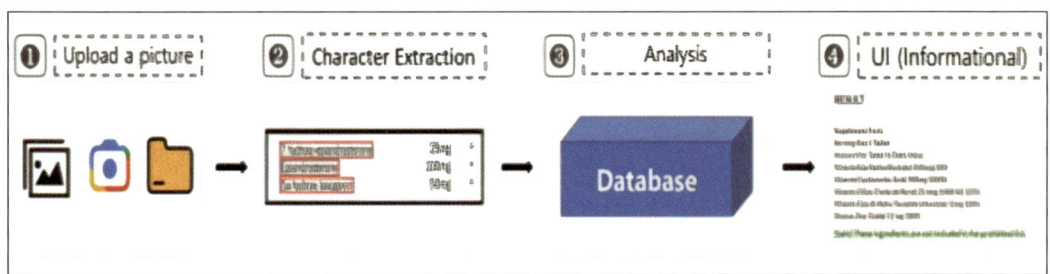

그림 3-18. OCR 기술 기반 금지약물 식별(출처: www.antidoping.re.kr)

OCR(광학 문자 인식) 기반 금지약물 검색 기술은 스포츠 선수들이 금지된 약물을 사용하는 것을 방지하고 스포츠 경쟁의 공정성을 유지하기 위한 기술입니다. 이 기술은 텍스트를 인식하고 처리하여 선수들이 사용하는 약물의 성분과 이름을 파악하며, 이 정보를 데이터베이스와 비교하여 금지약물에 해당하는지를 판단할 수 있습니다. 한국체육대학교 스포츠분석센터는 OCR 기술을 이용하여 금지약물 여부를 쉽게 판단할 수 있는 인공지능 기술을 발표(www.antidoping.re.kr)한 바 있습니다. 인공지능이 쉽고 빠르게 금지약물 여부를 판단해 주기 때문에 안전하고 공정한 스포츠를 실현하는 데 공헌하고 있습니다.

●●● 스포츠 중계화면 광고 노출 정도 측정

스포츠 중계화면 광고 노출 정도 측정은 광고가 특정 방송 프로그램이나 채널에서 얼마나 노출되었는지를 평가하고 측정하는 과정을 의미합니다. 광고 노출 정도 측정은 스포츠 중계방송의 광고주와 광고 대행사에게 중요한 정보를 제공하며, 광고 캠페인의 효율성을 평가하고 개선하는 데 도움을 줍니

그림 3-19. 탁구 프로리그 중계화면에 노출된 광고 자동인식

다. 인간이 중계방송 화면을 눈으로 보면서 초시계를 두드리며 중계방송 시간 동안 몇 초 동안 노출되었는지를 확인하려면, 상당한 시간과 노력이 투입되어야 할 것입니다. 인공지능은 이러한 인간의 노동력을 극적으로 감소시킬 수 있습니다.

3-5. 무작정 따라 해 보는 인공지능

지금까지 스포츠분석 분야에 인공지능 기술이 어떻게 활용되고 있는지, 인공지능 코딩을 위한 파이썬 프로그램의 설치와 기본 문법은 어떻게 되는지, 그리고 인공지능에 대한 대강의 개념과 역사 그리고 스포츠 분야에 활용 사례에 대하여 알아봤습니다. 이제 여러분은 인공지능과 스포츠분석에 대한 기본 자질을 갖추었다고 자부하셔도 될 것 같습니다. 무작정 인공지능 코딩을 한번 따라 해 봅시다. 어떤 일이 생기는지 말입니다.

일단, 구글의 코랩에 접속합니다. https://colab.research.google.com

준비물 : 코랩 접속 가능한 구글 아이디, 'aw_fb_data.csv' 파일 등

[코드 03-05-01] 코랩을 이용한 머신러닝 무작정 해보기

```
01  !pip install -q dataprep pycaret

02  from dataprep.eda import plot
    from pycaret.classification import setup, compare_models, plot_model, save_model, load_model, predict_model
    from sklearn.model_selection import train_test_split
    from sklearn.metrics import accuracy_score
    import matplotlib.pyplot as plt
    import seaborn as sns
    import pandas as pd

    from google.colab import drive
    drive.mount('/content/drive')
03  file_path = "/content/drive/My Drive/Colab Notebooks/aw_fb_data.csv"
    df = pd.read_csv(file_path)
    df.head()

04  df.info()

05  df = df[df['device']=='apple watch']
    df.info()

06  sns.countplot(x=df["activity"])
    plt.show()

07  plot(df)

08  s = setup(
        data=df,
        target="activity",
        train_size=0.7,
        preprocess=True,
        remove_outliers=True,
        fold_strategy="stratifiedkfold",
        fold=10,
        session_id=2023,
    )

09  best = compare_models()

10  plot_model(best, plot="learning")

11  plot_model(best, plot="confusion_matrix", plot_kwargs={"percent": True})

12  plot_model(best, plot="error")

13  plot_model(best, plot="auc")

14  plot_model(best, plot="feature")

15  plot_model(best, plot="class_report")

16  save_model(best, 'best')

17  loaded_model = load_model('best')
    loaded_model

18  pred = predict_model(loaded_model, data=df[0:])
    pred.head(300)
```

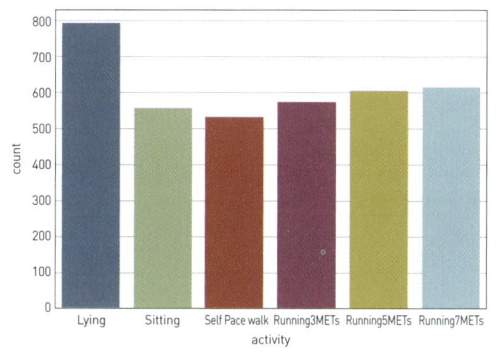
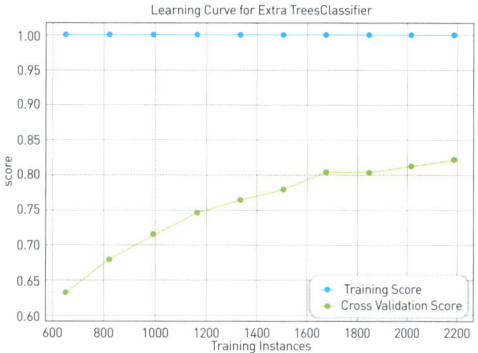
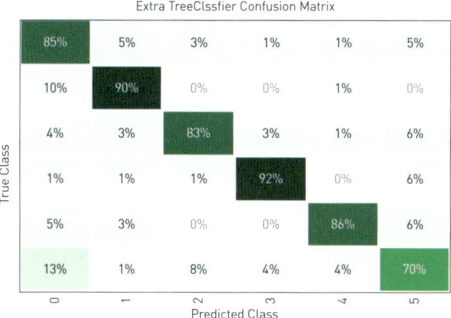
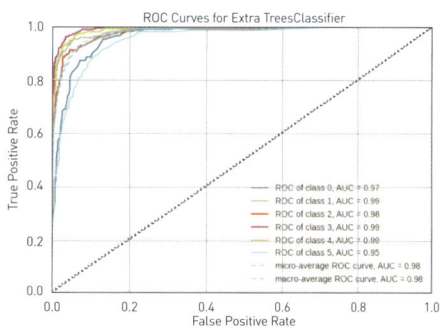

4장
스포츠분석을 위한 기초통계

4-1. 스포츠데이터의 유형

4-2. 데이터 집합의 대푯값

4-3. 데이터의 퍼짐 정도: 변산도

4-4. 표준점수

4-5. 변수 간 상관관계 및 선형회귀

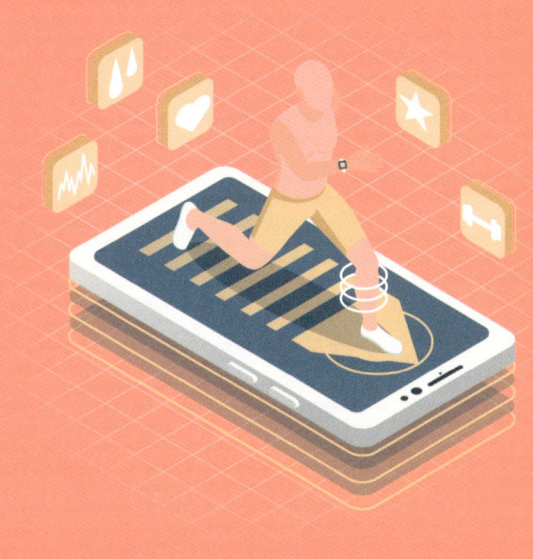

4장
스포츠분석을 위한 기초통계

이 장에서는 스포츠데이터를 다루는데 핵심인 통계의 개념과 방법을 다룹니다. 인공지능은 변수 간 데이터 관계에 기초하여 만들어지기 때문에 통계에 관한 이해가 있어야 합니다. 예컨대, 데이터의 특성을 이해하여 인공지능 모델을 구축하고 평가하는 작업은 모델의 신뢰성과 예측 능력을 향상시키는데 중요한 역할을 합니다. 이 장에서는 데이터수집과 정리 방법부터 시작하여 집중 경향치를 측정하는 평균치와 중앙치, 데이터의 퍼짐 정도를 나타내는 분산과 표준편차까지 다양한 기초통계 개념을 다룰 것입니다. 변수 간 상관관계를 탐색하는 방법과 선형 회귀에 대한 개념도 함께 알아보겠습니다.

4-1. 스포츠데이터의 유형

스포츠로부터 생성되는 데이터는 다양한 종류가 있습니다. 양질의 데이터가 인공지능 알고리즘과 결합하면 믿을 수 없을 정도로 마술 같은 성능을 만들어 냅니다. 그러나 잘못된 데이터를 선택하거나 부실한 데이터를 사용하여 알고리즘에 적용한다면 인공지능의 성능은 보잘것없게 됩니다. 이 말은 인공지능의 성능은 곧 데이터의 질에 의해 결정되는 것입니다. 스포츠 세상은 데이터로 가득 차 있습니다. 경기 결과를 비롯하여 선수들의 능력, 팀 전술, 심판의 판단 등 모두 데이터로 표현되고 있습니다. 스포츠데이터는 그 특성에 따라 몇 가지 유형으로 구분할 수 있습니다. 스포츠데이터 특성은 자료수집 및 분석 계획을 수립하는 데 중요하게 고려해야 합니다. 스포츠데이터의 특성에 대해 알아보도록 하겠습니다.

●●● 정량적 데이터(quantitative data) vs 정성적 데이터(qualitative data)

스포츠데이터는 크게 정량적 데이터와 정성적 데이터로 구분할 수 있습니다. 정량적 데이터는 수치나 숫자로 표현할 수 있는 데이터를 말합니다. 이들의 데이터는 가감승제를 이용한 수학적 연산을 통해 분석할 수 있습니다. 선수들의 득점, 리바운드, 어시스트 횟수, 경기 시간 등이 정량적 데이터에 해당합니다. 정량적 데이터는 일반적으로 사람들은 쉽게 신뢰합니다. 정성적 데이터는 수치화하기 어려운 주관적인 속성을 나타내는 데이터입니다. 주로 텍스트나 감정, 품질 등을 표현하는 데 사용됩니다. 선수의 기분, 팀의 전술, 경기장 분위기, 관중의 반응 등이 정성적 데이터에 해당합니다. 정량적 데이터와 정성적 데이터의 특징은 다음과 같습니다.

구분	정량적 데이터	정성적 데이터
유형	정형 데이터 반정형 데이터	비정형 데이터
특징	변수 간 관계에 기반하여 의미 부여하며 주로 객관적 수치로 나타낼 수 있음.	전체적 의미를 함축된 표현으로 나타냄. 주관적 의미부여
구성	숫자 또는 기호로 표현 데이터베이스, 스프레드 시트	문자나 언어로 표현 SNS 채팅, 텍스트 파일
분석	통계분석이 용이함	통계분석이 어려움

그림 4-1. 정량적 데이터와 정성적 데이터의 특성

●●● 정형적 데이터(structured data) vs 비정형적 데이터(unstructured data)

다른 방법으로는 정형 데이터와 비정형 데이터로 구분할 수도 있습니다. 정량적 데이터가 정형의 구조로 되어 있고, 정성적 데이터가 비정형의 구조로 되어 있는 것이 일반적입니다. 정형 데이터는 구조화되고 일정한 형식을 가지고 있는 데이터를 의미합니다. 행과 열로 이루어진 엑셀 같은 표 형태의 스프레드시트 또는 데이터베이스에 저장할 수 있습니다. 데이터베이스의 테이블이나 CSV 파일과 같은 형태로 저장되며, 각 열은 명확한 데이터 유형을 가지게 됩니다. HTML 문서와 같이 정형 또는 비정형 데이터라고 명확히 규정짓기 어려운 경우에는 반정형 데이터(semi-structured data)라고 구분을 짓기도 합니다. 비정형 데이터는 데이터의 구조가 없거나 일정한 형식을 갖고 있지 않은 데이터를 의미합니다. 텍스트, 이미지, 음성, 동영상 등 다양한 형태의 데이터가 비정형 데이터에 해당합니다. 최근 빅데이터 전처리 기법이 발전하여 자연어, 이미지, 음성인식 등의 비정형 데이터를 처리하여 인공지능 모델에 활용되고 있습니다.

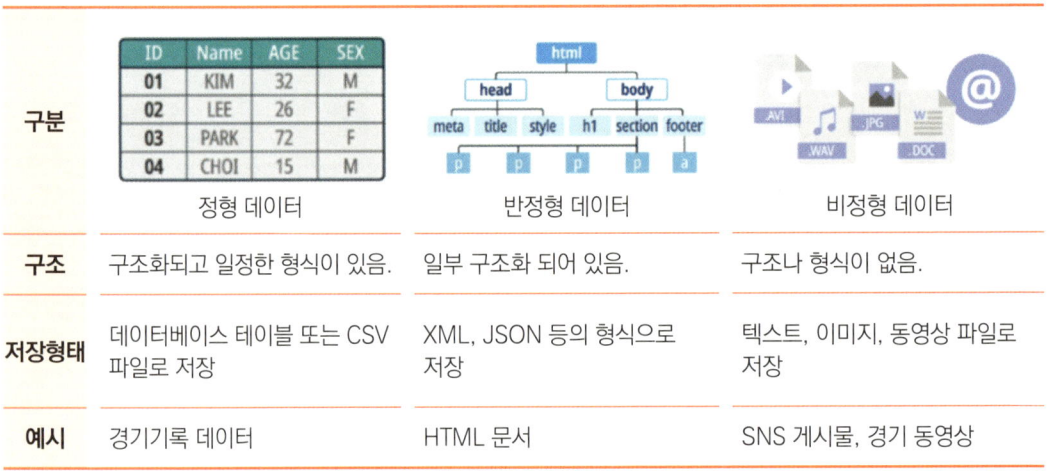

구분	정형 데이터	반정형 데이터	비정형 데이터
구조	구조화되고 일정한 형식이 있음.	일부 구조화 되어 있음.	구조나 형식이 없음.
저장형태	데이터베이스 테이블 또는 CSV 파일로 저장	XML, JSON 등의 형식으로 저장	텍스트, 이미지, 동영상 파일로 저장
예시	경기기록 데이터	HTML 문서	SNS 게시물, 경기 동영상

그림 4-2. 정형, 반정형, 비정형 데이터의 특성

●●● 연속형 데이터(continuous data) vs 범주형 데이터(categorical data)

스포츠데이터를 자료분석 관점에서 보면 연속형과 범주형으로 구분을 하고 있습니다. 연속형 데이터는 무한한 범위에서 어떤 값이라도 가질 수 있는 데이터의 유형입니다. 대부분 실수형 데이터로 처리되며, 특정 범위 내에서도 무한대의 값을 가지기도 합니다. 절대 0점이 있느냐의 여부에 따라 비율형 데이터(ratio data)와 동간형 데이터(interval data)로 구분하기도 합니다. 연속형 데이터의 속성을 살펴보면 동간성과 연속성을 지닌 데이터입니다. 범주형 데이터는 연속형 데이터와 반대의 개념에 속합니다. 일종의 불연속 데이터를 의미합니다. 이산형 데이터로 분류되며, 정숫값을 가지고는 있으나 그 숫자는 명목형(nominal)의 범주 값을 가지거나 또는 순서형(ordinal)인 범주 값을 가집니다. 따라서 범주형 데이터는 명목형 데이터와 순서형 데이터로 나누어집니다.

구분	연속형 데이터		범주형 데이터	
	비율형	동간형	명목형	순서형
특징	데이터 간의 상대적 크기와 절대적인 차이를 확인하기 위한 0의 절대적인 의미가 있으며, 0을 기준으로 비율을 계산 사칙연산과 비율 계산 가능	데이터 간의 상대적 크기를 나타냄. 절대0점이 없으며, 간격만 존재 상대적인 비교는 가능하지만, 비율 계산은 불가능	데이터를 분류하거나 분류된 카테고리를 나타냄. 카테고리 간의 순서나 상대적 크기는 의미가 없음.	데이터 간의 상대적인 크기와 순서를 나타냄. 순서와 상대적인 차이 비교만 가능, 비율 계산은 불가능
사례	출전선수 신장	기계체조 실행점수	하키선수 등번호	대회 순위

그림 4-3. 연속형 데이터와 범주형 데이터의 특징

4-2. 데이터 집합의 대푯값

데이터 집합에서 중심적인 값을 나타내는 대푯값은 주로 평균이 있습니다. 평균은 데이터 집합의 보편적 특성을 나타내는 값입니다. 하나의 데이터 집합에는 다양한 대푯값이 있을 수 있습니다. 예컨대, 산술적으로 나타내는 산술평균, 중앙치, 기하평균 등이 데이터 집합의 대푯값이라고 할 수 있습니다. 집중 경향치라고도 부릅니다. 이 장에서는 통계의 기본 개념에 대해 간략히 훑어보겠습니다. 지금부터 데이터 집합의 대푯값에 대해 살펴보고 파이썬으로 산출하는 코드를 공부하겠습니다. 예제 파일은 'Athletes.csv'을 입니다.

●●● 산술평균(average)

산술평균은 데이터 집합에 있는 여러 개의 점수를 하나의 값으로 요약하는 대푯값입니다. 일상에서 가장 많이 사용되고 있습니다. 산술평균은 데이터 집합에 있는 모든 값을 더한 후,

그 합을 데이터의 개수로 나눠서 얻습니다. 예를 들어, 축구팀 선수들의 나이에 관한 데이터 집합이 있다면, 이들 나이를 모두 더한 후 선수 수로 나누어 축구팀 선수들의 평균 나이를 계산합니다. 수식으로는 데이터 집합을 (x_1, x_2, ..., x_n)이라고 할 때 산술평균은 다음과 같이 계산됩니다:

$$산술평균 = (x_1 + x_2 + ... + x_n) / n$$

파이썬에서는 mean( )이라는 함수를 사용해서 산술평균을 산출할 수 있습니다. 파이썬의 판다스 라이브러리를 활용하여 CSV 파일을 불러와서, 산술평균을 산출하는 코드는 다음과 같습니다. 'file_path'는 'Athletes.csv' 데이터 파일이 있는 경로를 의미합니다. 예제 파일의 신장(height) 변수에 대한 산술평균을 산출해 보겠습니다.

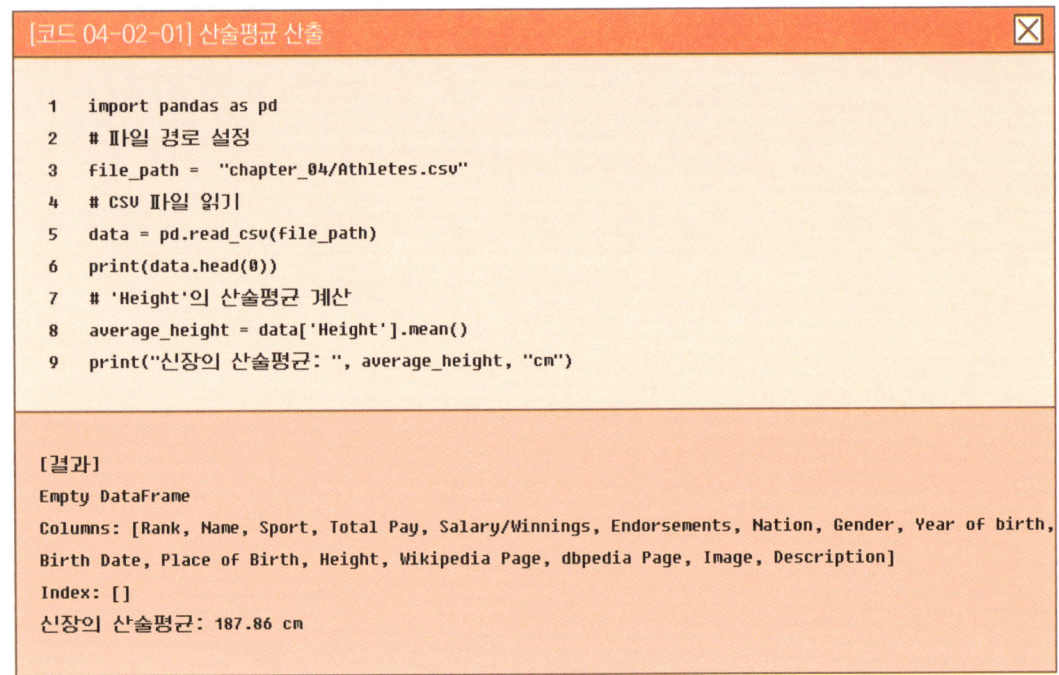

스포츠 종목별 선수들의 신장에 대한 산술평균은 어떻게 구할까요? 판다스의 groupby( ) 함수를 적용하면, 스포츠 종목 집단별 신장에 대한 평균값을 산출할 수 있습니다. 그리고 집단별 그래프도 그릴 수 있습니다.

[코드 04-02-02] 집단별 산술평균 산출

```
1   import pandas as pd
2   # 파일 경로 설정
3   file_path = "chapter_04/Athletes.csv"
4   # CSV 파일 읽기
5   data = pd.read_csv(file_path)
6   # 'Sports' 집단별 산술평균, 사례수
7   summary_by_sport = data.groupby('Sport')['Height'].agg(['count', 'mean'])
8   # 소숫점 한자리 나타내기: round(1)
9   summary_by_sport['mean'] = summary_by_sport['mean'].round(1)
10  print(summary_by_sport)
```

[결과]

	count	mean
Sport		
Baseball	27	190.0
Basketball	18	202.0
Boxing	4	175.8
Cricket	1	175.0
Football	17	189.8
Golf	5	183.6
Racing	6	166.8
Soccer	15	180.5
Tennis	6	181.8
Track	1	196.0

```
# 그래프 그리기
plt.figure(figsize=(10, 6))
summary_by_sport['mean'].plot(kind='bar', color='blue', label='평균 키')
plt.ylabel('평균 키 (cm)')
plt.title('스포츠별 평균 키')
plt.legend()
plt.xticks(rotation=45)
plt.show()
```

●●● 중앙치, 기하평균

산술평균은 데이터 집합의 특성을 나타내는 가장 일반적인 방법이긴 하지만, 가끔 데이터 집합의 특성을 왜곡하는 때도 있습니다. 산술평균은 극한값에 영향을 크게 받기 때문에 데이터 집합이 정상분포가 아니라면, 대푯값으로 적절하지 않다는 견해도 적지 않습니다. 정상분포(normal distribution)는 평균을 중심으로 좌우가 대칭되는 분포입니다. 가령 분포가 정상

분포 모양이 아니라 정적 또는 부적으로 편포되었다면, 산술평균 보다 중앙치 또는 기하평균을 사용하는 것이 더 적합할 수 있습니다. 중앙치는 데이터 집합이 순서형일 때, 기하평균은 연 성장률이나 전년 대비한 값의 평균수치를 구하는 데 적합한 것으로 알려져 있습니다.

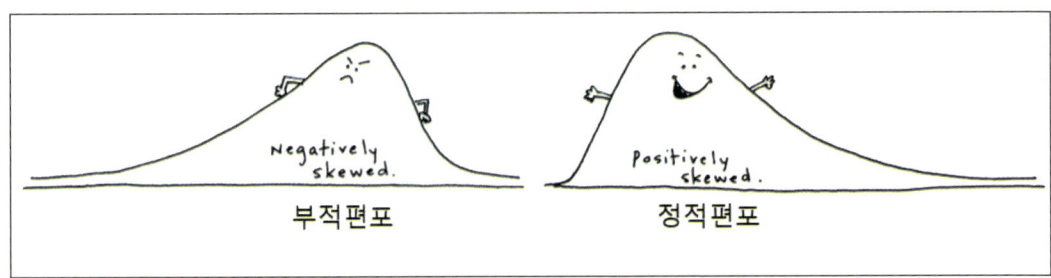

그림 4-4. 부적편포와 정적편포

예제 파일 'Athletes.csv'에서 'Total Pay' 변수를 대상으로 하여 히스토그램 그래프로 분포의 정규성 여부를 확인해 볼 수 있습니다. 그림에서 보듯 선수들의 연봉 분포는 정상분포가 아닌 정적편포의 형태를 확인했습니다. 정적 또는 부적으로 편포된 분포의 형태를 가지고 있는 데이터 집합은 산술평균보다는 중앙치 또는 기하평균을 산출하는 것이 더욱 적합할 수 있습니다. 데이터 집합의 대푯값에 관해 할 이야기는 많지만, 인공지능 딥러닝에서는 크게 중요한 개념은 아니기 때문에 그냥 넘어가겠습니다. 히스토그램 그래프의 산출은 코드 04-02-03 그리고 중앙치와 기하평균의 산출은 코드 04-02-04에 제시했습니다.

[코드 04-02-03] 히스토그램 그래프

```python
import pandas as pd
import matplotlib.pyplot as plt
from matplotlib import font_manager, rc
# 파일 경로 설정
file_path = "chapter_04/Athletes.csv"
# CSV 파일 읽기
data = pd.read_csv(file_path)
# 한글 폰트 설정 (gulim 폰트 사용)
font_path = "C:/Windows/Fonts/gulim.ttc"  # gulim 폰트 파일 경로로 수정
font_name = font_manager.FontProperties(fname=font_path).get_name()
rc('font', family=font_name)
# 'Total Pay'의 분포를 히스토그램으로 그리기
plt.figure(figsize=(10, 6))
plt.hist(data['Total Pay'], bins=20, color='skyblue', edgecolor='black')
plt.title("Total Pay 분포")
plt.xlabel("Total Pay")
plt.ylabel("빈도")
plt.grid(True)
plt.show()
```

[결과]

```
[코드 04-02-04] 중앙치, 기하평균

1   import pandas as pd
2   import scipy.stats
3   # 파일 경로 설정
4   file_path = "chapter_04/Athletes.csv"
5   # CSV 파일 읽기
6   data = pd.read_csv(file_path)
7   # 'Total Pay'의 산술평균 계산
8   average_pay = data['Total Pay'].mean()
9   print("연봉의 산술평균: $", average_pay)
10  # 'Total Pay'의 중앙값 계산
11  median_pay = data['Total Pay'].median()
12  print("연봉의 중앙값   : $", median_pay)
13  # 'Total Pay'의 기하평균 계산
14  geometric_mean_pay = scipy.stats.gmean(data['Total Pay']).round(1)
15  print("연봉의 기하평균: $", geometric_mean_pay)
```

[결과]
연봉의 산술평균: $ 27513850.0
연봉의 중앙값 : $ 22650000.0
연봉의 기하평균: $ 25332854.1

코드 04-02-04는 선수들의 연봉 데이터 집합에 대하여 산술평균, 중앙값, 기하평균을 각각 산출한 결과입니다. 산술평균이 가장 큰 값을 가지고 있어, 극한치에 영향을 가장 많이 받고 있다는 사실을 확인할 수 있습니다. 상대적으로 중앙값이 극한값에 영향을 덜 받는다는 사실도 확인하였습니다. 이 장에서는 평균(데이터 집합의 대푯값)의 종류는 다양하다는 사실을 이해하는 정도로 하고 넘어가겠습니다.

4-3. 데이터의 퍼짐 정도: 변산도

앞에서 데이터 집합의 특성을 이해하기 위해 산술평균, 중앙값, 기하평균에 대하여 살펴보았습니다. 데이터 집합의 대푯값으로서 다른 값들이 산출될 수 있다는 사실도 알 수 있었습니다. 데이터 집합의 특성을 이해할 때 대푯값과 함께 각각의 데이터가 어느 정도 밀집 또는 분산되어 있는지에 대한 정보는 매우 중요합니다. 데이터 집합에서 각각의 데이터가 흩어져 있는 정도를 변동성이라고 부릅니다. 데이터의 변동성은 집단 내의 각 개인이 이질적인지 또는 동질적인지의 여부를 판단하는 지표이기도 합니다. 가령 지도자가 선수들을 대상으로 체력훈련을 계획한다면, 기본적으로 선수들의 체력이 비슷한 수준인지 또는 커다란 차이가 있는 수준인지에 대한 정보는 매우 중요합니다. 데이터 집합의 변동성은 분산, 표준편차, 변이계수로 확인할 수 있습니다. 파이썬 코드를 이용해서 분산, 표준편차, 변이계수를 산출해보도록 하겠습니다. 예제 파일은 앞에서와 동일하게 'Athletes.csv'을 사용합니다.

●●● 분산과 표준편차

분산(variance)은 비율형 또는 동간형 데이터 집합의 변동성을 계산하는 흔한 방법입니다. 전통적 통계 방법 대부분은 분산에 기반을 두고 발전해 왔다 하여도 과언이 아닙니다. 분산분석(ANOVA: analysis of variance)이라는 명칭이 있을 정도로 전통 통계학에서 분산은 중요한 개념입니다. 분산은 편차(각 데이터가 평균으로부터 떨어져 있는 정도)의 제곱합을 평균한 것으로 정의합니다. 가령, 분산을 기술적으로 표현한다면, 점수분포에서 모든 점수의 편차를 계산하고, 편차의 합은 0이기 때문에 제곱한 후 합한 값을 사례수로 나누면 됩니다. 표본집단의 분산을 계산하는 공식은 다음과 같습니다.

$$\text{분산(variance)} = \frac{\sum_{i=1}^{n}(x_i - \bar{x})^2}{n}$$

여기서:

x_i: 각 개별 데이터

$\bar{x}$: 데이터의 평균

n: 데이터 개수

표준편차는 변동성 지표 중에서 가장 널리 사용되는 통계치입니다. 표준편차는 standard deviation의 머리글자를 따서 SD 혹은 S, 그리스 문자인 σ(시그마)로도 표시하고 있습니다. 표준편차의 공식을 자세히 살펴보면, 표준편차는 분산에 제곱근(root) 씌운 것과 같다는 사실을 발견할 수 있습니다. 즉, 표준편차는 분산의 제곱근으로서 데이터의 분포를 나타내는 지표입니다. 개별 데이터와 평균 간 편차의 제곱을 모두 더한 후, 사례수로 나눈 값의 제곱근으로 계산됩니다. 수식으로 나타내면 다음과 같습니다.

$$\text{표준편차(standard deviation)} = \sqrt{\frac{\sum_{i=1}^{n}(x_i - \bar{x})^2}{n}}$$

여기서:

x_i: 각 개별 데이터

$\bar{x}$: 데이터의 평균

n: 데이터 개수

```
[코드 04-03-01] 분산, 표준편차 산출

1   import pandas as pd
2   # 파일 경로 설정
3   file_path = "chapter_04/Athletes.csv"
4   # CSV 파일 읽기
5   data = pd.read_csv(file_path)
6   # 'Height' 분산 계산
7   height_variance = data['Height'].var().round(1)
8   height_std = data['Height'].std().round(1)
9   print("Height 분산:", height_variance)
10  print("Height 표준편차:", height_std)
```

[결과]
Height 분산: 138.6
Height 표준편차: 11.8

●●● 변이계수(coefficient of variation: CV)

분산과 표준편차는 데이터 집합에서 변동성을 나타내는 지표로써 개별 데이터가 흩어져 있는 정도를 측정하고 비교하는 데 사용할 수 있습니다. 특히, 표준편차는 원 데이터와 같은 측정 단위로 표시되기 때문에 절대 변동성을 나타냅니다. 동시에 데이터 집합의 개별 데이터가 평균으로부터 떨어져 있는 평균적인 거리를 기술하기 때문에 내적 변동성을 나타낸다고 할 수 있습니다. 그러나 다른 데이터 집합으로부터 산출된 표준편차와 변동성을 어떻게 비교할 수 있을까요? 다른 데이터 집합의 표준편차를 직접 비교하려면 조건이 있습니다. 먼저 비교하고자 하는 데이터 집합의 측정단위가 동일해야 하며, 평균치의 크기가 비슷할 때 의미 있는 비교가 가능한 것입니다. 이러한 조건을 충족하지 못한다면 데이터 집합 간 표준편차의 직접비교는 불가합니다.

변이계수는 데이터 집합의 표준편차를 평균의 비율로 나타낸 상대 변동성 지표입니다. 변이계수는 평균의 크기가 다른 데이터 집합일 때 또는 측정단위가 다른 데이터 집합일 때 적절하게 사용할 수 있습니다. 변이계수의 공식은 다음과 같습니다.

$$\text{변이계수} = \frac{\text{표준편차}}{\text{평균}} \times 100$$

이때 변이계수는 일반적으로 백분율(%)로 표현되며, 상대적 변동성을 수치화하여 비교하고자 할 때 적합한 값입니다. 변이계수가 낮을수록 개별 데이터들이 평균 주변에 밀집되어 있다는 것을 의미합니다. 변이계수를 산출하는 파이썬 코드는 코드 04-03-02와 같습니다.

[코드 04-03-02] 변이계수

```
1  import pandas as pd
2  # 파일 경로 설정
3  file_path = "chapter_04/Athletes.csv"
4  # CSV 파일 읽기
5  data = pd.read_csv(file_path)
6  # 'Height' 변이계수 계산
7  height_cv = (data['Height'].std() / data['Height'].mean()) * 100
8  print("Height 변이계수:", round(height_cv, 1), "%")
```

[결과]
Height 변이계수: 6.3 %

4-4. 표준점수

표준점수(standard score 또는 Z점수)는 통계학에서 데이터의 상대위치나 분포를 나타내는 데 사용되는 중요한 개념 중 하나입니다. 앞에서 다루었던 평균과 표준편차를 이용하여 어떤 값이 분포 내에서 어느 위치에 있는지를 표현합니다. 먼저 그림 4-5의 표준정규분포를 살

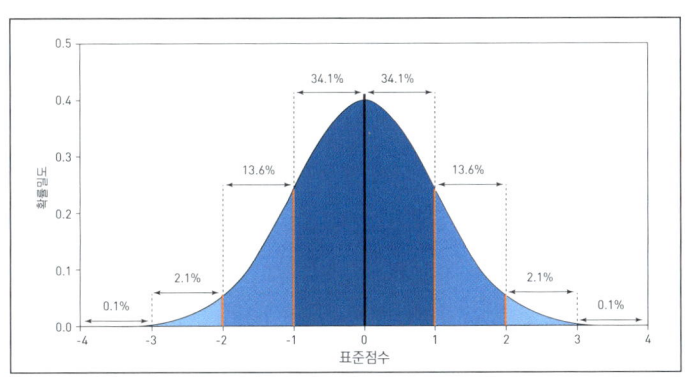

그림 4-5. 표준정규분포

펴보겠습니다. 표준정규분포는 항상 가운데 0에 평균이 위치하게 됩니다. 평균을 중심으로 좌우가 대칭되어 있습니다. 세로 축에는 확률밀도 그리고 가로축에는 표준점수를 표시하고 있습니다. 세로 축에 표시된 확률밀도는 연속변수에서 특정 값 또는 구간에서 어떤 사건이 속할(발생할) 확률을 의미합니다. 또한 가로축에 표시된 표준점수는 -3에서 +3의 범위에서 의미 있는 확률밀도를 나타내고 있습니다.

평균을 중심으로 + 방향으로 1의 표준점수는 표준편차 곱하기 1, 즉 평균으로부터 표준편차 한배의 차이를 나타내는 위치입니다. 표준점수 2는 평균으로부터 표준편차 두 배의 차이를 나타내는 위치입니다. 예컨대, 평균이 100이고 표준편차가 10인 분포가 있다면, 표준점수 1의 위치는 100+(10×1)로서 110이 위치하게 됩니다. 반대로 표준점수 -1의 위치는 100+(10×-1)로서 90이 되겠네요. 눈치채셨겠지만, 표준점수는 평균으로부터 거리를 표준편차 단위로 표현한 것입니다. 신장, 체중 등 대부분 연속변수를 평균과 표준편차를 이용해서 표준점수로 나타낼 수 있습니다. 표준점수는 신경망에서 입력데이터를 정규화하거나 다른 데이터와 비교하고자 할 때 주로 사용하게 됩니다. 데이터과학에서 매우 중요한 개념이니 반드시 숙지해야 합니다. 표준점수는 다음의 공식을 사용하여 계산할 수 있습니다. 'Z'라는 기호를 사용하고, 일반적으로 Z-점수(Z-score)라고 부르고 있습니다. 표준점수는 딥러닝을 배울 때 데이터 정규화(normalization) 과정에서 자주 언급되니 잘 기억해 두시기를 바랍니다.

$$Z = \frac{x - \bar{x}}{sd}$$

여기서,

Z: 표준점수

x: 관찰값

x_bar: 평균

sd: 표준편차

```
[코드 04-04-01] 표준점수 산출
1   import numpy as np
2   data = [85, 90, 88, 92, 78, 95, 89, 70, 75, 82]
3   mean = np.mean(data)
4   std_dev = np.std(data)
5   z_scores = [(value - mean) / std_dev for value in data]
6   print('평균:', mean)
7   print('표준편차:', std_dev)
8   print('표준점수:', z_scores)
```

[결과]
평균: 84.4
표준편차: 7.605261336732617
표준점수: [0.0788927524557318, 0.736332356253503, 0.47335651473439455, 0.9993081977726115, -0.8415226928611479, 1.3937719600512744, 0.6048444354939488, -1.893426058937582, -1.2359864551398108, -0.31557100982293096]

4-5. 변수 간 상관관계 및 선형회귀

지금까지 하나의 변수에 대한 데이터 집합의 특성을 이야기했다면 이제부터는 두 변수 간의 관계를 확인하는 방법을 배우겠습니다. 대표적 방법이 상관관계와 선형회귀입니다. 상관관계와 선형회귀는 스포츠분석과 데이터 통계에 있어 매우 중요한 개념으로서 변수 간 관계를 이해하고 데이터 간 관계를 바탕으로 예측모형을 설계하는데 중요한 주제입니다. 상관관계와 선형회귀는 데이터분석의 초기 단계에서부터 활용되며, 데이터의 특성과 관계를 파악하여 의미 있는 정보를 도출하는 데 큰 도움이 됩니다. 상관관계와 선형회귀에 초점을 두고 예제와 함께 설명하겠습니다.

●●● 상관계수와 결정계수

상관관계란 두 변수 간의 관련성의 방향과 정도를 나타내는 통계치입니다. 피어슨의 적률상관계수가 주로 사용됩니다. 측정되는 데이터가 연속형 또는 불연속형의 속성에 따라 다른 방법의 상관계수를 산출해야 하는 때도 있습니다. 적률상관계수는 영문의 r로 표시하며, 두 변수 간 선형의 관계를 나타냅니다. 상관계수는 –1에서 1 사이의 범위를 가지며, 0은 무상관, 1은 완전 상관을 의미합니다. 정리해 보면 +와 –는 상관의 방향을 의미하며, +는 양의 상관,

즉 정적 상관관계 그리고 –는 음의 상관, 즉 부적 상관관계로 표현합니다. 또한 0은 두 변수 간 관계가 전혀 없으며, 1는 두 변수가 완전히 일치하는 관계를 맺고 있음을 나타냅니다. 상관관계는 인과관계를 의미하지 않고, 단지 두 변수 사이의 연관성을 보여주는 통계치입니다. 상관계수는 다음과 같이 해석할 수 있습니다.

r의 크기	해석
.80~1.00	매우 높은 상관
.60~.80	높은 상관
.40~.60	보통 상관
.20~.40	낮은 상관
.00~.20	아주 낮은 상관

상관계수의 자승, 즉 r^2에 대하여는 결정계수라고 부릅니다. 결정계수는 전체 분산 중 두 변수가 공통으로 관련된 분산의 비율을 의미합니다. 예를 들어 훈련시간과 경기력 간에 r이 .90의 관계를 가지고 있다면 $r^2=.81$이므로 훈련시간과 경기력의 공통 분산은 81%라고 해석할 수 있습니다. 또는 경기력의 전체 분산 중에서 81%는 훈련시간에 의해 설명된다고도 표현할 수 있습니다. 훈련시간과 경기력에 대한 다음과 같은 데이터를 수집하였다고 가정하고 파이썬으로 상관계수와 결정계수의 산출방법에 대해 살펴보겠습니다. 상관계수를 산출하는 식은 다음과 같습니다.

$$상관계수 r_{xy} = \frac{\sum_{i=1}^{n}(Z_x \cdot \bar{Z}_y)}{n}$$

여기서,

Z는 표준점수

n은 사례수

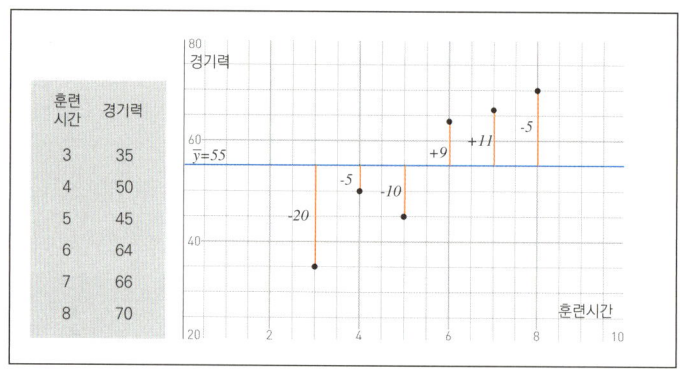

그림 4-6. 두 변수의 데이터 산포도

[코드 04-05-01] 상관계수 및 결정계수 산출

```
1   import numpy as np
2   # 주어진 데이터
3   x = np.array([3, 4, 5, 6, 7, 8])
4   y = np.array([35, 50, 45, 64, 66, 70])
5   # 상관계수 계산
6   correlation_coefficient = np.corrcoef(x, y)[0, 1]
7   # 결정계수 계산
8   correlation_coefficient2 = correlation_coefficient**2
9   print("상관계수:", correlation_coefficient.round(2))
10  print("결정계수:", correlation_coefficient2.round(2))
```

[결과]
상관계수: 0.94
결정계수: 0.88

●●● 선형회귀의 기울기(slope)와 절편(intercept)

두 변수 간 상관관계가 유의미하다면 선형회귀는 변수 간 관계식을 나타내는 방법입니다. 예컨대, x 변수에 의해 y 변수를 예측하는 선형 방정식을 만들 수 있습니다. 선형회귀의 목표는 데이터에 가장 잘 맞는 기울기와 절편을 찾아내는 것입니다. 선형회귀는 독립변수(x)와 종속변수(y) 간의 관계를 방정식으로 데이터에 가장 잘 부합하는 최적의 회귀선을 찾습니다. 이를 위해 주어진 데이터와 모델의 예측값 사이의 차이를 최소화하는 방식으로 최적 기울기와 절편을 계산해야 하는데, 이때 사용되는 방법이 최소자승법(least squares method)입니다. 최소자승법은 실제 데이터와 예측 모델이 추정한 데이터 간의 차이를 최소화하는 기울기와 절편을 산출합니다. 최소자승법에 의한 기울기와 절편을 산출하는 공식은 다음과 같습니다.

$$기울기\, a = r_{xy} \frac{s_y}{s_x}$$

여기서:

r_{xy}는 두 변수 x와 y간 상관계수

s는 표준편차

$$절편\, b = \bar{y} - a\bar{x}$$

여기서:

a는 기울기

y_bar는 y집단 평균

x_bar는 x집단 평균

기울기 (slope)	선형회귀 모델의 기울기는 x와 y 사이의 관계를 나타내는 값입니다. 기울기는 x의 변화량에 따른 y의 변화량을 의미합니다. 수식으로는 y=ax+b의 1차 방정식에서 a가 기울기에 해당합니다. 기울기가 양수인 경우, x가 증가할 때 y도 증가하며, 음수인 경우에는 x가 증가할 때 y는 감소합니다. 데이터에 맞는 최적의 기울기는 찾는 것이 선형회귀의 핵심 과제 중 하나입니다.
절편 (intercept)	선형회귀 모델의 절편은 x값이 0일 때 y값의 추정치를 의미합니다. y=ax+b의 수식에서 b가 절편에 해당합니다. 절편은 기울기와 함께 모델의 예측력을 조절하며, 데이터의 분포와 관계에 따라 조정됩니다.

훈련시간	경기력	$y - \bar{y}$	$(y - \bar{y})^2$
3	35	-20	400
4	50	-5	25
5	45	-10	100
6	64	9	81
7	66	11	121
8	70	15	225
평균$_y$ = 55			ss_t=952

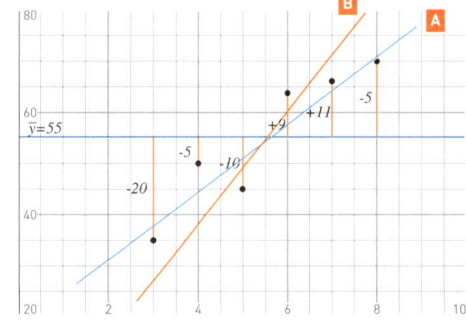

훈련시간과 경기력의 관계에서 개별 데이터의 y변수(경기력)에 대한 전체 제곱합(total sum of squares: SS_t)은 952입니다. 여기서 회귀선을 그린다면, 회귀선 A와 B 중에서 실제 점수와의 최소의 차이를 나타내는 직선은 어느 것일까요? 맞습니다. A처럼 회귀선을 긋는 것이 실제 데이터와 회귀선의 차이가 최소화 될 것입니다.

[코드 04-05-02] 기울기 및 절편 산출 코드

```
import numpy as np
# 주어진 데이터
x = np.array([3, 4, 5, 6, 7, 8])
y = np.array([35, 50, 45, 64, 66, 70])
# 상관계수 계산
correlation_coefficient = np.corrcoef(x, y)[0, 1]
기울기 = correlation_coefficient * (np.std(y)/np.std(x))
절편 = np.mean(y) - 기울기 * np.mean(x)
print("기울기:", 기울기.round(2))
print("절편:", 절편.round(2))
```

[결과]
기울기: 6.91
절편: 16.97

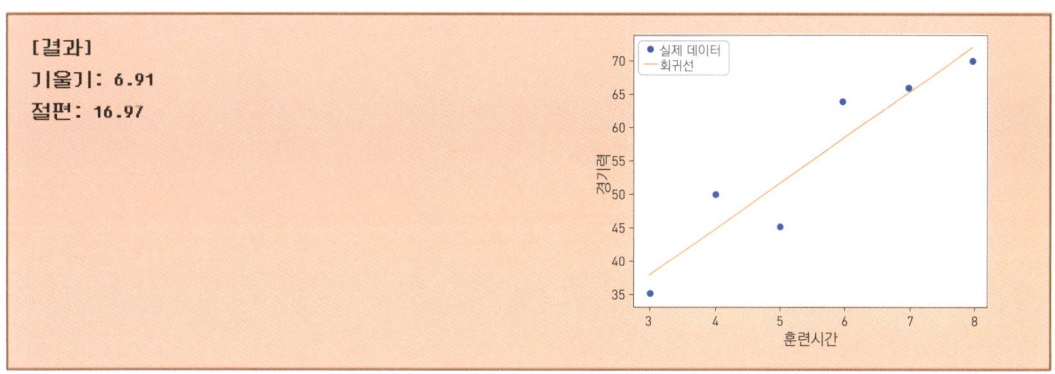

[코드 04-05-03] 훈련시간 입력을 받아 경기력 예측 코드

```python
import numpy as np
# 주어진 데이터
x = np.array([3, 4, 5, 6, 7, 8])
y = np.array([35, 50, 45, 64, 66, 70])
# 상관계수 계산
correlation_coefficient = np.corrcoef(x, y)[0, 1]
기울기 = correlation_coefficient * (np.std(y)/np.std(x))
절편 = np.mean(y) - 기울기 * np.mean(x)
print("기울기:", 기울기.round(2))
print("절편:", 절편.round(2))
# x값 입력 받음
x_input = float(input("훈련시간을 입력하세요: "))
#x값에 대한 y값 추정
y_estimate = 기울기 * x_input + 절편
print(f"훈련시간 {x_input}시간에 대한 추정 경기력는?: {y_estimate:.2f}입니다.")
```

[결과]
기울기: 6.91
절편: 16.97
훈련시간을 입력하세요: 6
훈련시간 6.0시간에 대한 추정 경기력는?: 58.46입니다.

 이 장에서는 파이썬을 이용하여 CSV형식의 데이터를 읽고 간단한 기초통계를 적용하는 방법을 수행해 보았습니다. 변수 간 관계를 검토한 후, 회귀식을 만들어 예측하는 모델까지 만들어 보았습니다. 어떤가요? 그렇게 어려운 일이 아니지요? 인공지능 역시 파이썬의 여러 모듈과 라이브러리를 이용하여 코드 몇 줄로 분석 모델을 만들어 낼 수 있습니다. 이제 여러분들은 본격적인 인공지능 모델링을 학습하기 위한 기초를 갖추었습니다. 인공지능 딥러닝 코딩으로 한 걸음씩 진행하도록 하겠습니다.

5장
인공지능 딥러닝 작동 원리

5-1. 자연계 뉴런의 기본 구조와 기능
5-2. 인공뉴런의 디지털 신호전달
5-3. 인공신경망에서의 신호연결
5-4. 인공신경망의 오차 교정

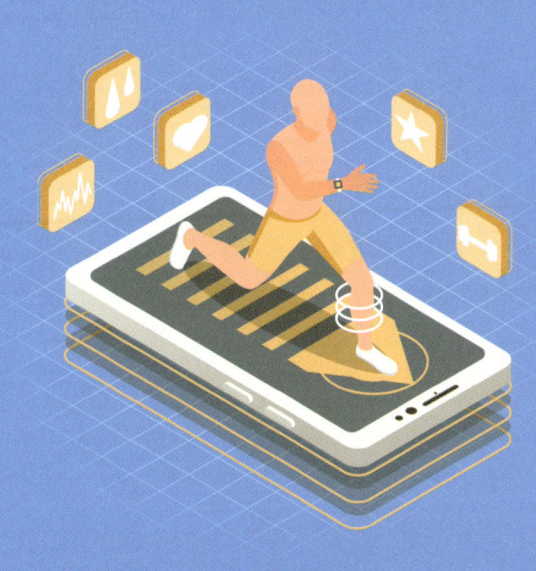

5장
인공지능 딥러닝 작동 원리

이 장은 딥러닝의 핵심 원리와 작동 방식에 관해 다루고 있습니다. 딥러닝은 인공신경망을 기반으로 한 기술로서 신경망의 여러 계층(레이어: layer)을 통해 데이터를 학습하고, 데이터로부터 특징을 추출합니다. 이 장에서는 딥러닝의 구조와 동작 방식을 자세히 알아보도록 하겠습니다. 인공신경망의 기본 개념에서부터 시작하여 다층 인공신경망, 활성함수, 역전파 알고리즘, 오차 교정까지 딥러닝을 이해하는데 필요한 다양한 개념을 다룹니다. 특히, 딥러닝의 핵심 구성 요소와 개념을 이해하는 데 필요한 기본적인 지식을 파이썬 코드와 함께 제공합니다. 이를 통해 인공신경망의 작동 원리를 이해하고 신경망이 어떻게 학습하는지를 파악함으로써 딥러닝에 대한 작동원리를 더 깊게 이해할 수 있을 것입니다.

5-1. 자연계 뉴런의 기본 구조와 기능

자연계에서 뉴런은 인간과 동물의 신경 정보를 신경계에서 전달하고 처리하는 기본단위입니다. 뉴런은 복잡한 구조와 동작 방식을 가지며, 전기 신호를 처리하고 전달함으로써 뇌와 신경계에서 일어나는 복잡한 작업을 수행합니다. 뉴런의 신호전달을 통해 인간은 생각하고, 감정을 일으키며, 기억을 되새기는 등과 같은 정보를 처리합니다. 창의성과 학습 능력을 발휘하는 것도 인간의 뉴런에서 일어나는 일입니다. 과학자들은 인간의 뇌에서 일어나는 뉴런의 정보처리 능력에 주목하였습니다. 인간의 뇌를 모델로 삼아 컴퓨터를 인간과 같이 사고할 수 있고, 학습할 수 있는 방향으로 연구와 기술 개발을 진행하고 있습니다. 뉴런의 구조와 기능에 대해 좀 더 자세히 알아보겠습니다.

●●● 뉴런의 기본 구조

가지돌기(Dendrite)

가지돌기는 뉴런 몸체에서 뻗어 나와 다른 뉴런이나 외부로부터 입력신호를 받아들이는 역할을 합니다. 가지돌기는 뉴런 몸체 주변에 분포되어 있고, 이곳에서 다른 뉴런에서 오는 화학적 신호인 신경전달물질이 수신되어 전기 신호로 변환됩니다. 전기 신호는 뉴런 몸체, 축삭으로 전달되어 처리됩니다.

축삭(Axon)

축삭은 뉴런 몸체에서 뻗어 나와 다른 뉴런으로부터 온 입력신호를 전달하는 역할을 합니다. 축삭은 일련의 전기신호를 전달하고, 이 신호는 축삭을 따라 뉴런의 끝부분인 축삭말단으로 전송됩니다.

축삭말단(Axon Terminal)

축삭말단은 축삭의 끝부분으로서 다른 뉴런과의 연결 지점인 시냅스에서 화학적인 신호를 생성하여 전달합니다. 축삭말단은 시냅스 간격을 통해 다른 뉴런의 가지돌기나 세포에 도착한 화학신호인 신경전달물질을 방출합니다. 이 신경전달물질은 다른 뉴런에서 전달된 전기 신호를 다시 화학적 신호로 변환하여 정보 전달과 처리를 이루게 합니다.

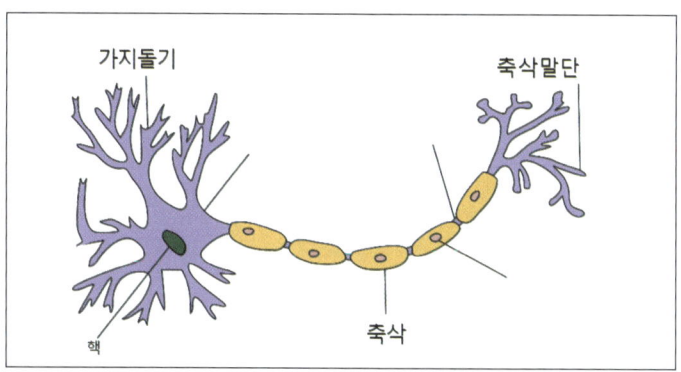

그림 5-1. 뉴런의 구조(출처: https://ko.m.wikipedia.org/wiki)

인간의 뇌는 약 2000만 개에서 1조 개의 뉴런을 가지고 있는 것으로 알려졌습니다. 추정 뉴런의 개수 범위가 이렇게 큰 것은 지금까지 뉴런 개수를 정확하게 추정하지 못하고 있다는 뜻이기도 합니다. 초파리는 10만 개 정도의 뉴런을 가지고 있는 것으로 알려져 있습니다. 10만 개 정도의 뉴런을 가지고 있는 초파리도 음식을 섭취하고, 위험을 피해서 하늘을 나는 등과 같이 상당히 복잡한 기능을 수행할 수 있습니다. 인간은 1조 개의 뉴런이 네트워크를 만들어 신호를 전달하는 복잡한 구조를 가지고 있습니다. 이를 뉴런 네트워크라고 부릅니다. 뉴런 네트워크를 이해하기 위해서 뉴런이 다른 뉴런에 어떤 방식으로 신호를 전달하는지에 대해 살펴볼 필요가 있습니다.

●●● 뉴런의 신호 입력과 출력

뉴런은 인간의 감각기관을 통해 신호를 받아 축삭을 통해 다른 뉴런으로 신호가 전달된다는 사실을 앞에서 설명했습니다. 신호 전달과정을 통해 형성된 뉴런 네트워크는 인간의 지능, 생각, 감정 등을 만들게 됩니다. 이처럼 단순한 신호전달만으로 인간이 생각하고 행동할 수 있다는 사실이 놀랍습니다. 뉴런이 신호를 어떻게 받고 다른 뉴런으로 어떻게 신호를 전달하는지에 대해 조금 더 알아보도록 하겠습니다.

인간은 다양한 감각기관을 통해 외부의 정보를 입력받습니다. 이러한 감각기관은 시각, 청각, 후각, 촉각, 미각 등으로 분류됩니다. 외부 정보는 종류에 상관없이 모든 뉴런의 한쪽 끝에서 다른 쪽 끝으로 전기 신호를 전송합니다. 가지돌기에서 축삭을 거쳐 축삭말단으로 신호가 전달되는 것입니다. 그러나 뉴런은 감각기관을 통해 외부에서 들어오는 전체 정보를 처리하지는 않습니다. 뉴런이 감각기관으로 들어오는 모든 정보를 처리한다면, 별로 중요하지 않은 또는 쓸모없는 정보들까지 인간의 뇌에서 처리해야 하기 때문에 정보처리 효율성은 떨어지게 될 것입니다. 인간의 뇌는 의미 없는 정보에 대해서는 다른 뉴런으로 정보를 전달하지 않습니다. 반대로 의미 있는 정보의 입력에 대해서는 다른 뉴런으로 정보를 전달하게 된다는 뜻이기도 합니다. 인간의 뇌를 형성하는 방대한 뉴런 네트워크가 처리한 정보는 인간은 생각하고, 사유하고, 감각을 인지하고, 감정을 느끼게 되는 것입니다.

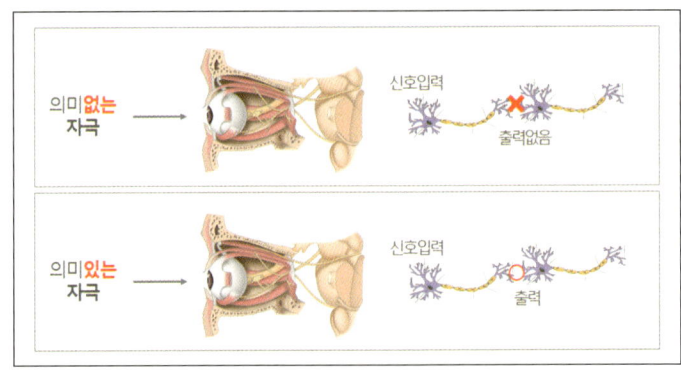

그림 5-2. 뉴런의 신호 전달의 활성도 결정(출처: https://m.amc.seoul.kr/asan)

그렇다면 뉴런에서는 어느 크기의 강도를 가진 전기 신호는 다른 뉴런으로 전달하고, 어느 크기의 강도에 미치지 못하는 전기 신호는 다른 뉴런으로 전달하지 않는다고 하는 결정이 필요할 것 같습니다. 즉, 다른 뉴런으로 전기 신호 전달을 결정하는 임계점(또는 역치: threshold)이 있다고 말 할 수 있겠네요. 임계점은 뉴런의 활성화 여부를 결정하는 중요한 개념입니다. 뉴런은 여러 가지 형태의 입력신호를 받아들이는데, 신호의 강도가 임계점을 넘으면 뉴런이 활성화되고 신호의 출력을 생성하게 됩니다. 반대로, 신호의 강도가 임계점 미만이면 뉴런은 비활성화 상태로 남아 출력을 생성하지 않습니다. 뉴런의 신호 입력과 출력은 매우 기계적인 시스템이라고 할 수 있습니다. 뉴런은 어느 신호의 강도까지는 전혀 반응하지 않다가 특정 강도 이상의 신호가 들어오면 반응을 하여 뉴런이 활성화하게 되는데, 임계점을 그림 5-3과 같이 개념화할 수 있습니다.

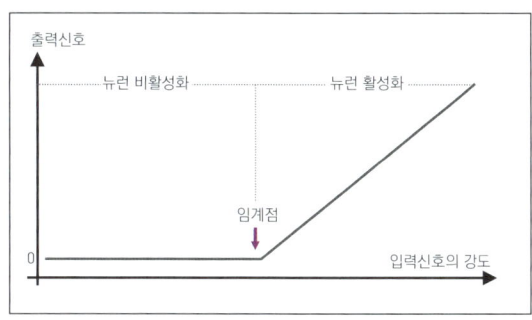

그림 5-3. 출력신호 발생의 임계점

이처럼 뉴런의 기본 구조와 기능을 살펴보면 다음과 같이 요약할 수 있습니다. ①뉴런은 신경계의 기본 단위로, 뉴런 간의 전기 신호를 처리하고 전달합니다. ②뉴런은 가지돌기로 입력 신호를 받아들이고, 축삭을 통해 다른 뉴런으로 신호를 전달하는데, 축삭말단에서 화학적 신호를 생성하여 다른 뉴런으로 신호를 전달합니다. ③뉴런은 입력된 신호의 강도가 특정 임계점에 도달하지 않으면 비활성화 상태에 있으며, 특정 임계점에 도달할 때 비로소 활성화되어 신호를 다른 뉴런으로 전달합니다.

5-2. 인공뉴런의 디지털 신호 전달

앞에서 자연계 뉴런의 구조와 기능에 대해 학습하면서, 뉴런의 신호전달과 활성화가 이루어지는 과정을 살펴보았습니다. 그렇다면 과학자들은 자연계 뉴런을 어떻게 인공뉴런의 형태로 구현하여 디지털 신호를 전달하도록 만들었는지에 대해 알아보겠습니다.

●●● 자연계 뉴런과 인공뉴런

자연계의 뉴런은 시각, 청각, 후각 등 다양한 신호를 전달하고 처리하는 역할을 한다고 하였습니다. 자연계 뉴런은 인간의 뇌와 신체 간의 복잡한 상호작용을 조율하기도 하고, 각각의 감각 정보를 처리하여 인간의 인지기능과 행동에 영향을 미치게 됩니다. 과학자들은 자연계 뉴런을 모방하여 인공뉴런의 구조를 만들었습니다. 인공뉴런은 자연계 뉴런과 비슷한 기능을 하도록 구조화했습니다. 자연계 뉴런과 흡사하게 입력신호를 받아들이고, 각 입력신호에 대해 가중치의 합을 활성화시켜 다음 뉴런으로 입력신호를 전달하도록 출력값을 생성합니다. 수만, 수십만, 수백만 개의 인공뉴런이 서로 결합하여 뉴런 네트워크를 형성한다면 자연계 뉴런과 같이 인공뉴런이 복잡한 패턴을 학습하고 이해할 수 있겠다는 것이 기본 아이디어입니다. 인공뉴런 구조는 정말 단순하지 않은가요? 이처럼 단순한 인공뉴런이 광대한 네트워크를 통해 엄청난 성능을 만들어 내고 있습니다.

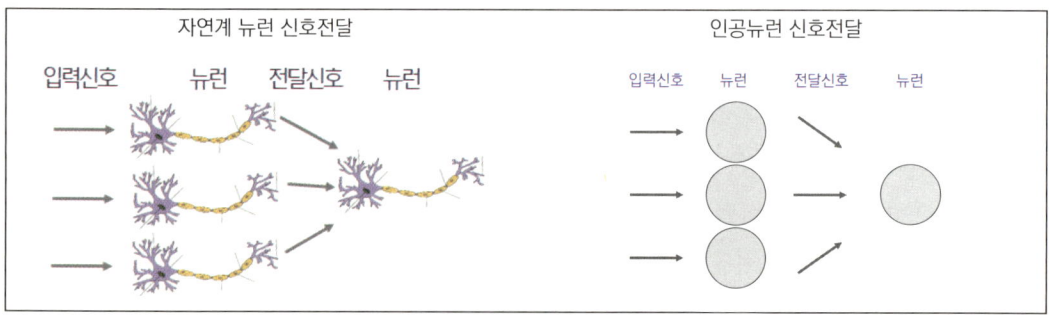

그림 5-4. 자연계 뉴런과 인공뉴런의 신호전달 개념

●●● 인공뉴런의 활성함수(activation function)

자연계 뉴런에서 입력신호의 강도가 특정 임계점에 미치지 않으면 해당 뉴런은 비활성화 상태가 되어 다른 뉴런에 신호를 전달하지 않고, 입력신호의 강도가 특정 임계점에 도달하면 해당 뉴런이 활성화 상태가 되어 다른 뉴런에 신호를 전달한다고 하였습니다. 인공뉴런에서는 활성화 여부를 결정짓는 임계점이 어떻게 설정되는지에 대해 알아보겠습니다. 인공뉴런에서는 함수를 사용하여 활성화 여부를 결정하고 있습니다. 이 함수를 '활성함수(activation function)'라고 합니다. 활성함수는 인공뉴런에서 입력값과 가중치 곱의 총합인 입력신호를 출력신호로 변환합니다. 활성함수는 인공뉴런의 활성화 여부와 출력신호의 값을 결정짓는 중요한 역할을 수행합니다. 일반적으로 인공뉴런의 활성함수는 비선형 함수를 사용하는데, 복잡한 데이터 패턴을 학습하고 처리할 수 있도록 하기 위함입니다. 인공뉴런의 활성함수는 기능은 그림 5-5와 같이 개념화할 수 있습니다.

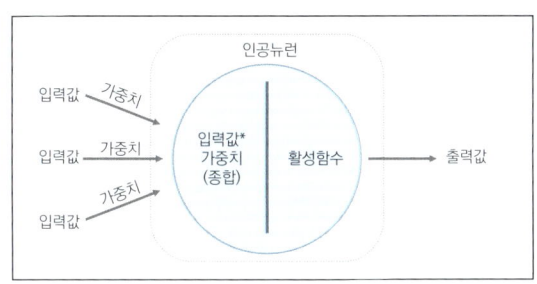

그림 5-5. 인공뉴런의 개념도

활성함수는 몇 가지 종류가 있습니다. 입력 및 출력값의 특성을 고려하여 적절한 활성함수를 선정할 수 있습니다. 활성함수의 종류는 시그모이드 함수(sigmoid function), 계단 함수(step function), 렐루 함수(rectified linear unit: ReLU), 하이퍼볼릭 탄젠트 함수(hyperbolic tangent function: Tanh), 소프트맥스(softmax) 등 종류는 다양합니다. 여기서는 시그모이드 활성함수를 활용하여 신호전달의 예를 설명하겠습니다. 시그모이드 활성함수는 로지스틱 함수의 형태 중 하나로서 그래프로 표현하면 곡선의 S 모양을 가지고 있습니다. x값이 0일 때, 시그모이드 활성함수의 값은 0.5입니다. 반대로 소프트맥스 활성함수는 다중 클래스 분류 문제에 주로 사용됩니다. 범주형의 결과를 산출할 때 주로 사용됩니다. 따라서 활성함수를 어떻게 선택해서 사용하여야 하는지에 대해 정해져 있는 것은 없습니다. 다른 사람들은 결과 값이 연속형인 경우에는 시그모이드 활성함수를 사용하고 결과 값이 범주형인 경우에는 소프트맥스를 흔히 사용하는 것 같습니다. 은닉층

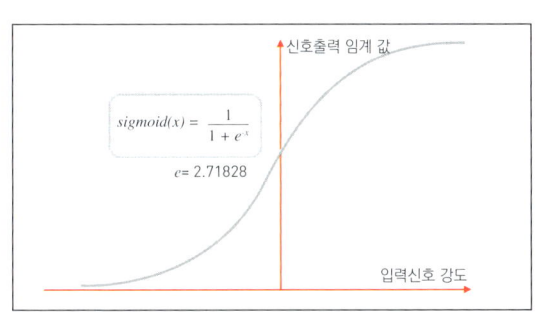

그림 5-6. 시그모이드 활성함수의 예

의 활성함수는 렐루 활성함수 또는 하이퍼볼릭 탄젠트 활성함수 등의 사용도 고려할 수 있습니다. 자료에 가장 잘 부합하는 활성함수를 찾아서 적용하여야 합니다.

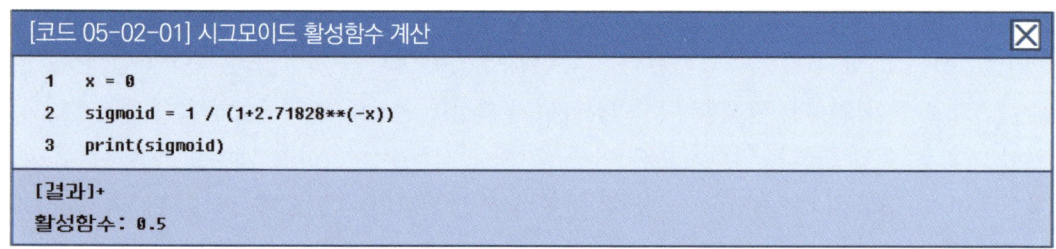

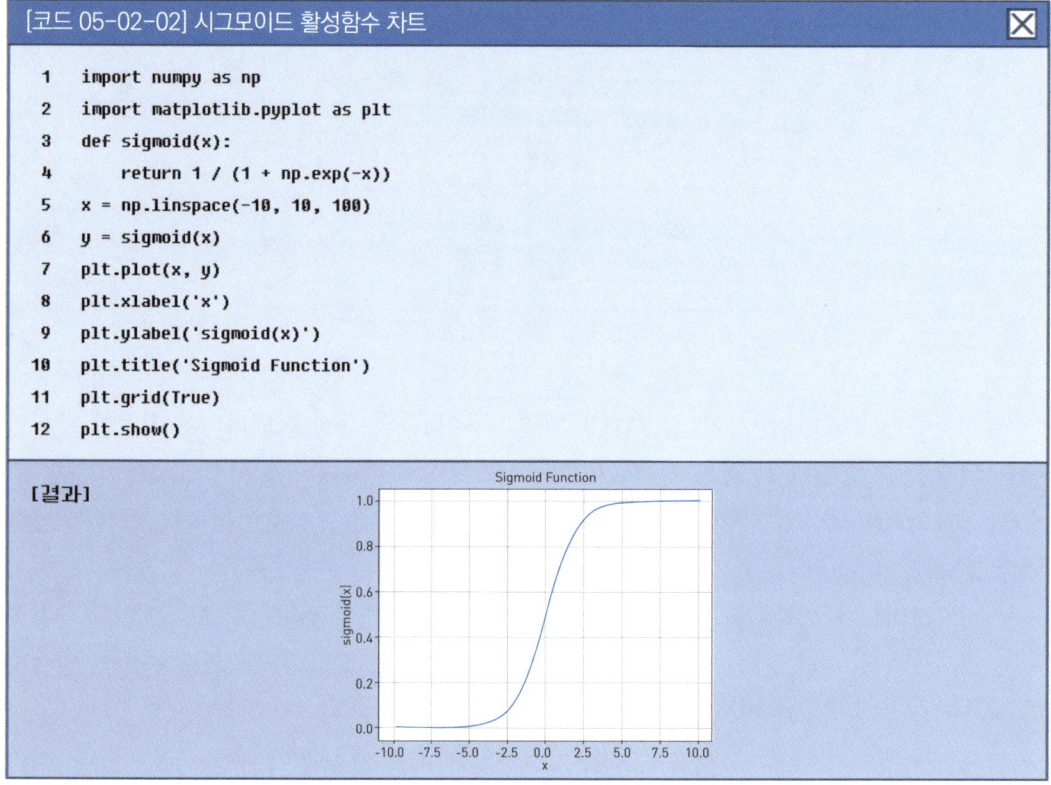

●●● 인공뉴런의 신호입력과 출력의 예

앞에서 인공뉴런의 구조를 살펴보았고 또한 뉴런 네트워크에서 입력신호를 받아 입력값과 가중치 곱의 총합을 출력신호로 변환하는데 활성함수가 사용된다는 사실을 배웠습니다. 여러분의 이해를 돕기 위하여 인공뉴런의 신호가 어떻게 출력신호로 전환되는지를 사례를 들어 설명하겠습니다. 먼저, 입력값이 1, 2, 3인 데이터 세트가 있다고 가정합니다. 각각의 입력값에 대하여 가중치는 계산의 편의상 1로 정하겠습니다. 그렇다면 입력값과 가중치 곱의 합은 (1×1)+(2×1)+(3×1) = 6이 됩니다. 시그모이드 함수인 Sigmoid(x) = 1/(1+e^{-x})로서 x에 6을 대입하면 0.9975가 산출됩니다. 따라서 입력값 1, 2, 3인 데이터에서 가중치가 1일 때, 인공뉴런은 0.9975의 값을 출력하게 되는 것입니다. 인공뉴런의 입력과 출력, 어렵지 않지요? 각각의 인공뉴런에서 입력값을 받아서 출력값을 산출해냅니다. 이러한 뉴런이 수백, 수천, 수만개가 연결되어 있는 구조가 뉴런 네트워크이며 우리말로는 인공신경망(artificial neural network: ANN)이라고 부르고 있습니다.

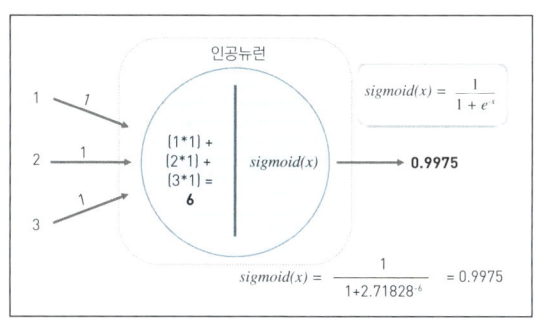

그림 5-7. 시그모이드 활성함수 계산

[코드 05-02-03] 인공뉴런 시그모이드 활성함수에 의한 출력값 산출

```
1   import math
2   def sigmoid(x):
3       return 1 / (1 + math.exp(-x))
4   def calculate_output(inputs, weights):
5       if len(inputs) != len(weights):
6           raise ValueError("입력값과 가중치의 개수가 맞지 않습니다.")
7       weighted_sum = sum([x * w for x, w in zip(inputs, weights)])
8       output = sigmoid(weighted_sum)
9       return output
10  inputs = [1, 2, 3]
11  weights = [1, 1, 1]
12  output = calculate_output(inputs, weights)
13  print("Output:", output)
```

[결과]
Output: 0.9975273768433653

●●● 인공신경망의 구조(아키텍처)

인공신경망은 생물학적인 자연계 신경망에서 영감을 받아 만들어진 컴퓨터 프로그래밍 모델입니다. 복잡한 데이터 패턴을 스스로 학습하고 인식하는 능력이 있어, 인공지능 분야에 획기적인 발전을 이루어냈습니다. 인공신경망은 뇌의 신경 세포인 뉴런의 동작 원리를 모방하였습니다. 인공신경망에서는 자연계 뉴런을 흉내 내었는데, 인공신경망에서는 자연계의 뉴런을 노드(node)라고 부릅니다. 여러 개의 노드가 계층(layer)을 이루어, 수십 또는 수만개의 데이터를 입력받아 가중치를 반영한 합을 계산하고, 활성화 함수를 통해 출력값을 생성합니다. 각 노드 사이에는 가중치(weights)가 존재하며, 이 가중치는 입력값의 중요성 정도를 반영합니다. 가중치는 입력값에 대한 영향력을 학습 과정에서 조정하게 됩니다.

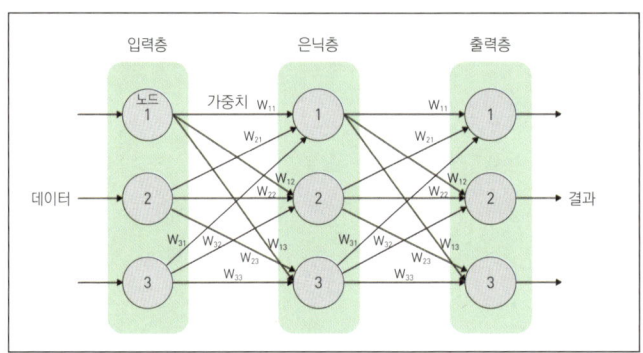

그림 5-8. 인공신경망의 구조(아키텍처)

노드(node)

인공신경망의 기본단위로서 정보 처리와 전달을 담당하는 작은 계산단위입니다. 노드는 뉴런(neuron) 또는 유닛(unit)으로도 부릅니다. 노드에서 입력값과 가중치를 받아 가중합을 계산하고, 이를 활성함수를 통해 출력값을 변환합니다. 각 노드들은 여러 개의 계층으로 구성되어 복잡한 데이터 패턴을 학습하고 처리합니다.

가중치(weights)

뉴런과 뉴런 사이의 연결의 강도를 나타내는 값으로써 입력과 출력 사이의 중요도를 조절합니다. 학습 과정에서 조정되어 원하는 결과를 도출하는 역할을 합니다.

활성함수(activation function)

입력값의 가중 합을 계산한 후 출력값을 만드는 함수입니다. 이 함수는 비선형성을 추가하며, 신경망이 복잡한 패턴을 학습하고 모델링 할 수 있도록 돕습니다.

입력층(input layer)

데이터가 입력되는 층으로서 신경망의 시작 부분입니다. 입력층의 각 뉴런은 각각의 데이터값에 해당합니다. 원본 데이터의 표준화된 값으로 생각하셔도 무방합니다.

은닉층(hidden layer)

입력층과 출력층 사이에 있는 중간층으로서 데이터의 특징을 추출하고 복잡한 패턴 학습을 위해 추가되는 계층입니다. 여러 개의 은닉층을 구성할 수 있습니다. 은닉층의 수가 많을수록 딥(deep)한, 즉 심층신경망으로 분류됩니다.

출력층(output layer)

신경망의 결과를 출력하는 층으로서 주로 원하는 형태의 결과를 표현해내는 뉴런들로 구성됩니다. 결과가 예측의 형태일 수도 있고, 분류의 형태일 수도 있습니다.

인공신경망은 데이터를 입력층으로부터 받아 은닉층을 거쳐 출력층까지 전달합니다. 이 과정에서 학습 데이터를 통해 가중치를 조정하여 원하는 결과를 예측하거나 분류하는 작업을 수행합니다. 딥러닝(deep learning)에서는 수많은 뉴런과 층을 가진 심층 신경망(deep neural network: DNN)을 사용하여 더욱 복잡한 패턴을 학습하고 다양한 과제를 수행하게 됩니다.

5-3. 인공신경망에서의 신호 연결

신호 연결은 인공신경망에서의 핵심 개념 중 하나입니다. 뉴런 간의 정보 전달 과정에 대해 전반적인 원리를 바탕으로 이해할 필요가 있습니다. 인공신경망 내에서 데이터가 흐르는 신호경로를 따라가면서 인공신경망이 동작하는 원리를 쉽게 이해할 수 있을 것입니다. 여기서는 은닉층이 없는 2×2 신경망에서의 신호 연결과 은닉층이 포함된 3×3×3 신경망에서의 신호 연결에 대해 알아보도록 하겠습니다.

●●● 은닉층 없는 2×2 신경망의 신호 연결

인공신경망은 다수의 뉴런이 서로 연결되어 복잡한 데이터 처리와 패턴 인식을 가능하게 하는 강력한 모델입니다. 이를 위해 뉴런 간에 신호를 전달하고 연결하는 방식이 필요한데, 인공신경망에서의 신호 흐름에 대해 예제와 함께 살펴보겠습니다. 그림 5-9는 입력층에서 두 개의 노드와 출력층에서 두 개의 노드를 가진 간단한 인공신경망입니다. 입력층의 노드가 두 개라면 입력되는 데이터가 두 개인 것으로 이해하면 됩니다. 예를 들면 신장과 체중 데이터가 입력된 것으로 생각할 수 있겠네요. 마찬가지로 출력층의 노드가 두 개인 것은 출력되는 값 역시 두 개로 이해하면 됩니다. 기계체조와 배드민턴 선수의 출력값을 산출하는 것으로 가정해 볼 수 있겠습니다. 이 사례에서 은닉층은 없습니다. 활성함수는 시그모이드를 사용하겠습니다.

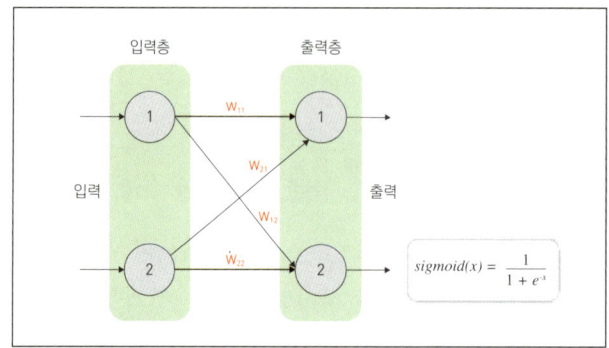

그림 5-9. 2(입력층) × 2(출력층) 단순구조의 인공신경망

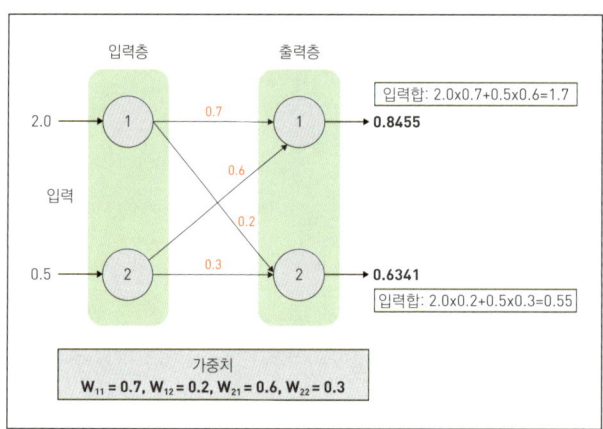

그림 5-10. 입력2개, 출력2개 인공신경망 모델 신호 따라가기

입력층에는 두 개의 노드가 있습니다. 입력값은 각각 2.0과 0.5입니다. 입력값은 표준화된 값(표준점수 또는 백분위수 등)을 사용하는 것이 각각의 입력값이 가지고 있는 단위에 따른 편향을 줄일 수 있습니다. 표준점수를 사용한 것으로 가정할 수도 있겠습니다. W는 가중치를 의미합니다. W_{11}은 입력층 1번 노드와 출력층 1번 노드 간 그리고 W_{21}은 입력층 2번 노드와 출력층 1번 노드 간 연결된 가중치입니다. 출력층 1번 노드는 입력층 1번 노드 그리고 입력층 2번 노드로부터 데이터를 입력받습니다. 출력층 1번 노드에 연결되는 입력값의 합을 계산해 보면, 1.7(2.0×0.7+0.5×0.6=1.7)입니다. 시그모이드 함수 f(x)에 1.7을 대입하면 0.8455가 출력됩니다. 출력층 1번 노드의 출력값은 0.8455로 계산되었습니다.

출력층 2번 노드의 출력값을 동일한 방법으로 계산해 보겠습니다. 입력값 2.0과 가중치

0.2의 곱을 입력값 0.5와 가중치 0.3을 더하여 0.55라는 입력 데이터의 합을 계산할 수 있습니다. 시그모이드 함수 f(x)에 대입하면, 0.6341의 값을 출력하게 됩니다. 그렇다면 가중치는 어떻게 설정이 되었는지 궁금하실듯합니다. 인공신경망에서 초기 가중치를 설정하는 방법은 모델의 성능에 영향을 미치는 매우 중요한 주제입니다. 우선, 가중치는 −1~1의 범위에서 무작위로 초기값을 설정하는 것으로 이해하고 넘어가겠습니다. 인공신경망은 가중치를 반복적으로 조정하여 실제 결과에 최적으로 부합하는 해를 찾아내는 모델입니다. 인공신경망에서 최적의 결과를 얻기 위해 가중치를 반복적으로 조정하는 과정을 우리는 학습이라고 부릅니다.

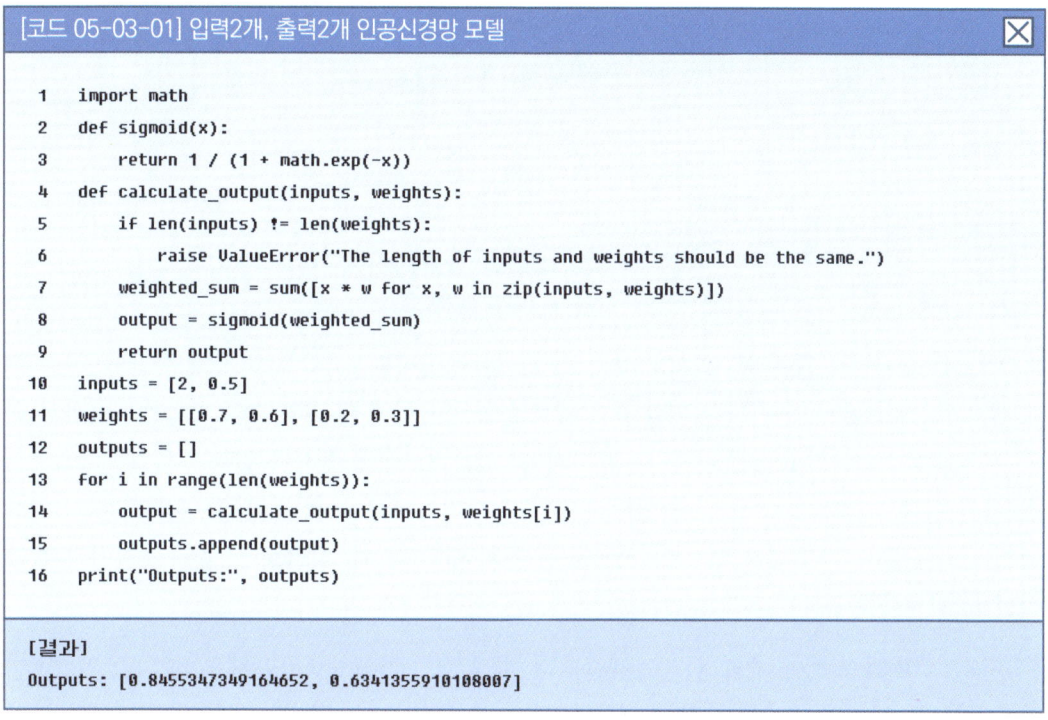

●●● 행렬(매트릭스) 계산

인공신경망은 커다란 데이터 집합입니다. 수백, 수천, 수만, 수천만의 데이터를 입력층에서 받아서 은닉층으로 전달해야 하고, 또한 은닉층에서 출력층으로 전달하는 일련의 과정을 거치게 됩니다. 은닉층이 하나가 아니라 수십 개, 수백 개, 또는 수천 개도 가능한 일입니다. 또한 각 인공뉴런과 인공뉴런에 연결된 가중치도 반영해야 합니다. 엄청난 양의 계산이 필요하겠다는 생각이 듭니다. 인공신경망은 신호를 하나하나 받아서 출력값을 계산하려면, 많은 계산과 복잡한 연산이 필요합니다. 이때, 행렬을 이용하면 반복된 계산을 효과적으로 처리할 수 있습니다. 딥러닝 기술이 주목받으면서 동시에 행렬계산과 같은 수치 연산 작업에 매우 효율적으로 이용할 수 있는 GPU(Graphics Processing Unit: 그래픽 처리장치) 관련 기업의 주가가 엄청나게 상승하였습니다. GPU는 뛰어난 병렬처리 능력을 바탕으로 행렬 곱셈의 연산 작업을 동시에 처리하는데 효율적입니다. 이로 인해 모델의 학습 및 추론 속도가 크게 향상된 것입니다. 우리는 딥러닝의 계산 원리를 이해하기 위해 행렬에 대해 살펴보겠습니다.

구분	스칼라 Scalar	벡터 Vector	행렬 Matrix
표현	1	$\begin{bmatrix} 1 \\ 2 \end{bmatrix}$	$\begin{bmatrix} 1 & 2 \\ 3 & 4 \end{bmatrix}$
행렬식	1x1	2x1	2x2
의미	하나의 숫자	숫자의 1차원 배열	숫자의 2차원 배열

그림 5-11. 스칼라, 벡터, 행렬의 특성

행렬은 숫자들을 사각형 모양의 격자로 나열한 것입니다. 사각형 격자의 숫자를 2차원으로 배열한 것입니다. 이 격자는 가로줄과 세로줄로 이루어져 있는데, 가로줄을 '행'이라고 하고, 세로줄을 '열'이라고 부릅니다. 위 표에서 [[1, 2], [3, 4]]의 숫자가 있는 행렬에서 1과 2는 첫 번째 행이고, 3과 4는 두 번째 행입니다. 그렇다면 1과 3은 첫 번째 열, 2와 4는 두 번째 열이라고 부르며, 행렬식으로는 2×2로서 두 개의 행과 두 개의 열로 구성된 행렬이라고 표현할 수 있습니다.

먼저, 행렬의 덧셈에 대해 살펴보겠습니다. 행렬 [[1, 2], [3, 4]]와 행렬 [[2, 6], [8, 6]]이 있습니다. 두 행렬의 덧셈은 각각을 순서대로 [1+2], [2+6], [3+8], [4+6]의 행렬 덧셈을 통해 [[3, 8], [11, 10]]의 새로운 행렬을 만들어 낼 수 있습니다.

$$\begin{bmatrix} 1 & 2 \\ 3 & 4 \end{bmatrix} + \begin{bmatrix} 2 & 6 \\ 8 & 6 \end{bmatrix} = \begin{bmatrix} 3 & 8 \\ 11 & 10 \end{bmatrix}$$

그림 5-12. 행렬의 덧셈

그렇다면, 행렬의 곱셈은 어떻게 이루어질까요? 행렬의 덧셈보다는 조금 복잡합니다. 계속해서 행렬 [[1, 2], [3, 4]]와 행렬 [[2, 6], [8, 6]]으로 계산순서를 알아보겠습니다. 계산①을 살펴보면, 첫 번째 행렬 첫 번째 행의 [1, 2]와 두 번째 행렬 첫 번째 열의 [2, 8]의 곱으로서 1 ×2 + 2×8 = 18로 계산됩니다. 계산②의 경우, 첫 번째 행렬 첫 번째 행의 [1, 2]와 두 번째 행렬 두 번째 열의 [6, 6]의 곱으로서 1×6 + 2×6 = 18로 계산할 수 있습니다. 같은 방법으로 계산③과 계산④는 각각 38과 42로 행렬 곱을 산출 가능합니다.

계산① $\begin{bmatrix} 1 & 2 \\ 3 & 4 \end{bmatrix} + \begin{bmatrix} 2 & 6 \\ 8 & 6 \end{bmatrix} = \begin{bmatrix} 18 & \\ & \end{bmatrix}$

계산② $\begin{bmatrix} 1 & 2 \\ 3 & 4 \end{bmatrix} + \begin{bmatrix} 2 & 6 \\ 8 & 6 \end{bmatrix} = \begin{bmatrix} 18 & 18 \\ & \end{bmatrix}$

계산③ $\begin{bmatrix} 1 & 2 \\ 3 & 4 \end{bmatrix} + \begin{bmatrix} 2 & 6 \\ 8 & 6 \end{bmatrix} = \begin{bmatrix} 18 & 18 \\ 38 & \end{bmatrix}$

계산④ $\begin{bmatrix} 1 & 2 \\ 3 & 4 \end{bmatrix} + \begin{bmatrix} 2 & 6 \\ 8 & 6 \end{bmatrix} = \begin{bmatrix} 18 & 18 \\ 38 & 42 \end{bmatrix}$

그림 5-13. 행렬의 곱셈

행렬곱은 엑셀에서도 산출할 수 있는데, 행렬1과 행렬2를 대상으로 함수 MMULT를 이용하여 계산할 수 있습니다. Ctrl과 Shift를 동시에 누른 상태에서 엔터키를 입력하면, 행렬 곱을 배열로 계산됩니다. 또한 파이썬 코드로는 넘파이의 함수 'dot( )'을 이용하면 간단히 행렬의 곱을 계산할 수 있습니다.

	A	B	C	D	E	F
1	행렬1		행렬2		행렬곱	
2	1	2	2	6	18	18
3	3	4	8	6	38	42

{=MMULT(A2:B3, C2:D3)}
(Ctrl + Shift + Enter)

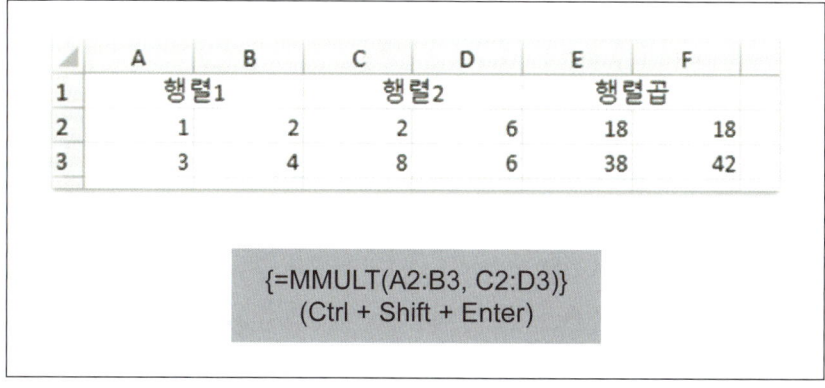

그림 5-14. 엑셀을 이용한 행렬곱 계산

[코드 05-03-02] 행렬 곱의 계산1
```
1   import numpy as np
3   matrix_A = np.array([[1, 2], [3, 4]])
4   matrix_B = np.array([[2, 6], [8, 6]])
5   # 행렬 곱셈 계산
6   result_matrix = np.dot(matrix_A, matrix_B)
7   # 결과 출력
8   print(result_matrix)
```
[결과]
[[18 18]
 [38 42]]

행렬을 인공신경망 구조로 살펴보면 더욱 쉽게 이해할 수 있습니다. 아래 그림의 인공신경망 구조는 입력층에 3개의 노드가 있고, 출력층에 2개의 노드가 있습니다. 입력층 3개 노드의 값은 2, 3, 4이고 각각의 가중치는 4, 3, 1과 1, 2, 3이라고 가정하겠습니다. 행렬식으로 살펴보면 입력층의 1×3 행렬과 가중치의 3×2 행렬을 계산해야 합니다. 반복적으로 이루어지는 행렬 곱셈을 파이썬 넘파이 dot( ) 함수를 통해 한번에 계산할 수 있게 되었습니다. 인공신경망의 층이 많아진다든지, 노드 개수가 많아지더라도 행렬 곱셈을 이용하면 쉽게 결과 값을 얻을 수 있습니다. 어때요? 정말 유용하지 않은가요? [2, 3, 4]와 [[4, 1], [3, 2], [2, 3]]의 행렬 곱셈에 대해 계산해 보겠습니다.

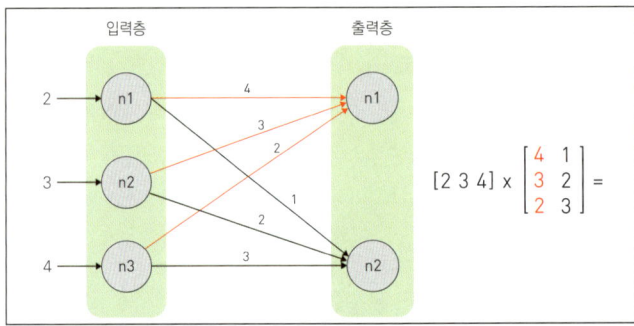

그림 5-15. 인공신경망 구조의 행렬식 표현

[코드 05-03-03] 행렬 곱의 계산2
```
1   import numpy as np
2   matrix_A = np.array([2, 3, 4])
3   matrix_B = np.array([[4, 1], [3, 2], [2, 3]])
4   result_matrix = np.dot(matrix_A, matrix_B)
5   print(result_matrix)
```
[결과]
[25 20]

●●● 은닉층 포함 3×3×3 신경망의 신호 연결

여러분들은 이제 인공뉴런에서 입력값을 받고, 입력값과 가중치 곱의 합을 행렬을 이용해서 계산한 후, 활성함수를 통해 다음 인공뉴런으로 정보를 전달하는 일련의 과정을 이해했습니다. 이때 선형대수학에서 사용되는 행렬계산이 포함되기는 했지만, 컴퓨터를 활용하면 계산의 어려움은 없을 것입니다. 이제 은닉층이 포함된 3×3×3 행렬에 대한 신호 연결을 함께 만들어 보겠습니다. 인공신경망으로는 다음의 구조로 나타낼 수 있습니다. 은닉계층이 몇 개 더 늘어나더라도 설계의 문제일 뿐 계산은 같은 방법으로 진행됩니다.

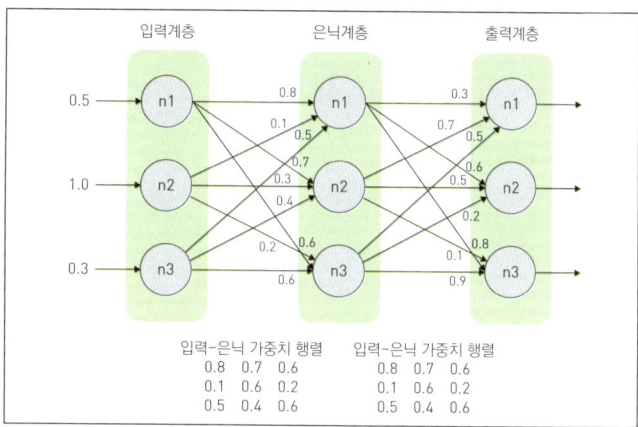

그림 5-16. 은닉층 포함 3×3×3 신경망

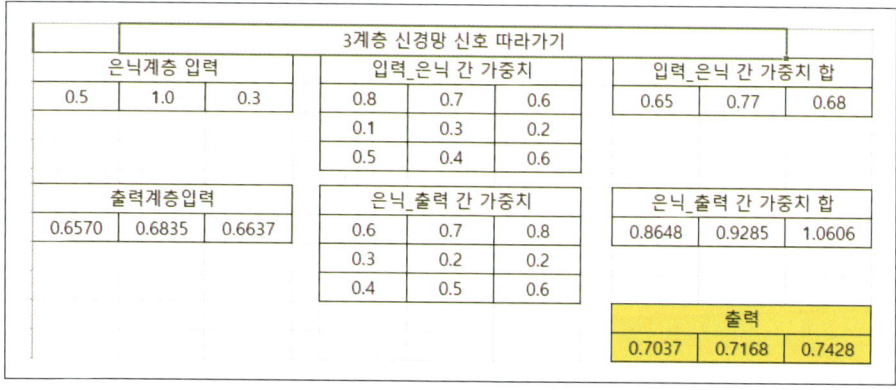

그림 5-17. 엑셀을 이용한 3개층 신경망 계산

[코드 05-03-04] 3×3×3 신호 따라가기

```python
import numpy as np
input_layer = np.array([0.5, 1, 0.3])
hidden_weights = np.array([
    [0.8, 0.7, 0.6],
    [0.1, 0.3, 0.2],
    [0.5, 0.4, 0.6]
])
output_weights = np.array([
    [0.6, 0.7, 0.8],
    [0.3, 0.2, 0.2],
    [0.4, 0.5, 0.6]
])
hidden_layer_output = np.dot(input_layer, hidden_weights)
hidden_layer_output1 = 1 / (1 + np.exp(-hidden_layer_output))
output_layer_output = np.dot(hidden_layer_output1, output_weights)
output_layer_output1 = 1 / (1 + np.exp(-output_layer_output))
print("입력-은닉:", hidden_layer_output)
print("입력-은닉_활성함수:", hidden_layer_output1)
print("출력값:", output_layer_output)
print("출력값_활성함수:", output_layer_output1)
```

[결과]
입력-은닉: [0.65 0.77 0.68]
입력-은닉_활성함수: [0.65701046 0.68352089 0.6637387]
출력값: [0.86475802 0.92848085 1.06055577]
출력값_활성함수: [0.70365378 0.71676698 0.74279674]

5-4. 인공신경망의 오차 교정

전통적인 통계의 추정 방법과 마찬가지로 인공신경망 역시 결괏값을 추정하게 됩니다. 추정된 결과는 실제결과와 차이가 발생하게 됩니다. 이 차이를 오차(error)라고 부릅니다. 추정에는 항상 오차가 유발되는데, 인공신경망은 추정 오차를 인간이 학습하며 오차를 수정하는 방법과 유사한 방법으로 교정을 해 나가면서 추정의 오차를 줄입니다. 인공신경망에서 추정치와 실제값 간의 오차를 어떤 방법으로 교정하는지에 대해 살펴보겠습니다.

●●● 시행착오(trial and error)

시행착오는 문제가 발생하였을 때, 그 문제를 해결하거나 원하는 목표를 달성하기 위해 여러 번의 시도와 실패를 반복하면서 학습이 이루어진다는 과정을 나타내는 개념입니다. 자연 지능을 가지고 있는 인간이나 동물은 어떠한 새로운 작업이나 미지의 상황에 직면하였을 때, 최선의 해결책을 찾기 위해 실험적인 방법을 사용하여 여러 번의 시행착오를 거치면서 문제를 해결하게 되는 것입니다. 손다이크(E. Thorndike)는 행동과 결과 간의 관계를 설명하는 이론으로 시행착오 과정을 통해 학습이 이루어진다고 이론을 제시한 바 있습니다.

손다이크의 이론은 특정 행동이 좋은 결과를 초래하면 해당 행동은 더 자주 발생하게 되며, 반대로 나쁜 결과를 초래하면 해당 행동이 줄어든다는 아이디어를 제시하였습니다. 그림 5-18에서 고양이가 문제상자에 갇혀 있습니다. 문제상자에 갇혀 있는 고양이는 탈출을 목표로 이런저런 행동을 취하고, 시행착오를 경험하게 됩니다. 그 과정에서 성공 시도의 횟수가 증가하면서 문제상자 탈출에 관한 학습이 이루어지고, 결국 고양이는 탈출에 걸리는 시간이 줄어들게 됩니다. 인공신경망의 학습에도 이 개념을 적용하여 시행착오를 줄여나가는 방법으로 학습이 이루어집니다.

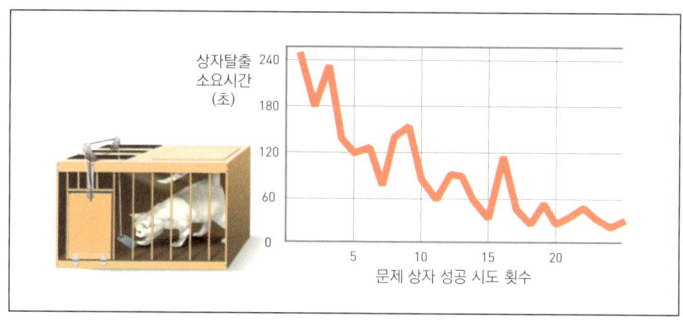

그림 5-18. 문제상자 탈출과 시행착오(출처: Myers & DeWall, 2017)

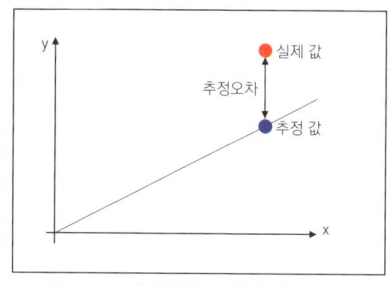

그림 5-19. 추정오차 = 실제 값 − 추정 값

추정치는 실제값과 차이, 즉 오차가 발생할 수 있습니다. 추정오차는 실제값과 추정값의 차이를 의미합니다. 실제값과 추정값의 차이가 발생하는 경우, 즉 추정의 시행착오가 발생하는 경우 인공신경망은 어떻게 추정오차를 감소시킬까요? 오차를 줄이는 방향으로 계속해서 학습을 시켜 적절한 값이 산출될 때까지 반복적으로 계산하면 될 것 같습니다. 조금 무식해 보이는 방법이긴 합니다만, 오차가 0의 값으로 수렴할 때까지 반복 계산하면, 언젠가는 오차가 없어질 수 있겠다는 생각도 해 볼 수 있습니다. 실제로 인공신경망은 다소 무식해 보이는 이 방법으로 오차를 줄여나갑니다.

●●● 오차 역전파(back propagation)

인공신경망은 입력된 데이터와 가중치의 곱을 더해서 뉴런으로 전달된다고 앞에서 배웠습니다. 이때 가중치는 무작위로 정해진다고 하였습니다. 무작위로 만들어진 가중치가 어떻게 오차가 0으로 수렴이 되는 인공신경망을 만들어 낼 수 있을지에 대한 의문이 생깁니다. 무작위가 아닌 오차를 교정해나가는 체계적인 알고리즘이 필요할 것 같습니다. 인공신경망에서 입력된 데이터가 입력층, 은닉층, 출력층을 거쳐 결과 값을 산출해내는 전체과정을 순전파(forward pass)라고 정의하겠습니다. 오차 역전파는 순전파와는 반대의 과정으로서 산출된 결과 값으로부터 발생한 오차를 반대 방향에서부터 거꾸로 역전파하여 가중치를 조정하는 알고리즘입니다.

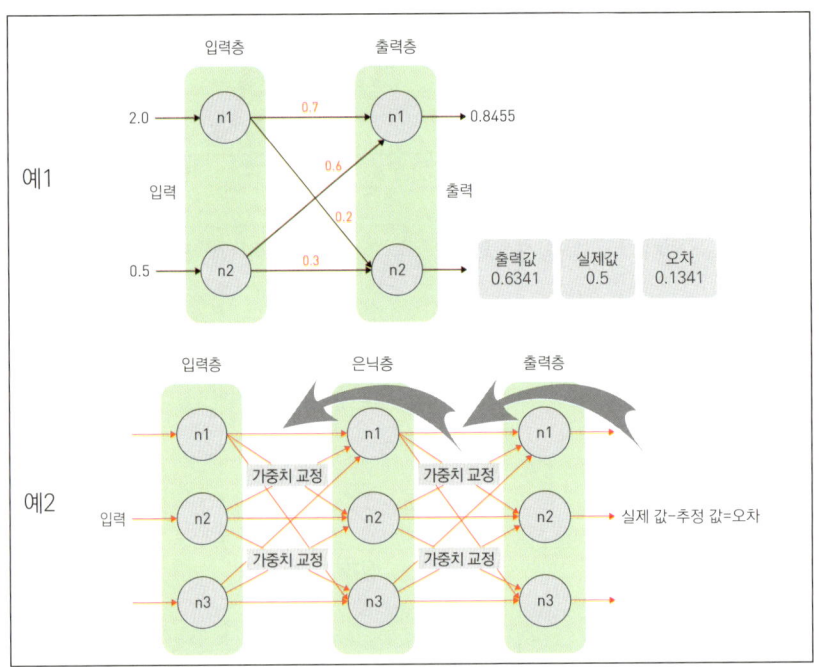

그림 5-20. 오차역전파 개념적 이해

예를 들어, 그림 5-20을 보면 출력층 노드2의 출력값이 0.6352이고 실제값이 0.5입니다. 추정오차는 0.1341이 됩니다. 출력값에서 발생한 오차 0.1341은 출력층 노드2에서 입력받은 입력층 노드1의 가중치 0.2와 입력층 노드2의 가중치 0.3이 이 오차의 원인이라고 봐도 무방할 것입니다. 오차가 발생한 책임을 묻는다면 입력층 노드1의 가중치 0.2에게 40%(5분의 2) 그리고 입력층 노드2의 가중치 0.3에게 60%(5분의 3)로 분배하여 책임을 지게 하는 것이 합리적일 것 같습니다. 출력층 노드2의 출력값에 영향을 미쳤던 가중치를 반복적으로 수정해 나가면서 오차가 0에 수렴할 때까지 반복 계산할 수 있습니다. 인공신경망은 입력 데이터로부터 출력값을 산출하는 순전파와 출력결과의 오차로부터 다시 가중치를 교정하는 역전파를 반복계산합니다. 이 과정을 인공신경망에서의 학습이라고 부릅니다. 은닉층이 하나가 아니라 두 개 또는 세 개, 그 이상이어도 상관은 없습니다. 계산 절차만 조금 더 복잡해질 뿐, 우리가 알고 있는 오차를 나누어 이전 단계에서의 오차를 발생시키는 데 영향을 끼쳤던 가중치에 책임을 부여해서 컴퓨터가 빠르고 정확하게 계산을 수행해 주기 때문입니다.

●●● 초기 가중치 설정

인공신경망은 오차 역전파를 통해 가중치를 교정한다는 사실은 알았습니다. 가중치를 교정하려면 먼저 사전에 가중치가 존재하여야만 교정도 가능한 것입니다. 순전파와 역전파를 통해 가중치를 최적의 가중치로 교정한다고 하더라도 최초의 가중치는 누가 어떻게 부여해야 하는지에 대하여 의문이 생깁니다. 가장 간단한 방법으로 인공신경망 설계자가 무작위로 -0.5~0.5의 범위에서 가중치를 설정할 수 있습니다. 엑셀에서 랜덤 변수를 생성해 본 경험이 있는 사람이라면 '=rand( )' 함수를 생각해 낼 것입니다. 파이썬에서도 '=rand( )' 함수는 0-1의 범위에서 무작위로 숫자를 생성하게 됩니다. 우리는 -0.5~0.5의 범위로 가중치를 생성해야 하기 때문에 생성된 가중치에서 일관적으로 0.5를 빼주면 -0.5~0.5의 랜덤 숫자의 가중치가 만들어질 것 같습니다. 파이썬 함수로는 다음과 같습니다.

[코드 05-04-01] 초기 가중치 설정

```
1  import numpy as np
2  weight = np.random.rand(4, 4) -0.5
3  print(weight)
```

[결과]
```
[[ 0.41470603  0.35838083  0.41886985 -0.46612694]
 [ 0.48337306  0.28049199  0.05742815  0.04084791]
 [-0.17999558 -0.40708288 -0.06572801  0.33717164]
 [-0.23776576  0.32929408  0.19439162  0.05806392]]
```

●●● 경사하강법(gradient descent)

인공신경망에서 오차를 줄여나가는 방법으로 오차 값이 0에 수렴할 때까지 계산을 반복한다고 하였습니다. 그렇다면, 정말 무식하게 무작위로 반복 계산하면서, 오차 값이 0에 수렴할 때 계산을 멈추는 방법을 사용할까요? 그렇지는 않습니다. 오차가 0에 수렴하는 지점을 목표로 하여 오차가 줄어드는 방향으로 값을 수정해 나가는 방법을 생각해 볼 수 있습니다. 지금부터 오차를 조금씩 줄여나가는 방법에 관해 설명하겠습니다.

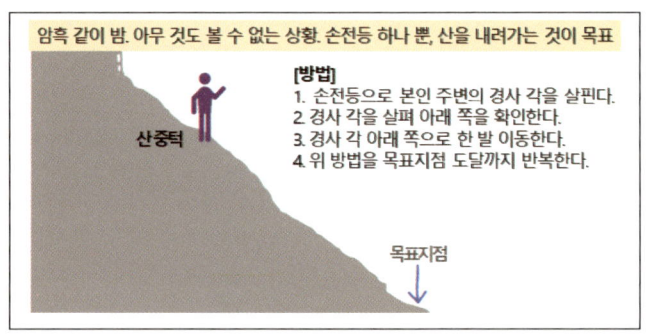

그림 5-21. 경사하강법의 개념

가령 여러분이 아주 깜깜한 밤에 산 중턱에서 길을 잃었다는 상황을 가정해 봅시다. 여러분에게는 발 앞에 있는 위험 정도를 비출 수 있는 손전등 하나밖에 없습니다. 여러분의 목표는 안전하게 하산을 완료하는 것입니다. 이 상황에서 여러분은 손전등으로 주변을 비추어 조금이라도 경사가 낮은 쪽을 발견하고 그쪽으로 움직일 수 있을 것입니다. 여러분은 해당의 위치에서 또 반복해서 손전등으로 주변을 비추어 조금이라도 경사가 낮은 쪽을 발견하고 그쪽으로 움직입니다. 반복하고 계속 반복한다면, 결국 하산에 이르게 될 것입니다. 인공신경망은 이 개념을 빌려 추정의 오차를 교정하는 방법으로 경사하강법을 사용합니다. 경사하강법은 마치 손전등 빛을 활용하여 발밑의 지형을 조사하고, 가장 안전한 방향으로 조금씩 나아가는 것과 같습니다. 함수의 최솟값을 찾거나 모델을 최적화하기 위해 경사, 즉 기울기 정보를 활용하여 점진적으로 조정할 수 있는데, 이 방법이 경사하강법입니다. 이를 통해 추정오차 0에 수렴하는 목표지점에 효율적으로 도달할 수 있습니다.

●●● 학습률

인공신경망에서 학습률은 매우 중요한 선택사항입니다. 인공신경망 모델이 데이터를 학습하는 속도나 수렴하는 과정을 제어하는 역할을 합니다. 학습률은 모델이 가중치와 편향을 얼마나 크게 업데이트 할지를 결정하는 중요한 요소입니다. 즉, 경사하강법에서 오차값을 0

으로 만들어가는 수렴과정을 위해 가중치를 조절하는 데 역할을 합니다. 학습률이 지나치게 크면 결과를 빠르게 얻을 수는 있지만, 수렴된 결과가 불안정할 수 있으며, 반대로 학습률이 지나치게 작다면 결과를 안정적으로 수렴할 수는 있겠지만, 오랜 시간이 소요된다는 단점이 있습니다. 또한 과소적합과 과적합에도 영향을 미치기 때문에 적절한 학습률을 선택하는 것은 중요한 결정사항입니다. 우리는 여기서 학습률을 10%로 하고, 다음 장에서 다시 다루도록 하겠습니다. 분석을 설계하는 사람이 중요하게 고려해야 하는 파라미터 중 하나가 학습률이다라고 하는 정도로만 이해하고 그냥 넘어가겠습니다.

●●● 가중치의 수정

이제 인공신경망의 작동원리를 이해하기 위한 마지막 관문입니다. 지금까지 인공뉴런에 입력된 데이터는 각 가중치(W)에 곱하였고, 이를 통합(Σ)해 활성함수(sigmoid)를 거쳐 다음 뉴런으로 전달되는 결괏값을 추정하였습니다. 그리고 결괏값과 실제값(t)의 차이를 우리는 오차라고 하였고, 오차를 비용(cost)으로 간주해 줄여나가는 것이 가중치 업데이트의 목표입니다. 추정된 결괏값과 실제값의 차이를 줄이는 방법은 다양할 수 있습니다. 절대오차를 반영하여 교정할 수도 있고, 오차제곱을 반영하여 교정할 수도 있습니다. 인공신경망에서는 그림 5-22와 같이 기울기 미분 계산을 통한 경사하강법을 사용합니다. 경사하강법으로 오차를 수정하려면 가중치(W) 변화에 따른 오차(cost) 변화를 미분해야 합니다. 미분 계산 컴퓨터가 계산해 주니 너무 두려워하지 않으셔도 됩니다. 우리는 논리만 이해하겠습니다.

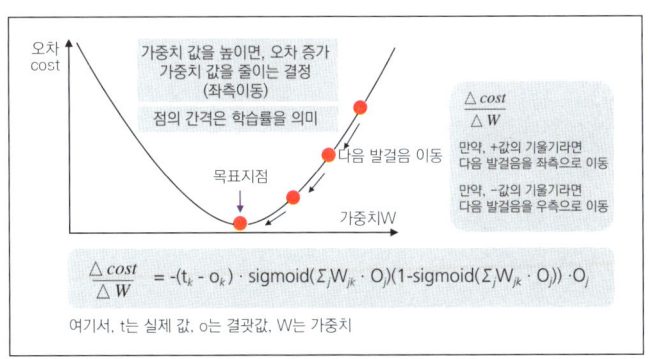

그림 5-22. 미분을 통한 가중치 수정

그림 5-23에 있는 출력층 노드2에 연결된 입력층 노드1과 입력층 노드2의 0.2와 0.3의 가중치를 교정하겠습니다. 출력층의 출력값은 0.6341이고 실제값이 0.5이기 때문에 출력층 노드2의 추정오차는 0.1341입니다. 이 오차는 입력층 노드1의 0.2와 노드2의 0.3의 가중치

가 만든 것입니다. 가중치를 앞에서 설명한 미분 공식을 적용하면 오차가 줄어드는 방향으로 간단히 수정할 수 있습니다. 다시 한번 그림 5-22의 미분 공식을 숙지해 주세요. 첫 번째 항은 출력값-실제값이기 때문에 0.6341-0.5는 0.1341입니다. 오차를 의미하고 있습니다. 두 번째 항을 계산해 보겠습니다. 이미 우리는 시그모이드 함수에 대해 배웠습니다. 출력층 노드 2의 입력 합에 대해 시그모이드 함수를 적용하면, 0.6341이 되고, 1-시그모이드 함수적용 결과를 적용하면 두 번째 항은 0.2320이 됩니니다. 그리고 세 번째 항은 입력층의 노드1의 가중치 0.2를 수정해야 할 때는 2.0이고, 입력층의 노드2의 가중치 0.3을 수정해야 할 때는 0.5가 되겠습니다.

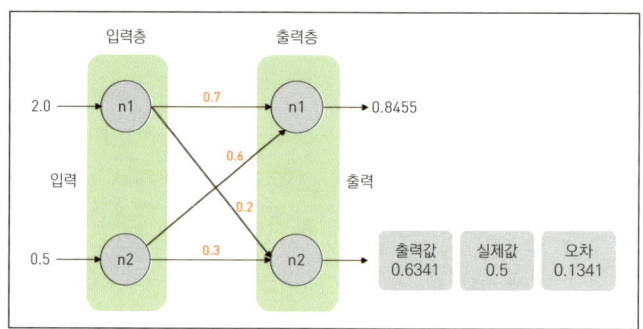

그림 5-23. 가중치 수정의 실제

다시 한번 단계별 계산을 통해 이해를 돕겠습니다.

첫 번째 항(t-o)는 오차입니다. 그림에서 보듯 0.1341입니다.

두 번째 항의 시그모이드 함수 내의 입력 합은 (2.0×0.2)+(0.5×0.3)=0.55가 됩니다. 따라서 시그모이드 함수 $1/(1+e^{-0.55})$를 적용하면 0.6341이 됩니다. 따라서 두 번째 항은 0.6341×(1-0.6341)=0.2320입니다.

세 번째 항은 o인데, 우리는 입력층 노드1의 가중치 0.2를 수정해야 한다면 2.0을 적용하고, 입력층 노드2의 가중치 0.3을 수정해야 한다면 0.5를 적용해야 합니다.

따라서 입력층 노드1의 0.2의 가중치는 0.1341×0.2320×2.0=0.0622가 됩니다. 미분공식의 가장 앞의 음수부호와 학습률 10%를 적용하면 -0.0062의 가중치를 변화시켜야 합니다. 이전의 가중치에서 가중치 변화값을 빼 주어야 하므로 원래 가중치인 0.2-(-0.0062)=0.2062로 가중치가 변경되었습니다. 가중치는 역전파 미분과정을 거쳐 당초 0.2의 가중치는 0.20622로 변경되었습니다.

$$W_{11} 변경가중치 = 0.2 - (-0.0062) = 0.2062$$

입력층 노드2의 0.3의 가중치는 0.1341×0.2320×0.5=0.01555가 됩니다. 역시 음수 부호와 학습률 10%를 적용하면 −0.0015의 가중치를 변화시켜야 합니다. 이전의 가중치 0.3-(-0.0015)=0.3015로 새로운 가중치가 업데이트되었습니다. 역시 당초 0.3의 가중치는 0.3015로 변경되었습니다.

$$W_{21} 변경가중치 = 0.3 - (-0.0015) = 0.3015$$

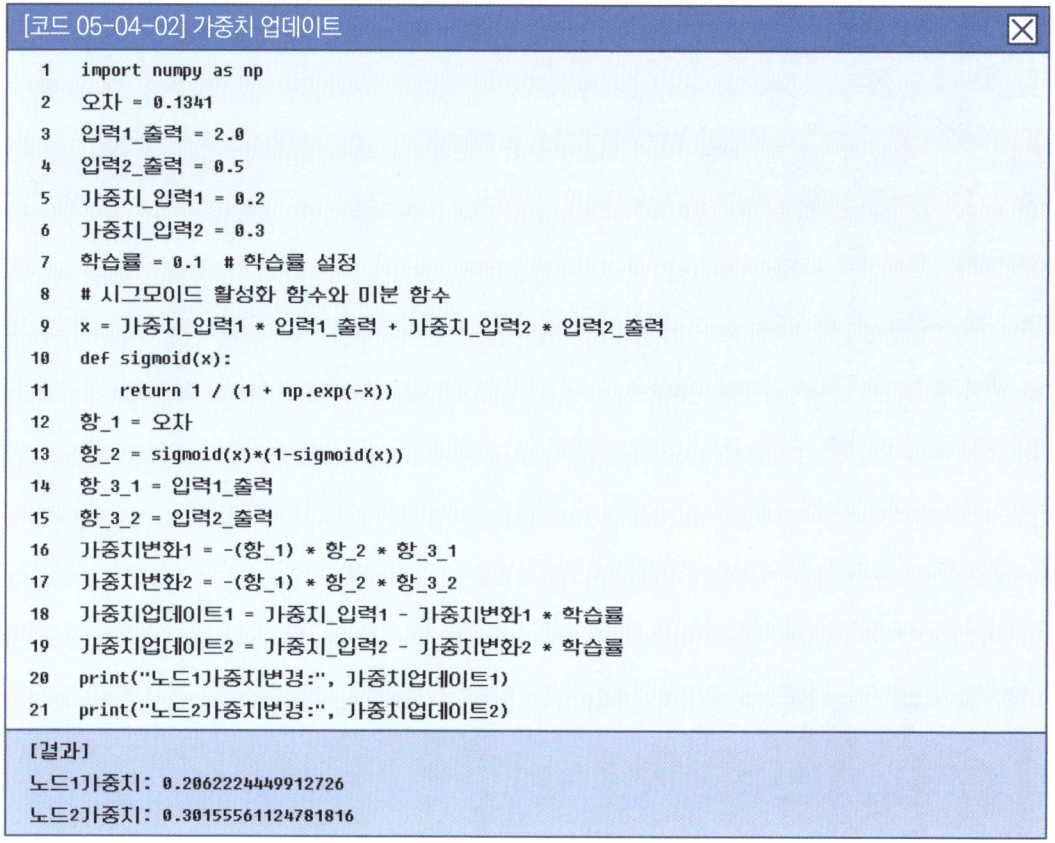

자! 이제 여러분은 인공신경망에 관한 기본적인 원리를 모두 터득하였습니다. 인공신경망의 성능에 비하면, 이론이 그렇게 어려운 것은 아니었던 것 같습니다. 딥러닝에서 입력된 데이터 신호를 받아서 출력값을 생성하고, 오차를 토대로 가중치를 변경시키는 전체과정을 이해했습니다. 아무리 모형이 커지더라도 시간의 문제일 뿐 계산기로도 계산이 가능한 것입니다. 굳이 계산기를 이용해야 할 이유가 없을 뿐입니다. 딥러닝 원리를 이해하기 위해서는 한 번쯤 간단한 모형을 계산해 보는 것도 나쁘지 않습니다. 앞으로는 실제 데이터를 활용하여 다양한 딥러닝 모형을 적용해 보도록 하겠습니다. 여기까지 오시느라 정말 수고 많았습니다. 이제부터는 진짜 딥러닝의 세계로 빠져보시지요.

6장
인공지능
딥러닝 실전

6-1. 데이터 준비
6-2. 손글씨 숫자 인식 신경망
6-3. 텐서플로우1: 딥러닝 모델 개발
6-4. 텐서플로우2: 딥러닝 모델 사용

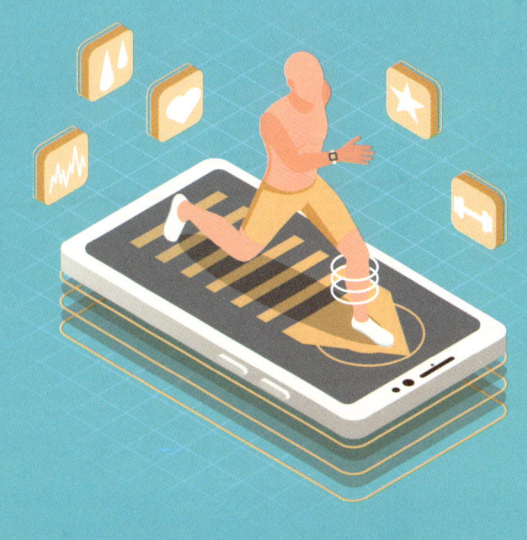

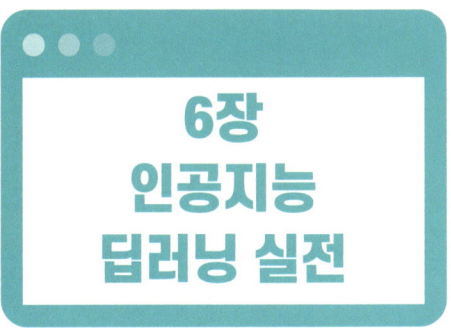

어느덧 여러분은 딥러닝의 기초를 다지고, 인공신경망 작동 원리를 공부했습니다. 그동안 탄탄하게 학습해 왔던 딥러닝 지식을 실전에 적용할 때가 왔습니다. 이 장에서는 딥러닝 모델을 설계하고 개발하며, 현실 데이터를 활용하여 훌륭한 결과를 얻는 방법에 대해 살펴보겠습니다. 딥러닝은 신경망 중에서 다층으로 모델을 구현한 것이라고 앞에서 설명하였습니다. 이 두 용어를 큰 의미 없이 병행해서 사용하도록 하겠습니다. 혼돈 없으시길 바랍니다.

6-1. 데이터 준비

딥러닝의 핵심은 데이터입니다. 4차산업혁명은 빅데이터를 동력원으로 삼아 인공지능 기술, 즉 딥러닝 기술을 적용하는 것입니다. "우리 속담에 구슬이 서 말이어도 꿰어야 보배"라고 하는 속담이 있습니다. 제아무리 많은 데이터가 있더라도 이를 효과적으로 활용하여 인사이트를 추출하지 못하면, 소용이 없다는 뜻입니다. 딥러닝은 데이터를 분석하고 패턴을 학습하여 자동화된 의사결정을 내릴 수 있는 기술입니다. 빅데이터와 딥러닝 기술은 서로 밀접한 관계가 있다는 것입니다.

딥러닝이 성능 좋은 데이터 처리 기술인 것은 분명한 사실입니다. 그러나 딥러닝을 적용하는 것 자체만으로 모든 문제가 해결될 수는 없습니다. 딥러닝을 적용하다 보면, 생각보다 성능이 좋지 않게 나오는 사례가 적지 않습니다. 딥러닝이 제대로 작동하지 않았다는 뜻입니다. 이 경우 적지 않은 사례가 학습 데이터를 잘못 준비하거나, 가중치와 결괏값을 잘못 설정하는 데 있습니다. 데이터를 어떻게 준비해야 하는지에 대해 알아보겠습니다.

●●● 입력값 준비

성인을 대상으로 신장과 체중을 측정한 데이터가 있다고 가정합니다. 딥러닝에서 입력값은 다양한 방법으로 준비할 수 있습니다. 먼저, 신장과 체중의 원자료를 입력값으로 사용할 수 있습니다. 그러나 대부분 좋지 않은 결과를 만듭니다. 신장과 체중의 원자료는 대게 150cm~190cm와 40kg~100kg의 범위에 속하게 됩니다. 5장에서 배웠던 인공뉴런의 기억을 떠올려보겠습니다. 입력데이터는 가중치가 반영되어 총합의 값으로 시그모이드 활성함수를 통과하여 출력값을 산출한다고 하였습니다.

$$sigmoid(x) = \frac{1}{1 + e^{-x}}$$

여기서, e는 자연 상수 2.71827182...

x는 입력값과 가중치 곱의 합

시그모이드 활성함수는 로지스틱 분포로서 0에서 1의 값을 가진다고 하였습니다. sigmoid(x)가 -3일 때 0.0474가 되고, sigmoid(x)가 +3일 때 0.9526이 됩니다. sigmoid(x)가 ±5라면 99% 이상의 값들이 모두 포함이 됩니다. 이때 신장과 체중 같은 변수들 대상으로 원점수를 딥러닝 모델에 적용하면 어떤 일이 발생할까요? 그림 6-1은 입력값의 크기가 시그모이드 활성함수 출력값에 어떤 변화를 만들어 내는지를 잘 보여줍니다. 가령, 신장의 원점수가 150cm라면 시그모이드 활성함수는 1에 근사한 값을 출력하게 됩니다. 180cm도 마찬가지로 1에 근사한 값을 출력하게 되겠지요. 입력값에 따른 분산이 거의 없어져 버릴 것 같습니다. 그림의 우측 그래프에서 보듯 신장의 원점수 투입 값은 +5 이상부터 거

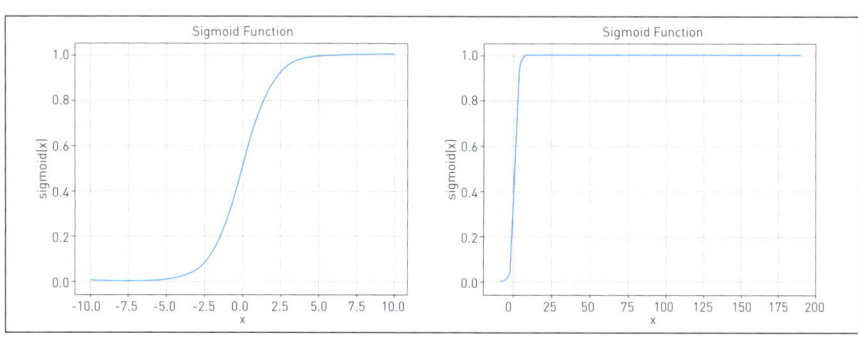

그림 6-1. 입력 값의 크기에 따른 시그모이드 활성함수 출력 값 변화

의 1의 값을 수렴하고 있다는 사실을 확인할 수 있습니다.

신장과 같은 큰 값의 원점수는 딥러닝 모델에서 변수가 될 수 없다는 뜻이기도 합니다. 따라서 딥러닝을 위해서 입력값은 활성함수가 민감하게 반응할 수 있도록 조정이 요구됩니다. 어떤 방법을 사용할 수 있을까요? 원점수에 대해 백분위 점수와 같이 0에서 1의 범위에 있도록 크기를 조정하는 방법도 있을 수 있습니다. 또는 표준점수를 사용하는 방법도 괜찮은 방법일 듯합니다. 따라서 딥러닝에서는 입력값이 −5에서 +5의 범위에 있도록 조정해야 합니다.

●●● 초기 가중치 세팅

딥러닝은 순전파 계산과 역전파 계산의 반복을 통해 가중치를 교정하면서 최적의 해를 찾아내는 방법입니다. 그렇다면, 초기 가중치는 어떻게 설정하는 것이 좋을까요? 입력값과 마찬가지로 가중치가 지나치게 크다면, 1에 수렴하는 결과만을 산출하게 될 것입니다. 지나치게 큰 값은 피해야 할 것 같습니다. 초기 가중치의 값은 −1.0에서 +1.0의 범위 또는 −0.5에서 +0.5의 범위에서 설정할 수도 있을 것입니다. 물론 초기 가중치는 랜덤함수를 이용해서 설정할 수 있습니다.

초기 가중치를 설정하는 다른 방법도 있을 수 있습니다. 예를 들면 인공노드에 입력되는 데이터는 가중치와 곱해져서 총합 값을 구하게 되는데, 입력되는 노드가 많은 경우 가중치의 개수도 증가하게 됩니다. 확률분포에서 표본을 추출한다면 다음의 공식에 따른 가중치 설정도 합리적일 것 같습니다. 즉, 입력되는 노드의 개수를 기준으로 가중치의 최댓값과 최솟값을 정할 수 있습니다. 입력되는 노드 수가 100개라면 ± 0.1의 범위에서 초기 가중치가 설정되겠네요. 평균은 0이고 표준편차의 범위에서 초기 가중치가 결정되는 것입니다. 초기 가중치를 설정하는 방법에는 딱 정해진 정답은 없습니다. 경험적으로 지나치게 크지 않은 가중치가 좋겠다는 정도로 우리는 알고 있습니다. 다양한 방법 중에서 데이터에 잘 맞는 방법을 선택하는 것이 중요합니다. 입력값과 마찬가지로 지나치게 큰 가중치는 계산값이 기하급수로 커져서 컴퓨터에 부담을 주기 때문이기도 합니다.

$$표준편차 = \frac{\pm 1}{\sqrt{(입력되는 노드수)}}$$

[코드 06-01-01] 랜덤 가중치 생성 예

```
1  import numpy as np
2  input_nodes = 5
3  hidden_nodes = 5
4  # 평균과 표준 편차 설정
5  mean = 0.0
6  stddev = 1.0 / np.sqrt(input_nodes)   # 표준편차를 입력 노드 수의 역수로 설정
7  # 가중치 초기화
8  initial_weights = np.random.normal(mean, stddev, (hidden_nodes, input_nodes))
9  print("가중치 초기화 결과:", initial_weights)
```

[결과]
가중치 초기화 결과:
[[0.17150787   0.06591406   0.46187259   0.07980059   0.0696224]
 [0.11706729 -0.02566978 -0.3682562   -0.07823666 -0.61293513]
 [0.66599938 -0.14252575 -0.83610087 -0.38935785   0.23433605]
 [0.08895369 -0.06779608 -0.11028672 -0.09602645 -0.13349375]
 [0.00855675   0.45614021 -0.40910772   0.84591688 -0.15974006]]

6-2. 손글씨 숫자 인식 신경망

딥러닝을 처음 공부하는 사람이라면 입문할 때 주로 실습하는 데이터 세트가 있습니다. 바로 인간이 쓴 손글씨 숫자를 딥러닝 알고리즘으로 인식을 위한 데이터입니다. 각 나라의 인종과 문화에 따라서 손글씨 숫자를 쓰는 방법이 매우 다르기 때문에 손글씨 숫자를 컴퓨터가 인식하는 일은 역사적으로 쉽지 않았습니다. 그림 6-2에서 보듯 얼핏 봐서는 어떤 숫자를 쓴 것인지 헷갈리긴 합니다. 딥러닝은 손글씨를 인식하는 기술발전에 크게 이바지하였습니다.

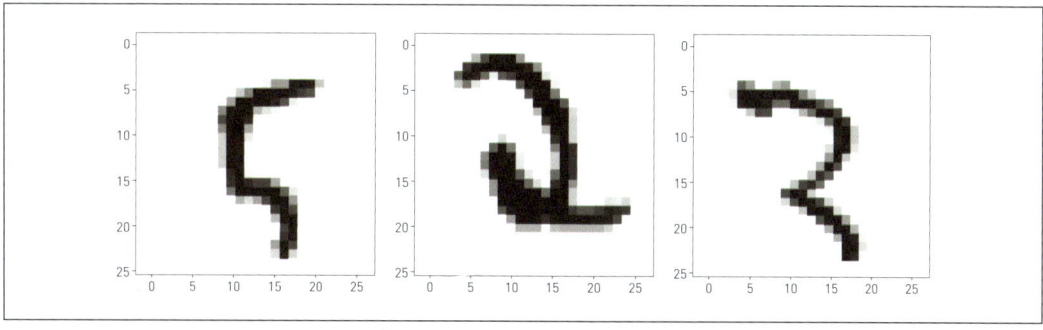

그림 6-2. 알아보기 쉽지 않은 손글씨 숫자

과거 이미지 인식을 위해 다양한 예측 기술이 적용되었으나, 현재는 딥러닝 기술로 통합되어 있습니다. 이미 인간의 이미지 인식 능력을 뛰어넘었습니다. 이 장에서는 손글씨 숫자를 인식하는 딥러닝 알고리즘을 구현할 것입니다. 지금까지 배웠던 것처럼 천천히 하나하나 따라오시면 됩니다.

●●● 손글씨 숫자 인식 데이터 세트

딥러닝 분야의 저명학자 Yann LeCun 교수는 CSV 포맷으로 손글씨 60,000개의 학습 데이터와 10,000개의 테스트 데이터를 홈페이지를 통해 제공했습니다. 우리는 파일용량 관리를 위해 학습데이터를 12,000개로 줄였습니다. 이를 MNIST(Modified National Institute of Standards and Technology) 데이터 모음이라고 합니다. 원래 NIST(National Institute of Standards and Technology)에서 제공한 데이터 세트를 딥러닝 학습에 적합하도록 수정한 것입니다. MNIST 데이터는 손으로 쓴 숫자 0에서 9까지를 그레이스케일 이미지로 구성되어 있습니다. 가로 28 × 세로 28 픽셀 크기로서 총 784개의 픽셀값을 포함합니다. 픽셀은 0에서 255의 값을 갖게 됩니다. 0이라면 완전 검정색으로 나타나며, 255라면 완전 흰색으로 나타납니다. 이 장의 딥러닝 실습에서는 'mnist_train.csv'와 'mnist_test.csv'를 데이터로 사용하게 됩니다. 딥러닝 공부를 위해 데이터를 제공해 주신 Yann 교수님께 감사드립니다. 데이터의 구조는 그림 6-3과 같습니다.

손글씨 숫자 학습 데이터: 'mnist_train.csv'							손글씨 숫자 테스트 데이터: 'mnist_test.csv'						
	A	B	C	D	E	F	DR	DS	DT	DU	DV	DW	DX	DY
1	7	0	0	0	0	0	0	0	0	0	0	0	0	0
2	2	0	0	0	0	0	0	169	253	253	253	253	253	253
3	1	0	0	0	0	0	0	0	0	0	0	0	0	0
4	0	0	0	0	0	0	0	0	0	0	11	150	253	202

그림 6-3. mnist 데이터 구조

'mnist_test.csv'를 열어봤습니다. MS-Office가 설치되어 있다면 엑셀에서 열리게 됩니다. 첫 번째 열은 A입니다. 그리고 첫 번째 행은 1부터 시작하고 있습니다. A1이라면 첫 번째 열과 첫 번째 행이 만나는 셀입니다. 1번 열은 하나의 손글씨 이미지를 숫자 값으로 나타낸 것입니다. 28×28 픽셀 크기라고 하였으니, 784개의 픽셀값으로 구성하고 있겠군요. A열에 있는 '7', '2', '1', '0'은 레이블입니다. 각각의 숫자가 7, 2, 1, 0의 숫자가 픽셀 이미지가 가지고 있는 정답을 의미합니다. 즉, 딥러닝 학습을 통해 인식하고자 하는 정답입니다.

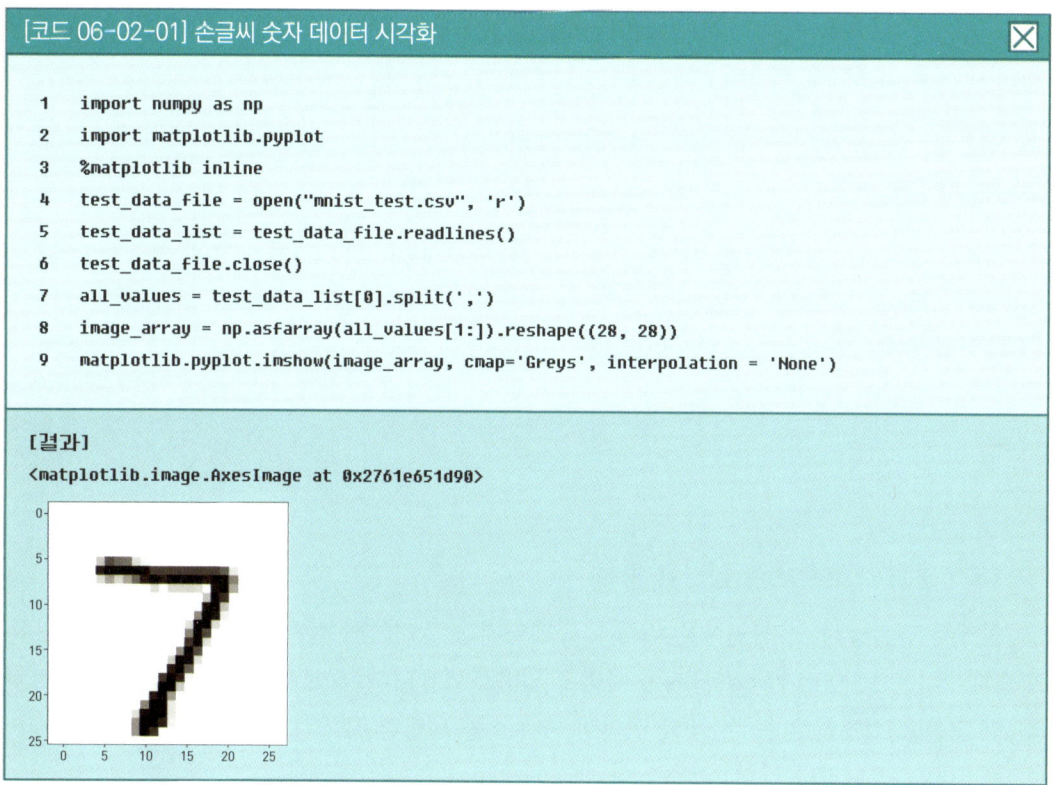

데이터 파일인 'mnist_test.csv'를 불러오는데 성공하였습니다. 그리고 첫 번째 행에 있는 숫자를 그림으로도 표시하였습니다. 코드 06-02-01을 살펴보겠습니다. 'import'는 라이브러리를 불러오는 명령입니다. 'numpy'는 행렬을 처리하는데 유용한 라이브러리이며, 'matplotlib'은 그래프를 나타내는데 필요합니다. '%matplotlib inline'은 주피터노트북 환경에서 그래프를 인라인으로 표시하도록 설정하는 매직 명령입니다. 코드 4번째 줄부터의 설명은 다음과 같습니다. 만약에 'numpy'나 'matpllolib' 같은 파이썬 라이브러리가 설치되어 있지 않다면 터미널 또는 명령프롬프트에서 'pip'를 이용해 설치하시기 바랍니다. 라이브러리 설치방법은 2장에서 제시하였습니다.

4줄. test_data_file = open("mnist_test.csv", 'r'): "mnist_test.csv" 파일을 읽기 모드('r')로 엽니다.

5줄. test_data_list = test_data_file.readlines( ): 파일 내용을 줄 단위로 읽어 리스트로 저장합니다.

6줄. test_data_file.close( ): 파일을 닫습니다.

7줄. all_values = test_data_list[0].split(','): 첫 번째 테스트 데이터(이미지)를 쉼표로 구분하여 값을 리스트로 저장합니다.

8줄. image_array = np.asfarray(all_values[1:]).reshape((28, 28)): 이미지 데이터를 넘파이 배열로 변환하고, 28 × 28 크기의 이미지로 변형합니다.

9줄. matplotlib.pyplot.imshow(image_array, cmap='Greys', interpolation='None'): 이미지를 그레이스케일로 시각화합니다. 'cmap' 매개변수는 컬러맵을 설정하며, 'Greys'로 설정하면 흑백 이미지로 표시됩니다. 'interpolation' 매개변수는 보간(interpolation) 방법을 설정하며, 'None'으로 설정하면 픽셀 간 보간을 사용하지 않습니다.

●●● 손글씨 숫자 인식 신경망 학습

이제부터 손글씨 숫자 인식을 위해 학습데이터를 불러와서 실제 학습을 시켜보겠습니다. 학습데이터는 12,000개의 손글씨 숫자라고 말씀드렸습니다. 구조적으로 살펴보면 라이브러리 및 모듈을 설정하고, 변수 등이 정의된 클래스를 세팅한 후, 데이터를 불러와서 학습시키면 끝입니다. 하나하나 살펴보겠습니다.

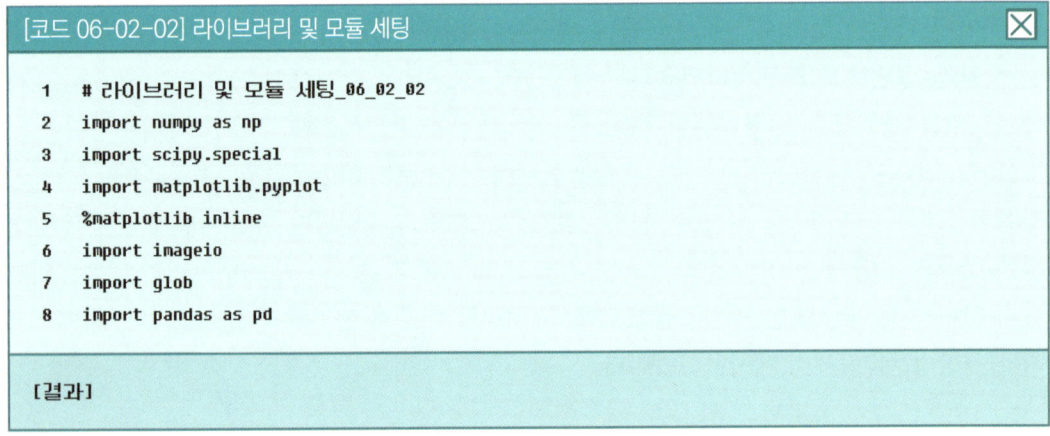

코드 06-02-02는 파이썬 스크립트의 시작 부분입니다. 각 줄의 코드에 대한 설명은 다음과 같습니다.

2줄. import numpy as np: 넘파이 라이브러리를 가져와서 'np'라는 별칭으로 사용합니다. 넘파이는 행렬계산 등 고차원적 수치 계산을 위한 라이브러리로 사용됩니다.

3줄. import scipy.special: 서브패키지 'special'을 가져옵니다. 'SciPy'는 과학 및 공학 계산을 위한 파이썬 라이브러리이며, 'special' 서브패키지에는 특수 함수 등이 포함되어 있습니다.

4줄. import matplotlib.pyplot: 'Matplotlib' 라이브러리의 'pyplot' 모듈을 가져옵니다. 'Matplotlib'은 데이터 시각화를 위한 라이브러리로, 'pyplot' 모듈은 그래프 및 플롯을 그리는 데 사용됩니다.

5줄. %matplotlib inline: Jupyter Notebook 환경에서 실행할 때, 'Matplotlib'으로 생성된 그래프를 노트북 안에서 바로 표시하도록 설정하는 매직 커맨드입니다.

6줄. import imageio: 이미지 처리와 관련된 라이브러리인 'ImageIO'를 가져옵니다.

7줄. import glob: 파일 경로를 사용하여 파일을 검색하는 데 사용되는 'glob' 모듈을 가져옵니다.

8줄. import pandas as pd: 데이터 분석과 조작을 위한 라이브러리인 'Pandas'를 가져옵니다. 'Pandas'는 데이터프레임과 시리즈 등의 데이터 구조를 제공하며 데이터 처리 작업을 단순화하는 데 사용됩니다.

코드에서처럼 신경망 생성 및 학습에 필요한 라이브러리와 모듈을 가져오고 설정하는 것은 이후 스크립트에서 이들을 사용할 수 있도록 하는 초기 설정을 하였습니다. 분석을 위해 기본 세팅한 것에 불과하기 때문에 결과는 아무것도 생성되지 않습니다.

[코드 06-02-03] 3층 신경망 클래스 정의

```python
# 3층 신경망 클래스 정의_06_02_03
class neuralNetwork:
    def __init__(self, inputnodes, hiddennodes, outputnodes, learningrate):
        self.inodes = inputnodes
        self.hnodes = hiddennodes
        self.onodes = outputnodes
        self.wih = np.random.normal(0.0, pow(self.hnodes, -0.5), (self.hnodes, self.inodes))
        self.who = np.random.normal(0.0, pow(self.onodes, -0.5), (self.onodes, self.hnodes))
        self.lr = learningrate
        self.activation_function = lambda x: scipy.special.expit(x)
        pass
    def train(self, inputs_list, targets_list):
        inputs = np.array(inputs_list, ndmin=2).T
        targets = np.array(targets_list, ndmin=2).T
        hidden_inputs = np.dot(self.wih, inputs)
        hidden_outputs = self.activation_function(hidden_inputs)
        final_inputs = np.dot(self.who, hidden_outputs)
        final_outputs = self.activation_function(final_inputs)
        output_errors = targets - final_outputs
        hidden_errors = np.dot(self.who.T, output_errors)
        self.who += self.lr * np.dot((output_errors * final_outputs * (1.0 - final_outputs)), np.transpose(hidden_outputs))
        self.wih += self.lr * np.dot((hidden_errors * hidden_outputs * (1.0 - hidden_outputs)), np.transpose(inputs))
        pass
    def query(self, inputs_list):
        inputs = np.array(inputs_list, ndmin=2).T
        hidden_inputs = np.dot(self.wih, inputs)
        hidden_outputs = self.activation_function(hidden_inputs)
        final_inputs = np.dot(self.who, hidden_outputs)
        final_outputs = self.activation_function(final_inputs)
        return final_outputs
```

[결과]

코드 06-02-03은 3층 신경망(입력층, 은닉층, 출력층) 클래스인 'neuralNetwork'를 정의하는 파이썬 코드입니다. 이 코드에서는 신경망 모델을 생성하고 학습 및 추론을 수행하기 위한 클래스를 구성하고 있습니다. 코드의 각 부분에 대해 설명하겠습니다.

2줄. class neuralNetwork: 'neuralNetwork' 클래스를 정의합니다.

3-6줄. def __init__(self, inputnodes, hiddennodes, outputnodes, learningrate):

클래스의 생성자 메서드를 정의합니다. 이 메서드는 객체가 생성될 때 호출되며 신경망의 초기 설정을 수행합니다. 'inputnodes'는 입력 노드 수, 'hiddennodes'는 은닉 노드 수, 'outputnodes'는 출력 노드 수, 'learningrate'는 학습률을 나타냅니다.

7-9줄. self.wih와 self.who: 입력층과 은닉층, 은닉층과 출력층 간의 가중치를 나타내는 행렬을 무작위로 초기화합니다. 이 가중치는 학습 과정에서 조정됩니다. 또한 학습률을 'lr'에 할당하였습니다.

10줄. self.activation_function: 활성화 함수를 람다 함수로 정의합니다. 주로 시그모이드 함수(sigmoid function) 또는 다른 활성화 함수가 사용됩니다.

12-23줄. def train(self, inputs_list, targets_list): 학습 메서드를 정의합니다. 주어진 입력 데이터(inputs_list)와 목표 출력(targets_list)을 사용하여 가중치를 업데이트합니다. 학습률과 오류를 고려하여 역전파 알고리즘을 수행합니다.

24-30줄. def query(self, inputs_list): 입력 데이터를 받아 모델의 출력을 반환하는 메서드를 정의합니다. 주어진 입력데이터(inputs_list)를 사용하여 모델을 통해 결과를 계산하고 반환합니다.

이 클래스는 입력층, 은닉층, 출력층의 노드 수, 학습률, 활성화 함수 등을 설정하고 신경망을 학습한 후, 쿼리하는 데 사용할 수 있도록 구성한 것입니다. 클래스는 구성해 두면 붕어빵을 찍어 내듯 필요할 때마다 불러서 사용할 수 있습니다.

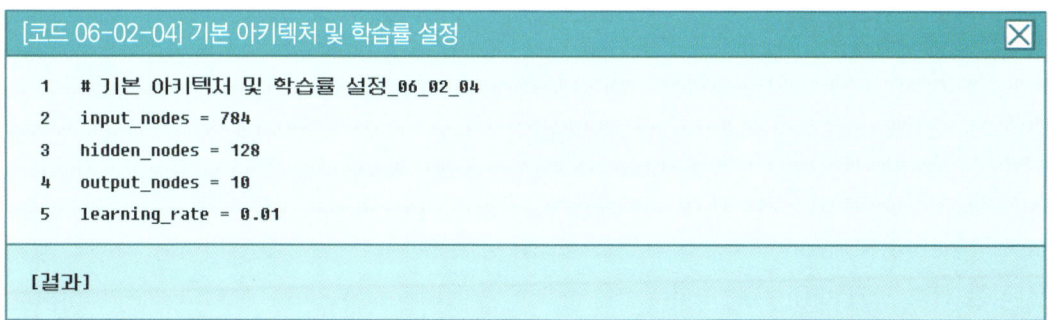

코드 06-02-04는 신경망의 기본 아키텍처 및 학습률을 설정하는 부분입니다. 각 코드의 역할은 다음과 같습니다.

2줄. input_nodes = 784: 입력 노드의 수를 784로 설정합니다. MNIST 데이터셋의 이미지 데이터는 크기가 28x28 픽셀이기 때문에 전체 픽셀 수인 28x28을 곱한 값입니다. 784개의 열(칼럼) 데이터가 입력된다는 의미입니다.

3줄. hidden_nodes = 128: 은닉 노드의 수를 128로 설정합니다. 은닉 노드는 중간 계층에 위치하며, 모델이 데이터의 중요한 특징을 학습하는 데 사용됩니다. 은닉 노드 수는 조절 가능한 하이퍼 파라미터입니다.

4줄. output_nodes = 10: 출력 노드의 수를 10으로 설정합니다. 이것은 주로 분류 문제에서 클래스(라벨)의 수에 해당하며, MNIST 데이터셋의 경우 0에서 9까지의 숫자 클래스를 나타냅니다.

5줄. learning_rate = 0.01: 학습률(learning rate)을 0.01로 설정합니다. 학습률은 가중치 업데이트 시 사용되는 값으로, 모델의 학습 속도를 제어하는 하이퍼 파라미터입니다. 값이 큰 학습률은 빠른 학습에는 도움이 될 수 있지만, 잘 수렴되지 않는다는 문제를 야기할 수 있으며, 값이 낮은 학습률은 수렴이 느려질 수 있지만, 안정적인 학습을 할 수 있습니다. 학습률은 실험을 통해 조정해야 하는 중요한 하이퍼 파라미터 중 하나입니다.

이러한 설정은 신경망 모델의 아키텍처와 학습 속도를 결정하며, 신경망 모델을 초기화할 때 사용됩니다.

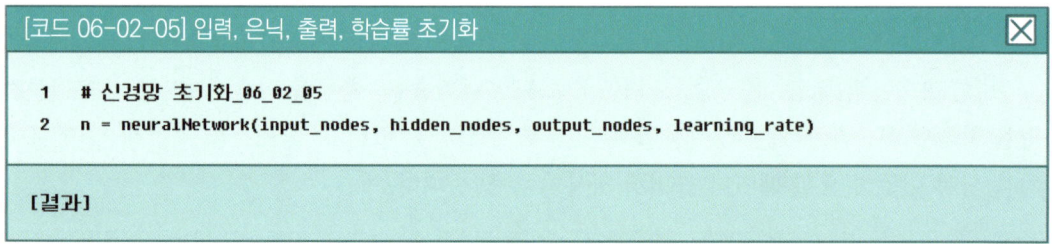

[코드 06-02-05] 입력, 은닉, 출력, 학습률 초기화

```
1    # 신경망 초기화_06_02_05
2    n = neuralNetwork(input_nodes, hidden_nodes, output_nodes, learning_rate)
```

[결과]

코드 06-02-05는 앞서 정의한 신경망 클래스 'neuralNetwork'를 사용하여 신경망을 초기화하는 부분입니다. 코드를 살펴보겠습니다.

2줄. n = neuralNetwork(input_nodes, hidden_nodes, output_nodes, learning_rate): 'neuralNetwork' 클래스의 인스턴스를 생성하여 n 변수에 할당합니다. 이 때, 앞서 설정한 입력 노드 수(input_nodes), 은닉 노드 수(hidden_nodes), 출력 노드 수(output_nodes), 그리고 학습률(learning_rate)을 전달하여 신경망 객체를 초기화합니다.

이렇게 초기화된 신경망 객체 n은 이후에 데이터 학습 및 예측을 수행하는 데 사용됩니다. 초기화된 신경망은 주어진 아키텍처와 학습률을 기반으로 학습을 진행하거나 입력 데이터에 대한 예측을 수행할 수 있습니다.

```
[코드 06-02-06] 학습 데이터 불러오기
1  # 학습데이터 불러오기_06_02_06
2  training_data_file = open("mnist_train.csv", 'r')
3  training_data_list = training_data_file.readlines()
4  training_data_file.close()
5  print(training_data_list[0])
```

[결과]
5,0,0,0,0,0,0,0,0,0,0,0,0,0,0,0,0,0,0,0,0,0,0,0,0,0,0,0,0,0,0,0,0,0,0,0,0,0,0,0,0,0,
0,0,0,0,0,0,0,0,0,0,0,0,0,0,0,0,0,0,0,0,0,0,0,0,0,0,0,0,0,0,0,0,0,0,0,0,0,0,0,0,0,0,
0,0,0,0,0,0,0,0,0,0,0,0,0,0,0,0,0,0,0,0,0,0,0,0,0,0,0,0,0,0,0,0,0,0,0,0,0,0,0,0,0,0,
0,0,0,0,0,0,0,3,18,18,18,126,136,175,26,166,255,247,127,0,0,0,0,0,0,0,0,0,30,36,94,154,170,253
,253,253,253,253,225,172,253,242,195,64,0,0,0,0,0,0,0,0,0,49,238,253,253,253,253,253,253,2
53,251,93,82,82,56,39,0,0,0,0,0,0,0,0,0,0,0,18,219,253,253,253,253,198,182,247,241,0,0,0,0,0
,0,0,0,0,0,0,0,0,0,0,0,0,80,156,107,253,253,205,11,0,43,154,0,0,0,0,0,0,0,0,0,0,0,0,
0,14,1,154,253,90,0,0,0,0,0,0,0,0,0,0,0,0,0,0,0,0,0,0,0,0,139,253,190,2,0,0,0,0,0,0,0,0,
0,0,0,0,0,0,0,0,0,0,0,0,0,11,190,253,70,0,0,0,0,0,0,0,0,0,0,0,0,0,0,0,0,0,0,0,0,0,35
,241,225,160,108,1,0,0,0,0,0,0,0,0,0,0,0,0,0,0,0,0,0,0,0,0,81,240,253,253,119,25,0,0,0,0,0
,0,0,0,0,0,0,0,0,0,0,0,0,0,0,0,45,186,253,253,150,27,0,0,0,0,0,0,0,0,0,0,0,0,0,0,0,0
,0,0,16,93,252,253,187,0,0,0,0,0,0,0,0,0,0,0,0,0,0,0,0,0,0,249,253,249,64,0,0,0,0,0,
0,0,0,0,0,0,0,0,0,0,0,0,0,46,130,183,253,253,207,2,0,0,0,0,0,0,0,0,0,0,0,0,0,0,0,39,
148,229,253,253,253,250,182,0,0,0,0,0,0,0,0,0,0,0,0,0,0,0,24,114,221,253,253,253,253,201,78,
0,0,0,0,0,0,0,0,0,0,0,0,0,0,0,0,23,66,213,253,253,253,253,198,81,2,0,0,0,0,0,0,0,0,0,0
,0,18,171,219,253,253,253,253,195,80,9,0,0,0,0,0,0,0,0,0,0,0,0,0,55,172,226,253,253,253,253,
244,133,11,0,0,0,0,0,0,0,0,0,0,0,0,0,0,136,253,253,253,212,135,132,16,0,0,0,0,0,0,0,0,0,
0,0,0,0,0,0,0,0,0,0,0,0,0,0,0,0,0,0,0,0,0,0,0,0,0,0,0,0,0,0,0,0,0,0,0,0,0,0,0,0,0,
0,0,0,0,0,0,0,0,0,0,0,0,0,0,0,0,0,0,0,0,0,0,0,0,0,0,0,0,0,0,0,0,0,0,0,0,0,0

코드 06-02-06은 MNIST 학습 데이터를 불러오는 부분입니다. 코드를 간단히 설명하겠습니다.

2줄. training_data_file = open("mnist_train.csv", 'r'): "mnist_train.csv" 파일을 읽기 모드('r')로 엽니다. 이 파일에는 MNIST 데이터 세트의 학습 데이터가 포함되어 있습니다.

3줄. training_data_list = training_data_file.readlines( ): 파일에서 모든 라인을 읽어와서 training_data_list에 리스트로 저장합니다. 각 라인은 MNIST 데이터의 한 예제를 나타냅니다.

4줄. training_data_file.close( ): 파일을 닫습니다. 파일을 열었으면 항상 파일을 닫는 것이 좋습니다.

5줄. print(training_data_list[0]): 첫 번째 학습 데이터 예제를 출력합니다. 이를 통해 데이터 형식을 확인할 수 있습니다. MNIST 데이터셋은 이미지 데이터와 해당 이미지에 대한 실제 레이블(숫자)이 포함된 CSV 형식의 데이터입니다.

이 코드는 MNIST 학습 데이터를 읽어와서 리스트로 저장하므로, 이후에 이 데이터를 사용하여 신경망 모델을 학습할 수 있습니다. 그리고 코드에서 처음으로 결과가 나왔습니다. 제일 앞에 있는 5는 손글씨 숫자의 정답 레이블입니다. 두 번째 칼럼부터는 784개의 칼럼 데이터들이 있는 것을 확인할 수 있습니다. 28×28 픽셀로 나타나있기 때문에 784개 픽셀입니다. 각 픽셀의 값의 범위는 0(검정색)부터 255(흰색)입니다.

[코드 06-02-07] 신경망 학습

```
1   # 신경망 학습_06_02_07
2   epochs = 3
3   for e in range(epochs):
4       correct = 0
5       total = 0
6       for record in training_data_list:
7           all_values = record.split(',')
8           inputs = (np.asfarray(all_values[1:]) / 255.0 * 0.99) + 0.01
9           targets = np.zeros(output_nodes) + 0.01
10          targets[int(all_values[0])] = 0.99
11          n.train(inputs, targets)
12          correct_label = int(all_values[0])
13          outputs = n.query(inputs)
14          predicted_label = np.argmax(outputs)
15          if predicted_label == correct_label:
16              correct += 1
17          total += 1
18      accuracy = correct / total
19      print(f'에포크 {e + 1}의 정확도: {accuracy:.2%}')
20  print(f'최종 에포크의 정확도: {accuracy:.2%}')
```

[결과]
에포크 1의 정확도: 92.40%
에포크 2의 정확도: 94.90%
에포크 3의 정확도: 95.20%
최종 에포크의 정확도: 95.20%

주어진 코드는 MNIST 데이터셋을 사용하여 신경망을 학습하고 정확도를 계산하는 부분입니다. 코드를 간단히 설명하겠습니다:

2줄. epochs = 2: 학습을 몇 번 반복할지를 나타내는 변수로, 이 경우 2번의 에포크

(epoch)로 학습을 진행합니다.

3-19줄. for e in range(epochs): 에포크 수 만큼 반복하는 루프입니다. 각 에포크마다 학습을 수행하고 정확도를 계산합니다.

5-18줄. correct와 total 변수는 정확도 계산을 위한 변수로 초기화합니다.

6줄. for record in training_data_list: 학습 데이터 리스트에 있는 각 학습 예제를 순회합니다.

7줄. all_values = record.split(','): CSV 형식의 각 학습 데이터를 쉼표(,)로 분리하여 리스트로 변환합니다.

8줄. inputs = (np.asfarray(all_values[1:]) / 255.0 * 0.99) + 0.01: 입력 데이터를 스케일링하고, 입력 범위를 0.01에서 0.99 사이로 조정합니다.

9-10줄. 'targets' 변수는 원-핫 인코딩된 목표 출력을 나타냅니다.

11줄. n.train(inputs, targets): 신경망 모델을 학습합니다.

12-13줄. 실제 레이블과 모델의 예측 레이블을 비교하여 정확하게 분류되었는지 확인합니다.

16줄. 정확하게 분류한 경우 'correct' 값을 증가시킵니다.

17줄. 'total' 값을 증가시켜 전체 예제 수를 계산합니다.

18-19줄. 해당 에포크의 정확도를 계산하여 출력합니다.

20줄. 마지막 줄에서 최종 에포크의 정확도를 출력합니다. 이 코드는 학습된 신경망의 성능을 모니터링하고 학습이 진행됨에 따라 정확도를 보고합니다.

손글씨 숫자 인식 데이터에 대한 신경망 학습이 끝났습니다. 에포크 1은 92.40%의 정확도를 지니고 있군요. 두 번째와 세 번째는 각각 94.90%와 95.20%입니다. 학습의 횟수를 1000회 또는 그 이상으로도 설정할 수 있습니다. 우리 예제에서는 학습 시간을 줄이기 위해 3회만 반복했습니다.

●●● 학습된 신경망 모형 검증

우리는 손글씨로 작성된 숫자 인식을 위해 12,000개의 데이터를 활용해서 3회 반복 학습을 완료하였습니다. 학습된 데이터의 최종 성능은 95.20%로 나타났습니다. 같은 데이터를 계속 반복 학습한다면, 신경망은 분명히 더 우수한 성능을 만들어 낼 수 있을 것입니다. 그런데, 이쯤에서 이런 질문을 가져봅니다. 학습된 데이터 말고 아주 새로운 데이터에서도 동일한 성능을 나타낼 수 있을까? 매우 중요한 의문입니다. 신경망에서 완성된 학습모델이 기존의 학습 데이터가 아닌 새로운 데이터에도 올바르게 손글씨 숫자를 인식하는지를 확인할 필요가 있습니다. 보통은 교차타당도라고 부릅니다. 모델의 성능을 평가하고 일반화 성능을 예측하는데 교차타당도를 사용할 수 있습니다. 여러 개의 하위 폴드를 구성하여 다양한 조건에서 모델의 성능을 평가할 수도 있습니다. 이 예제에서는 단지 그냥 새로운 데이터를 적용하기만 해 보겠습니다. 테스트 데이터는 기존의 12,000개의 데이터에는 포함되어 있지 않는 10,000개의 새로운 손글씨 숫자 데이터입니다. 신경망이 전혀 경험해 본적 없는 새로운 손글씨 숫자입니다. 학습된 모형이 새로운 손글씨 숫자 데이터를 어느 정도 잘 인식하는지 확인해봅시다. 테스트 데이터는 'mnist_test.csv' 파일입니다.

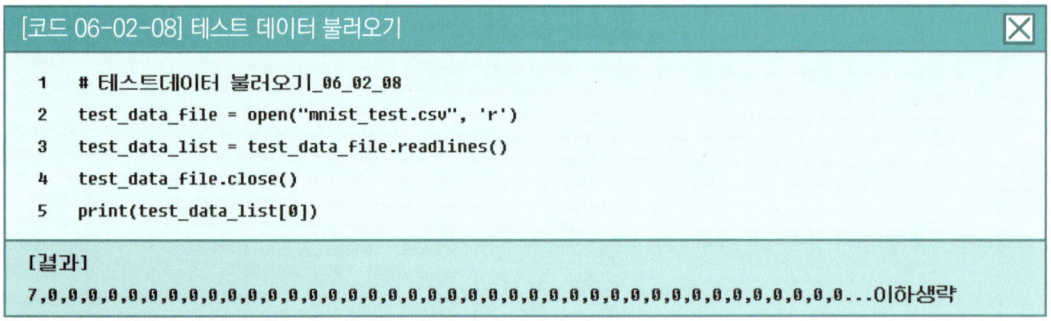

[코드 06-02-08] 테스트 데이터 불러오기

```
1  # 테스트데이터 불러오기_06_02_08
2  test_data_file = open("mnist_test.csv", 'r')
3  test_data_list = test_data_file.readlines()
4  test_data_file.close()
5  print(test_data_list[0])
```

[결과]
7,0,0,0,0,0,0,0,0,0,0,0,0,0,0,0,0,0,0,0,0,0,0,0,0,0,0,0,0,0,0,0,0,0,0,0...이하생략

코드 06-02-08은 MNIST 테스트 데이터를 불러오는 부분입니다. 주요 단계를 다시 설명하겠습니다.

2줄. test_data_file = open("mnist_test.csv", 'r'): "mnist_test.csv" 파일을 읽기 모드('r')로 엽니다. 이 파일에는 MNIST 데이터셋의 테스트 데이터가 저장되어 있습니다.

3줄. test_data_list = test_data_file.readlines( ): 파일에서 모든 라인을 읽어와서 'test_data_list'라는 리스트로 저장합니다. 각 라인은 MNIST 테스트 데이터의 한 예제를 나타냅니다.

4줄. test_data_file.close( ): 파일을 닫습니다. 파일을 열었으면 항상 마지막에는 파일을 닫는 것이 좋습니다.

5줄. print(test_data_list[0]): 첫 번째 테스트 데이터 예제를 출력합니다. 이를 통해 데이터 형식을 확인할 수 있습니다. MNIST 테스트 데이터도 이미지 데이터와 해당 이미지에 대한 실제 레이블(숫자)이 포함된 CSV 형식의 데이터입니다.

MNIST 테스트 데이터를 읽어와서 'test_data_list'라는 이름으로 할당하였으므로, 이후에 이 데이터를 사용하여 신경망 모델의 성능을 평가할 수 있습니다.

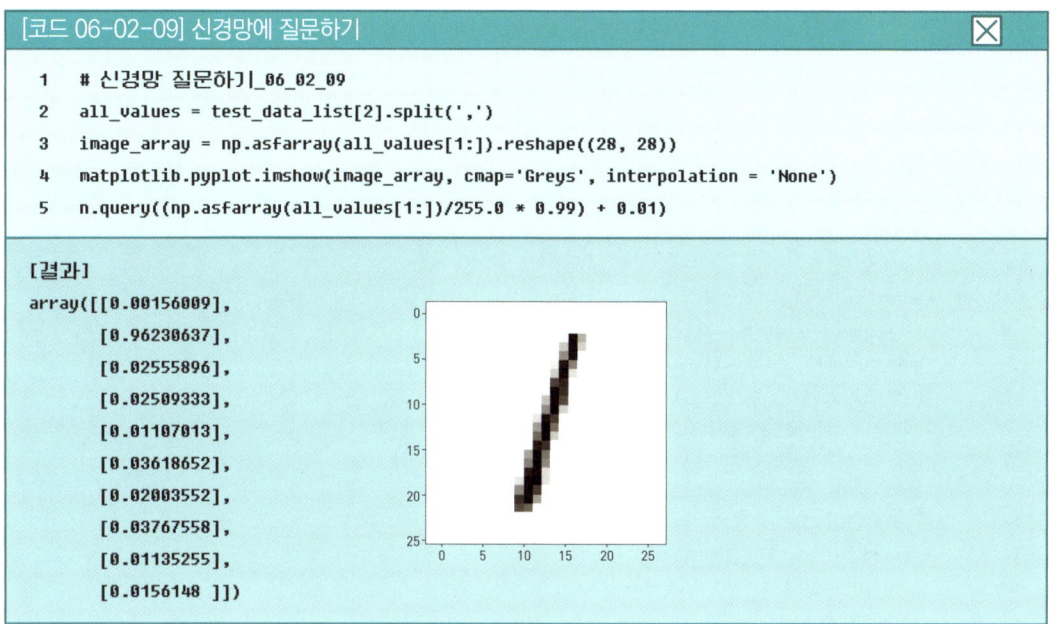

코드 06-02-09는 MNIST 테스트 데이터에서 3번째 행(0이 첫 행이므로 2는 세 번째 행)에 있는 테스트 이미지를 선택하고 해당 이미지를 시각화한 후, 신경망에 이 이미지를 입력으로 제공하여 모델의 예측을 확인하는 부분입니다. 각 줄의 구체적인 설명은 다음과 같습니다.

2줄. all_values = test_data_list[2].split(','): 테스트 데이터 리스트에서 세 번째(인덱스 2) 테스트 데이터 예제를 선택하고, 이를 쉼표(,)로 분리하여 'all_values' 리스트에 저장합니다. 이 리스트에는 이미지의 픽셀값과 해당 이미지에 대한 실제 레이블이 포함됩니다.

3줄. image_array = np.asfarray(all_values[1:]).reshape((28, 28)): 'all_values' 리스트에서 첫 번째 요소(인덱스 1부터 끝까지)를 부동 소수점 형식으로 변환하고, 28x28 크기의 배열로 재구성합니다. 이는 이미지 데이터를 표현하는데 사용됩니다.

4줄. matplotlib.pyplot.imshow(image_array, cmap='Greys', interpolation='None'): 'imshow' 함수를 사용하여 'image_array' 배열을 그레이스케일 이미지로 시각화합니다. 'cmap' 매개변수는 색상 맵을 지정하며, 'Greys'는 흑백 이미지를 의미합니다. 'interpolation' 매개변수는 이미지 보간 방법을 설정하며, 'None'은 보간을 사

용하지 않음을 의미합니다.

5줄. n.query((np.asfarray(all_values[1:])/255.0 * 0.99) + 0.01): 선택한 이미지 데이터를 스케일링하여 신경망 모델 n에 입력으로 전달하고, 모델의 query 메서드를 사용하여 모델이 예측한 숫자를 확인합니다.

결과에서 보듯, 선택한 손글씨 숫자 1이 시각화되고, 해당 이미지에 대한 신경망은 1로 0.96230637로 성공적으로 예측하였음을 확인할 수 있습니다.

[코드 06-02-10] 스코어카드 생성

```
1   # 스코어카드 생성_06_02_10
2   scorecard = []
3   for record in test_data_list:
4       all_values = record.split(',')
5       correct_label = int(all_values[0])
6       print("실젯값:", correct_label)
7       inputs = (np.asfarray(all_values[1:])/255.0 * 0.99) + 0.01
8       outputs = n.query(inputs)
9       label = np.argmax(outputs)
10      print("인공지능 추정:", label)
11      if(label == correct_label):
12          print('정답')
13          scorecard.append(1)
14      else:
15          print('오답')
16          scorecard.append(0)
17          pass
18      pass
19  scorecard_array = np.asarray(scorecard)
20  print(scorecard)
21  print('performance =', scorecard_array.sum() / scorecard_array.size * 100, '%')
```

[결과]
실젯값: 7
인공지능 추정: 7
정답
실젯값: 2
인공지능 추정: 2
정답
실젯값: 1
인공지능 추정: 1
정답
...
[1, 1, 1, 1, 1, 1, 1, 1, 0, 1, 1, 1, 1, 1, 1, 1, 1, 1, 1, 1, 1, 1, 1, 1, 1, 1, 1...]
performance = 93.7 %

코드 06-02-10은 손글씨 테스트 데이터를 사용하여 학습된 모델의 성능을 평가하는 부분입니다. 각 줄을 설명하겠습니다.

2줄. scorecard = [ ]: 올바른 예측을 기록하는 데 사용할 빈 리스트인 'scorecard'를 생성합니다.

3줄. for record in test_data_list:: 테스트 데이터 리스트에 있는 각 테스트 데이터 예제에 대한 루프를 시작합니다.

4줄. all_values = record.split(','): 현재 테스트 데이터 예제를 쉼표(,)로 분리하여 'all_values' 리스트에 저장합니다.

5줄. correct_label = int(all_values[0]): 'all_values' 리스트에서 첫 번째 요소는 실제 레이블(정답)을 나타냅니다. 이를 정수로 변환하여 'correct_label' 변수에 저장합니다.

6줄. print("실젯값:", correct_label): 실제 손글씨 숫자 값을 출력합니다.

7-10줄. 이 부분에서는 선택한 이미지를 모델에 입력으로 제공하고, 모델의 예측을 계산합니다. 그리고 해당 예측값의 레이블을 출력합니다.

11-16줄. 모델의 예측값과 실제 레이블을 비교하여 정답 여부를 확인하고, 'scorecard' 리스트에 1(정답) 또는 0(오답)을 추가합니다.

19줄. scorecard_array = np.asarray(scorecard): 'scorecard' 리스트를 'NumPy' 배열로 변환합니다.

20줄. print(scorecard): 'scorecard' 배열을 출력하여 각 테스트 데이터에 대한 정답 여부를 확인할 수 있습니다.

21줄. print('performance =', scorecard_array.sum( ) / scorecard_array.size * 100, '%'): 'scorecard' 배열을 사용하여 모델의 성능을 평가하고, 정확도를 백분율로 출력합니다. 이것은 모델이 올바르게 분류한 예제의 비율을 나타냅니다.

이 코드를 실행하면 신경망 모델이 테스트 데이터셋에서 얼마나 정확하게 예측하는지를 확인할 수 있습니다. 출력 결과를 보니, 실제 손글씨 숫자와 인공지능이 예측한 숫자를 토대로 정답여부를 확인하고 있습니다. 스코어 카드에 정답이면 1로 담고, 오답이면 0으로 잘 담고 있습니다. 테스트 데이터를 활용한 정확도는 93.7%로 나타났습니다. 지금까지 3층의 간단한 신경망을 제작하였습니다. 성능도 나쁘지 않아 보입니다.

6-3. 텐서플로우1: 딥러닝 모델 개발

지금까지 위에서 손글씨 숫자 인식 신경망 모델을 성공적으로 개발했습니다. 은닉층의 개수, 노드 개수 등을 조정하면서 최적의 모델을 찾을 수 있을 것 같습니다. 또한 딥러닝이 도저히 접근하지 못할 분야가 아니라는 자신감도 가졌을 것으로 생각됩니다. 한번 딥러닝 코드를 만들어 보긴 했는데, 조금은 어렵다는 생각도 듭니다. 조금 더 쉽게 접근하는 방법은 없는지 궁금하기도 합니다. 텐서플로우(TensorFlow)라는 딥러닝 및 머신러닝을 위한 오픈 소스 라이브러리가 있습니다. 딥러닝과 머신러닝을 위해 구글에서 개발한 여러 가지 라이브러리 중 하나입니다. 텐서플로우 라이브러리를 사용하면 코드도 줄일 수 있을 뿐 아니라, 학습속도를 높일 수 있습니다. 자동미분 등을 지원하기 때문에 역전파 알고리즘을 구현할 때 매우 유용하기도 합니다. 즉, 복잡한 모형을 쉽게 제작할 수 있다는 뜻이기도 합니다. 왜 처음부터 텐서플로우를 사용하지 않았느냐고 항의하지는 말아 주세요. 제 마음입니다.

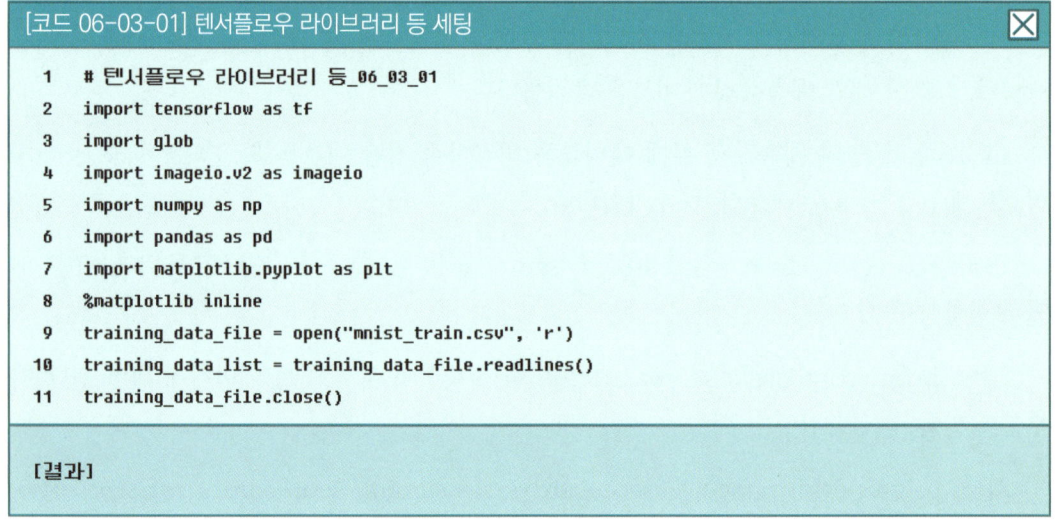

텐서플로우를 이용해 손글씨 숫자 인식 딥러닝 알고리즘을 구현해 보겠습니다. 만약에 텐스플로우가 설치되어 있지 않다면, 'pip install tensorflow' 명령을 이용해서 설치하시기 바랍니다. 이 책에서 사용한 텐서플로우 버전은 2.13.0입니다. 최신 버전을 설치하는 것도 좋지만, 호환성의 문제로 인해 2.13.0 버전을 설치하는 것을 추천합니다. 나머지 코드는 앞에서 한번 다루었기 때문에 설명은 생략하겠습니다.

```
[코드 06-03-02] 학습 데이터와 레이블 추출

1  # 이미지 데이터와 레이블 추출_06_03_02
2  x_train = []
3  y_train = []
4  for record in training_data_list:
5      all_values = record.split(',')
6      label = int(all_values[0])    # 타겟값은 0번째 열
7      y_train.append(label)
8      image_array = np.asfarray(all_values[1:]).reshape((28, 28))   # 이미지 데이터 추출
9      x_train.append(image_array)
```

[결과]

코드 06-03-02는 MNIST 데이터에서 숫자 데이터와 결과 레이블을 추출하는 부분입니다. 앞에서 설명했던 동일하게 12,000개의 학습데이터입니다. 손으로 쓴 숫자(0부터 9까지)의 이미지는 28x28 크기의 픽셀로 구성되어 있습니다.

2-3줄. x_train = [ ]와 y_train = [ ]: x와 y의 리스트를 초기화합니다. 이들은 각각 이미지는 'x_train'에 저장하고, 'y_train'은 레이블을 저장하게 되는 리스트입니다.

4줄. for record in training_data_list: 'for' 루프를 사용하여 'training_data_list'에 있는 각 레코드(이미지 데이터 및 레이블 정보)에 접근합니다.

5줄. all_values = record.split(','): 'all_values = record.split(',')'를 사용하여 현재 레코드를 쉼표(,)로 분할하여 'all_values' 리스트에 저장합니다. 이렇게 하면 이미지의 레이블은 'all_values' 리스트의 첫 번째 요소에 있고, 나머지 요소는 이미지 데이터입니다.

6줄. label = int(all_values[0]): 'label = int(all_values[0])'를 사용하여 첫 번째 요소(레이블)를 정수로 변환하고 label 변수에 저장합니다. 이것이 이미지의 실제 숫자 레이블입니다.

7줄. y_train.append(label): 추출한 레이블 데이터(label)를 'y_train' 리스트에 추가합니다.

8줄. image_array = np.asfarray(all_values[1:]).reshape((28, 28)): 'np.asfarray(all_values[1:])'를 사용하여 레코드에서 이미지 데이터 부분을 추출하고, 이를 부동 소수점 배열로 변환합니다. 'all_values[1:]'은 레이블을 제외한 이미지 데이터입니다. 'reshape((28, 28))'를 사용하여 이미지 데이터를 28x28 크기의 배열로 형태를 변환합니다. 이렇게 하면 이미지 데이터가 28x28 픽셀 형식으로 표현됩니다.

9줄. x_train.append(image_array): 추출한 이미지 데이터(image_array)를 'x_train' 리스트에 추가합니다.

이 과정을 통해 'x_train' 리스트에는 MNIST 데이터의 이미지가, 'y_train' 리스트에는 해당 이미지의 실제 숫자 레이블이 저장됩니다. 이러한 데이터는 이후 텐서플로우 모델을 학습시키기 위해 사용될 것입니다.

[코드 06-03-03] 모델생성 및 학습

```
1   # 데이터 정규화, 모델생성, 학습_06_03_03
2   x_train = np.array(x_train) / 255.0
3   y_train = np.array(y_train)
4   model = tf.keras.models.Sequential([
5       tf.keras.layers.Flatten(input_shape=(28, 28)),
6       tf.keras.layers.Dense(512, activation='relu'),
7       tf.keras.layers.Dropout(0.2),
8       tf.keras.layers.Dense(256, activation='relu'),
9       tf.keras.layers.Dropout(0.2),
10      tf.keras.layers.Dense(10, activation='softmax')
11  ])
12  model.compile(
13      optimizer='adam',
14      loss='sparse_categorical_crossentropy',
15      metrics=['accuracy']
16  )
17  model.fit(x_train, y_train, epochs=10)
```

[결과]
```
Epoch 1/10
1875/1875 [==============================] - 12s 6ms/step - loss: 0.2229 - accuracy: 0.9320
Epoch 2/10
1875/1875 [==============================] - 12s 6ms/step - loss: 0.1087 - accuracy: 0.9668
... 중략 ...
Epoch 10/10
1875/1875 [==============================] - 12s 6ms/step - loss: 0.0368 - accuracy: 0.9889
```

코드 06-03-03은 단 17줄의 코드로 학습데이터를 정규화하고, 모델을 생성하고 학습까지 완료하였습니다. 단 10회 'epochs'의 반복학습 만으로 98.77%의 정확도(accuracy)를 확인하였습니다. 매우 높은 성능을 나타내었습니다. 각 코드의 설명은 다음과 같습니다.

2줄. x_train = np.array(x_train) / 255.0: 'x_train' 배열에 저장된 이미지 데이터를 0에서 1 사이의 값으로 정규화합니다. 이것은 이미지 픽셀 값을 255로 나누어서 수행됩니다.

3줄. y_train = np.array(y_train): 'y_train' 배열에 저장된 레이블을 'NumPy' 배열로 변환합니다.

4-11줄. 'TensorFlow'의 'Sequential' 모델을 생성합니다. 이 모델은 여러 층을 연결한 신경망을 나타냅니다. 첫 번째 층은 'Flatten' 층으로, 28x28 픽셀의 이미지를 일차원 배열로 펼칩니다. 이것은 이미지를 신경망에 입력하기 위해 필요합니다. 두 번째 층은 512개의 뉴런을 가지며 활성화 함수로 'relu'를 사용합니다. 세 번째 층은 20%의 드롭아웃을 적용하는 'Dropout' 층입니다. 이것은 과적합을 방지하기 위해 사용됩니다. 네 번째 층은 256개의 뉴런을 가지며 활성화 함수로 'relu'를 사용합니다. 다섯 번째 층은 다시 20%의 드롭아웃을 적용합니다. 여섯 번째 층은 출력 레이어로, 10개의 뉴런을 가지며 활성화 함수로 'softmax'를 사용합니다. 이것은 다중 클래스 분류 문제에 적합한 활성화 함수입니다.

12-16줄. model.compile(...): 모델을 컴파일합니다. 손실 함수로 'sparse_categorical_crossentropy'를 사용하고, 옵티마이저로 'adam'을 사용합니다. 정확도 지표를 설정하여 학습 중에 모델의 성능을 모니터링할 수 있습니다.

17줄. model.fit(x_train, y_train, epochs=10): 'model.fit' 함수를 사용하여 모델을 학습시킵니다. 'x_train'은 입력 데이터이고, 'y_train'은 실제 숫자를 나타낸 레이블입니다. 'epochs'는 반복횟수를 의미하며, 이 횟수만큼 전체 데이터를 반복하여 학습합니다.

이렇게 생성된 모델은 손글씨 숫자 이미지를 입력으로 받아 실제 숫자 값의 레이블을 학습하였습니다. 반복학습 'epochs'는 10으로 설정되어 있는데, 그 성능은 98.77%로 나타났습니다. 텐서플로우 라이브러리를 이용한 6개 층의 딥러닝 학습은 쉽고, 학습 속도도 빠르고, 예측 결과도 놀라운 수준입니다. 사용하지 않아야 할 이유가 전혀 없습니다.

[코드 06-03-04] 모델의 테스트 데이터 성능 검증

```
1   # 모델의 테스트 데이터 성능 검증_06_03_04
2   test_data_file = open("mnist_test.csv", 'r')   # 테스트 데이터 파일을 로드
3   test_data_list = test_data_file.readlines()
4   test_data_file.close()
5   x_test = []
6   y_test = []
7   for record in test_data_list:
8       all_values = record.split(',')
9       label = int(all_values[0])
10      y_test.append(label)
11      image_array = np.asfarray(all_values[1:]).reshape((28, 28))
12      x_test.append(image_array)
13  x_test = np.array(x_test) / 255.0
14  y_test = np.array(y_test)
15  test_loss, test_accuracy = model.evaluate(x_test, y_test, verbose=1)
16  print(f"Test Accuracy: {test_accuracy*100:.2f}%")
```

[결과]
313/313 - 1s - loss: 0.0796 - accuracy: 0.9808 - 618ms/epoch - 2ms/step
Test Accuracy: 98.01%

코드 06-03-04는 학습된 모델에 대해 테스트 데이터를 활용하여 성능을 검증하는 목적으로 작성된 것입니다. 테스트 데이터 'mnist_test.csv'를 불러와서 읽고 표준화시킨 후, 기존 학습된 모델에 적용한 후, 결괏값을 산출했습니다. 테스트 데이터의 샘플 수는 10,000개입니다. 테스트 데이터는 학습된 모델로 손글씨 숫자를 인식하여 예측한 후, 실제 손글씨 결괏값을 얼마나 잘 예측하는가를 나타내고 있습니다. 앞에서 모두 설명된 내용의 코드이기 때문에 다시 반복해서 코드에 대해 설명은 하지 않겠습니다. 최종 테스트 표본을 대상으로 예측한 결과 정확도가 98.08%로 나타났습니다. 놀라운 예측 결과입니다. 딥러닝의 성능은 전통적 통계모형과는 비교할 수 없을 것 같습니다.

우리는 손글씨 숫자를 인식하는 딥러닝 모델을 개발하였습니다. 학습 데이터 12,000개를 통하여 98.9%의 정확성을 가진 딥러닝 모델을 개발하였습니다. 또한 10,000개 테스트 데이터를 통해 전혀 새로운 데이터에도 98.01%의 정확도를 확인하였습니다. 그런데, 매번 사용할 때마다 다시 학습을 시킬 수는 없을 것 같습니다. 데이터 사이즈가 크다면 학습하는데, 수 시간 또는 수 일이 걸릴 수 있기 때문입니다. 그렇다면 우리는 만족스러운 성능을 확인한 이 모델을 저장하고 싶어집니다. 다음에 학습 없이 이 모델을 불러와서 그냥 사용만 하면 좋을 듯합니다. 만족스러운 성능을 확인한 이 모델을 저장한 후, 다시 불러와서 현실에서 사용하려고 합니다.

```
[코드 06-03-05] 개발된 딥러닝 모델 저장                                    ☒

# 개발된 딥러닝 모델 저장_06_03_05
model.save("number_model.keras")

[결과]
```

코드 06-03-05는 딥러닝 모델을 저장하는 코드입니다. 텐서플로우로 훈련한 모델을 파일로 저장하게 됩니다. 이 코드를 실행하면 딥러닝의 구조와 가중치 등이 "number_model.keras"라는 파일에 저장됩니다. 이렇게 저장된 모델은 나중에 다시 불러와서 재사용하거나 다른 컴퓨터 또는 다른 환경에서 모델을 공유하는 데 사용할 수 있습니다. 현재 폴더에 "number_model.keras"라는 이름으로 파일이 저장되었다면 성공한 것입니다. 축하드립니다. 모델을 만들고 검증하고, 저장까지 성공하였습니다. 여러분은 성능이 우수한 손글씨 숫자 인식 딥러닝 모델을 개발하였습니다.

6-4. 텐서플로우2: 딥러닝 모델 사용

성공적으로 딥러닝 알고리즘을 개발하였고, 저장까지 하였다면 컴퓨터용 웹사이트이든 휴대폰 앱이든 저장된 모델을 불러와서 사용할 수 있습니다. 간단히 저장된 모델을 불러와 적용해 보도록 하겠습니다. 지금까지 우리가 했던 작업들은 처음부터 복귀를 해 보겠습니다. 딥러닝 알고리즘 개발을 위해 가장 먼저 데이터를 수집하였습니다. 직접 수집할 수도 있겠지만, MNIST라는 손글씨 인식을 위해 흔히 사용되고 있는 기존 데이터를 수집하였습니다. 데이터는 전체 70,000개였고, 그중 임의로 12,000개의 훈련용 데이터로 축소하였고 10,000개의 검증용 테스트 데이터로 구분되어 있습니다.

훈련용 데이터로 학습을 시켰고, 우수한 성능을 확인도 하였습니다. 그러나 현재 개발된 모델은 이미 학습되어 있던 데이터에만 잘 맞을 수 있을 것이라는 의문을 가질 수 있습니다. 학습 데이터가 아닌 딥러닝 모델이 한 번도 본 적이 없었던 손글씨 10,000개를 검증용 데이터, 즉 테스트용 데이터를 대상으로 교차검증을 하여야 한다고 생각해 볼 수 있습니다. 테스트용 데이터를 대상으로 우리가 만든 딥러닝 모델이 잘 맞는다는 것도 확인하였습니다. 그리고 저장까지 성공하였습니다. 그렇다면, 저장된 딥러닝 모형을 불러와서 손글씨 숫자를 인식하는 서비스를 구현해 보시지요.

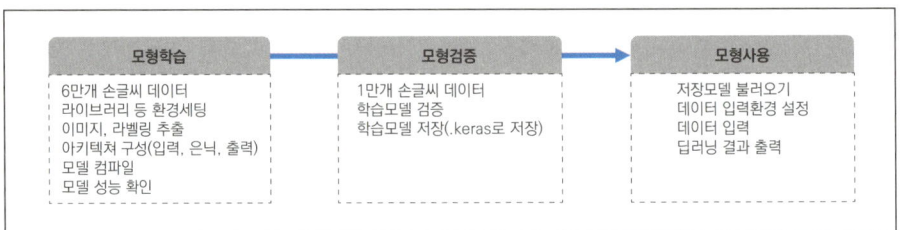

그림 6-4. 딥러닝 알고리즘 개발 과정

●●● 손글씨 숫자 데이터

여기 0에서 9까지의 손글씨 숫자가 있습니다. 사진으로 입력을 받아서 딥러닝이 식별한 숫자 값을 출력하는 서비스입니다. 손글씨를 파일로 입력을 받아서 딥러닝 알고리즘이 분석을 하여 딥러닝이 판단한 결과를 출력하는 모델입니다. 전체 과정은 그림 6-5와 같습니다. 파일폴더에 'example_0'부터 'example_9'까지 제가 직접 손으로 쓴 손글씨 10개가 있습니다. 우리가 개발한 손글씨 숫자 인식 딥러닝이 이 손글씨를 잘 인식하는지 확인하려고 합니다. 파일 확장자는 모두 'png'입니다.

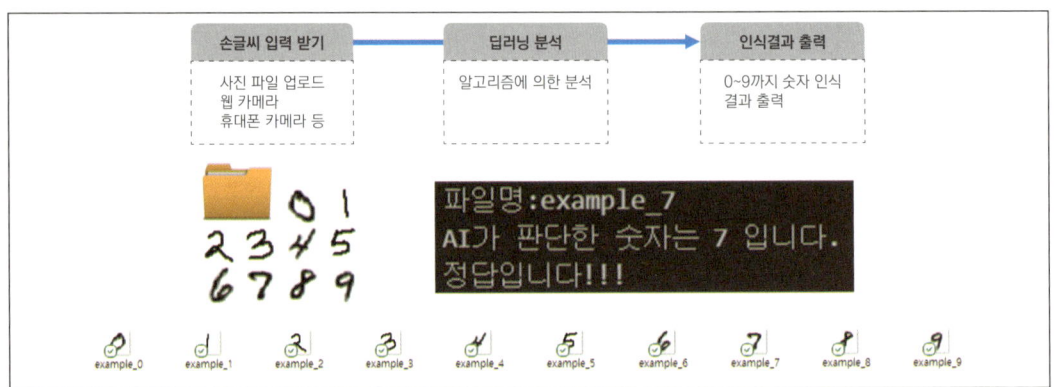

그림 6-5. 손글씨 입력과 결과 출력

●●● 손글씨 숫자 파일 불러오기

손글씨로 작성된 숫자파일을 불러와서 우리가 만든 딥러닝 모델로 예측하는 서비스를 만들려고 합니다. 모두 제가 쓴 손글씨를 28×28 픽셀로서 png 확장자를 가진 파일로 저장하였습니다. 'example_0.png'는 손글씨 숫자 0, 'example_1.png'는 손글씨 숫자 1, 'example_2.png'는 손글씨 숫자 2, 'example_3.png'는 손글씨 숫자 3, 'example_4.png'는 손글씨 숫자 4, 'example_5.png'는 손글씨 숫자 5, 'example_6.png'는 손글씨 숫자 6, 'example_7.png'는 손글씨 숫자 7, 'example_8.png'는 손글씨 숫자 8, 'example_9.png'

는 손글씨 숫자 9를 저장한 파일입니다. 파일이름과 손글씨 숫자를 일치하도록 하였습니다. 물론 우리의 예에서는 파일을 사용하고 있지만, 휴대폰 사진이라든지, 또는 웹카메라 등으로 입력되는 손글씨 숫사라고 생각하셔도 무방합니다. 우선 우리가 쓴 손글씨를 파이썬에서 사용할 수 있도록 불러오겠습니다.

[코드 06-04-01] 손글씨 숫자파일 불러오기

```
1   # 손글씨 파일 불러오기_06_04_01
2   import glob
3   import imageio.v2 as imageio
4   import numpy as np
5   number_data = []
6   for image_file_name in glob.glob('example_?.png'):
7       label = int(image_file_name[-5:-4])
8       print("불러오기 성공했습니다.", image_file_name)
9       img_array = imageio.imread(image_file_name, mode='L')
10      img_data = 255.0 - img_array.reshape(784)
11      img_data = (img_data / 255.0 * 0.99) + 0.01
12      record = np.append(label, img_data)
13      number_data.append(record)
14  inputs = np.array([record[1:] for record in number_data]).reshape(-1, 28, 28)
```

[결과]
불러오기 성공했습니다. example_0.png
불러오기 성공했습니다. example_1.png
...생략...
불러오기 성공했습니다. example_9.png

파일을 모두 잘 불러왔습니다. 하나하나 불러올 때마다 출력하니, 파일이 잘 로딩되었는지 확인하기 쉽네요. 코드 06-04-01에 대해 설명하겠습니다.

2-4줄. import glob: 파일을 부르는데 필요한 라이브러리 및 모듈을 가져옵니다.

5줄. number_data = [ ]: 빈 리스트인 'number_data'를 생성합니다. 이 리스트는 손글씨 이미지 데이터를 저장할 용도로 사용됩니다.

6줄. for image_file_name in glob.glob('example_?.png'): 현재 디렉토리에서 파일 이름이 'example_'로 시작하고 그 뒤에 한 자리 숫자가 오는 파일들을 찾기 위해 'glob.glob( )' 함수를 사용합니다. 이렇게 찾은 파일들을 하나씩 순회하면서 아래의 코드 블록을 실행합니다.

7줄. label = int(image_file_name[-5:-4]): 이미지 파일 이름에서 레이블 값을 추출합니다. 파일 이름의 마지막 5번째 문자(한 자리 숫자)를 추출하고 이를 정수로 변환하여 'label' 변수에 저장합니다.

8줄. print("불러오기 성공했습니다.", image_file_name): 이미지 파일이 성공적으로 불러왔음을 알리는 메시지를 출력합니다.

9줄. img_array = imageio.imread(image_file_name, mode='L'): 'imageio' 라이브러리를 사용하여 이미지 파일을 읽어들입니다. 'mode='L''옵션은 이미지를 흑백 모드로 읽어들이도록 지정합니다.

10줄. img_data = 255.0 - img_array.reshape(784): 이미지 데이터를 전처리합니다. 흑백 이미지이므로 픽셀 값은 0부터 255까지의 값을 가집니다. 이 값을 255에서 뺌으로써 흑백 반전을 수행하고, 'reshape(784)' 함수를 사용하여 이미지를 28x28 크기의 1차원 배열로 변환합니다.

11줄. img_data = (img_data / 255.0 * 0.99) + 0.01: 이미지 데이터의 값을 0과 1 사이의 범위로 정규화합니다. 이 과정은 신경망 모델 학습을 위해 필요한 전처리 단계 중 하나입니다.

12줄. record = np.append(label, img_data): 이미지의 레이블과 정규화된 이미지 데이터를 결합하여 하나의 데이터 레코드로 만듭니다. 'label' 값은 레이블, 'img_data'는 이미지 데이터를 포함하고 있습니다.

13줄. number_data.append(record): 데이터 레코드를 'number_data' 리스트에 추가합니다.

14줄. inputs = np.array([record[1:] for record in number_data]).reshape(-1, 28, 28): 모든 이미지 데이터를 'NumPy' 배열로 변환합니다. 이 배열은 모델의 입력으로 사용될 것이며, 28x28 크기의 이미지가 여러 개 쌓인 형태로 구성됩니다.

이 코드를 통해 'example_?.png'와 같은 파일 이름 패턴을 가진 손글씨 이미지를 불러와서 전처리하고, 최종적으로 모델에 입력할 수 있는 형태로 데이터를 구성하는 작업을 수행하게 됩니다.

●●● 손글씨 숫자 파일 불러오기

이제 모든 준비는 끝났습니다. 저장된 손글씨 파일을 지정해서 제대로 판단하**는지 적용만** 하면 될 것 같습니다. 이제 곧 마무리됩니다. 딥러닝이 손글씨 숫자를 인식하는 마법**이 일어** 나게 되었습니다.

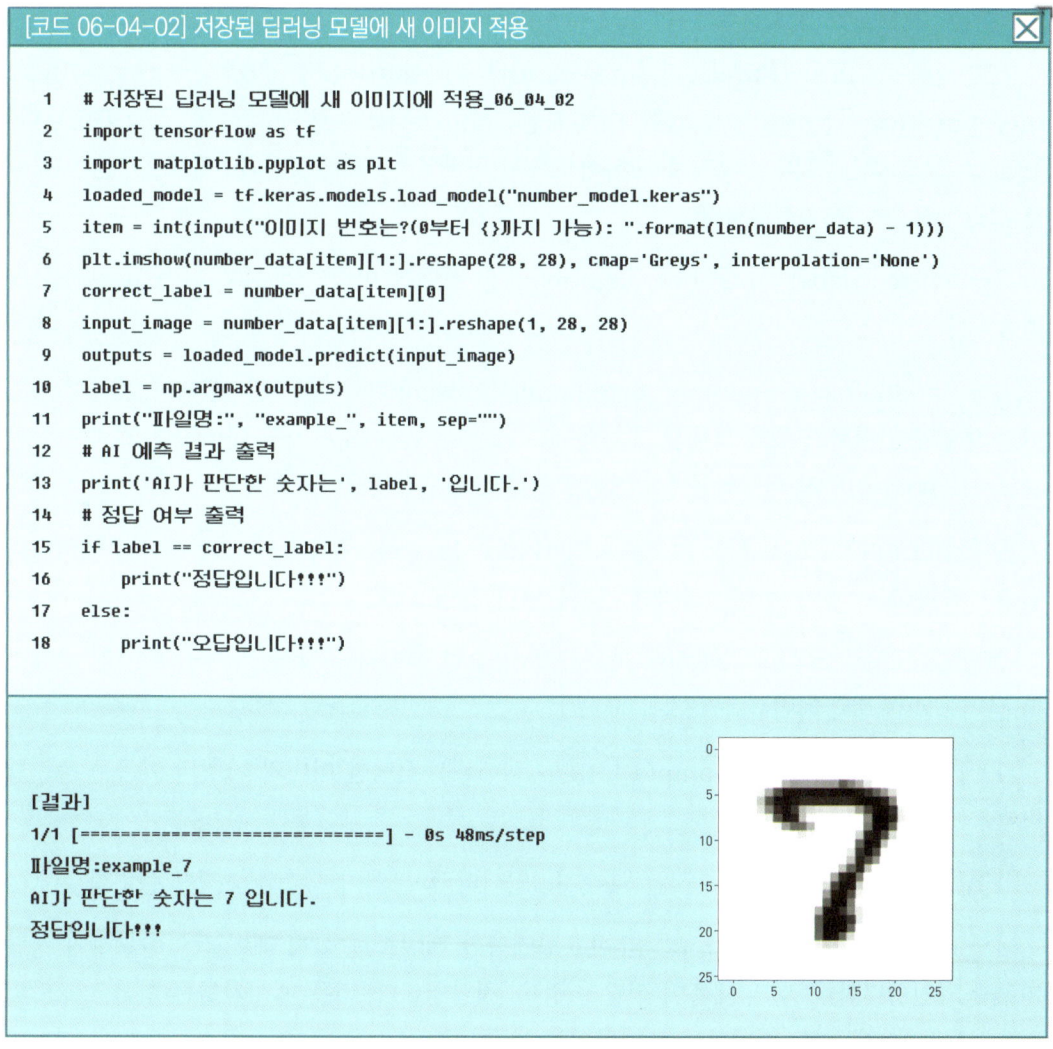

코드 06-04-02는 저장된 딥러닝 모델에 손글씨 숫자 파일을 적용하고 모델이 해당 손글 씨 숫자 파일의 이미지를 통하여 실제 숫자를 예측하는 모델입니다. 'example_7'을 로딩해 서 딥러닝이 7로 판단을 하였습니다. 딥러닝의 판단은 정확했습니다. 정답이라는 문장을 출 력하였습니다.

4줄. loaded_model = tf.keras.models.load_model("number_model.keras"): 저장된 딥러닝 모델을 불러옵니다. "number_model.keras"는 모델 파일의 이름을 나타냅니다.

5줄. item = int(input("이미지 번호는?(0부터 {}까지 가능): ".format(len(number_data) - 1))): 사용자로부터 이미지 번호를 입력받습니다. 이 번호는 'number_data' 리스트에 저장된 이미지 데이터 중에서 선택하는 데 사용됩니다.

6줄. plt.imshow(number_data[item][1:].reshape(28, 28), cmap='Greys', interpolation='None'): 선택한 이미지를 'Matplotlib'을 사용하여 시각화합니다. 'cmap='Greys''는 흑백 이미지로 표시하도록 설정하고, 'interpolation='None''은 이미지를 보간하지 않도록 설정합니다.

7줄. correct_label = number_data[item][0]: 선택한 이미지의 실제 레이블(정답)을 가져옵니다.

8줄. input_image = number_data[item][1:].reshape(1, 28, 28): 선택한 이미지 데이터를 모델에 입력하기 위해 형태를 변경합니다. 모델은 28x28 크기의 이미지를 입력으로 받으므로, 선택한 이미지 데이터를 1×28x28 형태로 재구성합니다.

9줄. outputs = loaded_model.predict(input_image): 모델에 선택한 이미지 데이터를 입력으로 주고, 모델이 예측한 결과를 가져옵니다.

10줄. label = np.argmax(outputs): 모델의 출력 중에서 가장 높은 확률을 가진 클래스를 선택하여 예측된 레이블을 가져옵니다.

11줄. print("파일명:", "example_", item, sep=""): 선택한 이미지 파일의 이름을 출력합니다.

13줄. print('AI가 판단한 숫자는', label, '입니다.'): 모델이 예측한 숫자를 출력합니다.

15-18줄. if label == correct_label ...: 예측한 레이블과 실제 레이블을 비교하여 정답 여부를 확인합니다. 모델의 예측이 정답일 경우 "정답입니다!"라는 메시지를 출력하고 오답일 경우 "오답입니다!"라는 메시지를 출력합니다.

이 장에서 우리는 공개된 MNIST 손글씨 인식 데이터를 활용하여 딥러닝 모델의 학습과 검증 그리고 저장해서 실제 사용까지 적용해 보았습니다. 딥러닝은 커다란 가중치를 계산한 숫자 덩어리일 뿐입니다. 어떤 데이터를 활용하여 딥러닝 모델을 만들 것인가는 매우 중요한 문제입니다. 수집된 자료의 질이 곧 딥러닝 모델의 수준을 나타내기 때문입니다. 지금까지 여러분들은 딥러닝에 대해 완전히 경험해 보았습니다. 이제부터는 스포츠데이터를 활용해 딥러닝으로 모형을 분석하고, 성능을 검증하는 다양한 알고리즘들에 대해 알아보도록 할 것입니다. 다음 장에서는 스포츠데이터를 활용한 딥러닝 모델을 적용해 보겠습니다.

7장
신체데이터 활용 체형분류 예제

7-1. 히스-카터 체형분류 이론 SOMATOTYPE
7-2. 체형분류를 위한 딥러닝 분석 설계
7-3. 체형분류 딥러닝 모델 개발
7-4. 체형분류 딥러닝 서비스 활용

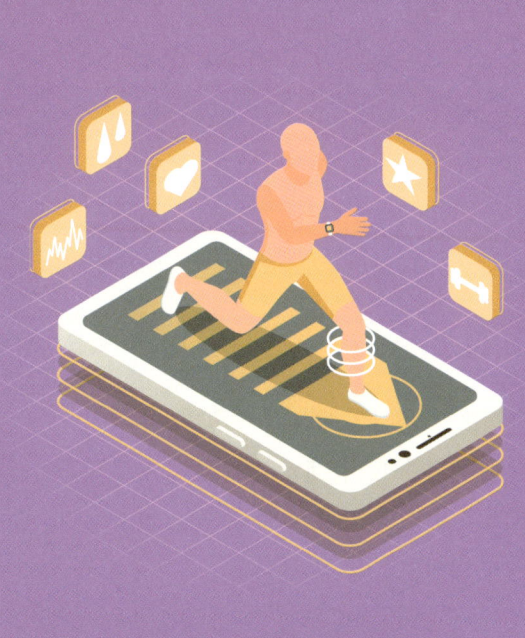

7장
신체데이터 활용 체형분류 예제

이제부터는 본격적으로 스포츠의 변수를 사용해 딥러닝을 적용하겠습니다. 가장 먼저 신체데이터를 활용해 히스-카터 체형분류법(Heath-Carter's SOMATOTYPE)으로 인간의 체형분류를 위해 딥러닝을 적용하겠습니다. 전통적으로 히스-카터 체형분류법은 인간 신체의 외형과 구성성분에 근거하여 내배엽, 중배엽, 외배엽의 3차원적 체형 요소를 수치로 객관화한 이론입니다. 의학, 운동과학, 생물학, 인류학, 의류공학 등 다양한 분야에서 연구와 실무에 활용이 되었습니다. 최근에는 체형 측정자의 전문성 결여에 따른 신뢰도 저하와 다른 사람의 몸을 손으로 만져야 하는 데 따른 거부감 때문에 많이 사용되지 않는 듯합니다. 생체전기저항법(BIA: bio electrical impedence analysis)으로 체형분석 딥러닝 모델링이 가능할 것 같습니다. 이 장에서는 신장, 체중, 체지방량, 근육량 등 BIA 장비에서 수집되는 신체데이터를 활용해 히스-카터 이론에 따른 체형분류 딥러닝 모델을 만들겠습니다.

7-1. 히스-카터의 체형분류 이론 SOMATOTYPE

고전적으로 인간의 체형은 다양한 분야 학자들로부터 관심을 받아왔습니다. 심리학자들은 인간의 체형에 따라 개인의 성격이 다르게 형성될 것이라는 생각으로 연구를 해 왔고, 의사들은 특정 질병에 잘 걸리는 체형이 있을 것이라는 생각으로 연구를 해 왔습니다. 1940년 대에 미국 심리학자인 셀돈(W.H. Sheldon)은 인간의 체형을 내배엽, 중배엽 그리고 외배엽으로 구분한 바 있습니다. 내배엽은 상대적으로 지방이 잘 발달한 사람, 중배엽은 상대적으로 근육형의 체형을 가진 사람을 의미합니다. 그리고 외배엽은 상대적으로 신체가 길어 보이는 체형을 나타냅니다. 즉, 셀돈은 인간의 신체외형과 체지방량, 근육량을 근거로 하여 세 개의 체형으로 범주화하였던 것입니다.

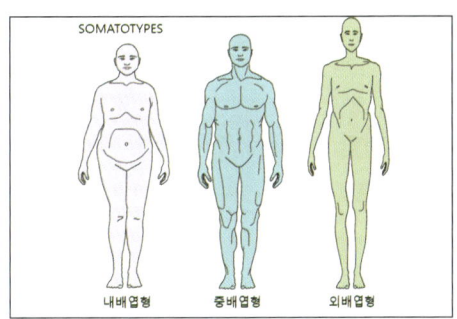

그림 7-1. Sheldon의 체형분류법

●●● 히스-카터의 체형분류법

히스(B. Heath)와 카터(L. Carter)는 셀돈의 체형분류법을 응용하여 내배엽, 중배엽, 외배엽을 기본 축으로 하는 체형유형분류(SOMATOTYPE) 이론을 발표했습니다. 체형유형분류 이론은 내배엽, 중배엽, 외배엽을 기본으로 체형을 13개 범주를 구분하는 방법입니다. 셀돈의 제자였던 히스와 카터는 객관적 인체측정 데이터를 활용해 체형을 객관적으로 분류하려 시도했습니다. 신장, 체중, 피하지방두께(상완삼두, 견갑골 하단, 종아리, 상장골 측면)와 신체둘레(상완, 종아리), 그리고 뼈너비(상완골, 대퇴골)의 10개 신체 부위를 데이터를 통해 인간체형에 대한 객관적 데이터를 획득하였습니다. 히스와 카터는 신체 10개 부위 데이터로부터 내배엽, 중배엽, 외배엽의 값을 산출하는 공식을 개발하였고, 객관적 숫자로 인간의 체형을 나타낼 수 있었습니다. 히스-카터 체형분류법은 항상 세 개의 숫자로 나타냅니다. 첫 번째는 내배엽(endomorph), 두 번째는 중배엽(mesomorph), 세 번째는 외배엽(ectomorph)의 값을 의미합니다. 예를 들어 체형값이 4-6-1이라면 첫 번째 4는 내배엽 성향, 두 번째 6은 중배엽 성향 그리고 세 번째 1은 외배엽 성향의 값을 표현한 것입니다. 4-6-1의 체형은 중배엽이 가장 잘 발달하였고, 사지가 다소 짧아 보이는 체형이라고 설명할 수 있습니다.

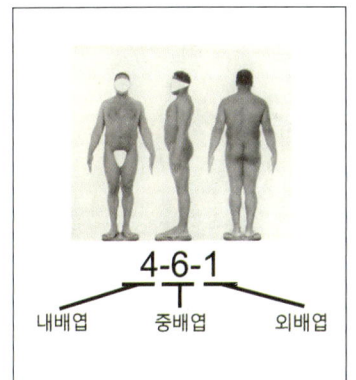

그림 7-2. 체형을 숫자형태로 표시

내배엽 계산 = $-0.7182+0.1451 \times \Sigma SF - 0.00068 \times \Sigma SF^2 + 0.0000014 \times \Sigma SF^3$
여기서, SF는 피하지방(상완삼두, 견갑골 하단, 종아리, 상장골측면) 두께임.

중배엽 계산 = $0.858 \times$상완너비$+0.601 \times$대퇴너비$+0.188 \times$상완둘레$+0.161 \times$종아리둘레$-0.131 \times$신장$+4.5$

IF 신장과 체중 비율(HWR)이 40.75이상일 때,
외배엽 계산 = $0.732 \times HWR - 28.58$
IF 신장과 체중 비율(HWR)이 40.75 - 38.25범위일 때,
외배엽 계산 = $0.463 \times HWR - 17.63$
I/F 신장과 체중 비율(HWR)이 38.25이하일 때,
외배엽 계산 = 0.1

●●● 체형의 시각화

히스-카터 체형분류법의 장점은 체형을 차트에 시각화하여 서로 비교할 수 있다는 것입니다. 내배엽, 중배엽, 외배엽의 세 축에서 체형을 X와 Y좌표를 이용해 2차원으로 그림 7-2와 같이 차트를 만들 수 있습니다. 이때 X축 값은 외배엽에서 내배엽의 값을 뺌으로써 얻게 되고, Y축 값은 중배엽을 2로 곱한 후, 내배엽과 외배엽을 합한 값을 빼게 됩니다. 인간의 체형을 차트에 시각화함으로써 서로의 체형을 비교하기 쉽게 만들었습니다.

$$x축 = 외배엽 - 내배엽$$

$$y축 = 2 \times 중배엽 - (내배엽 + 외비엽)$$

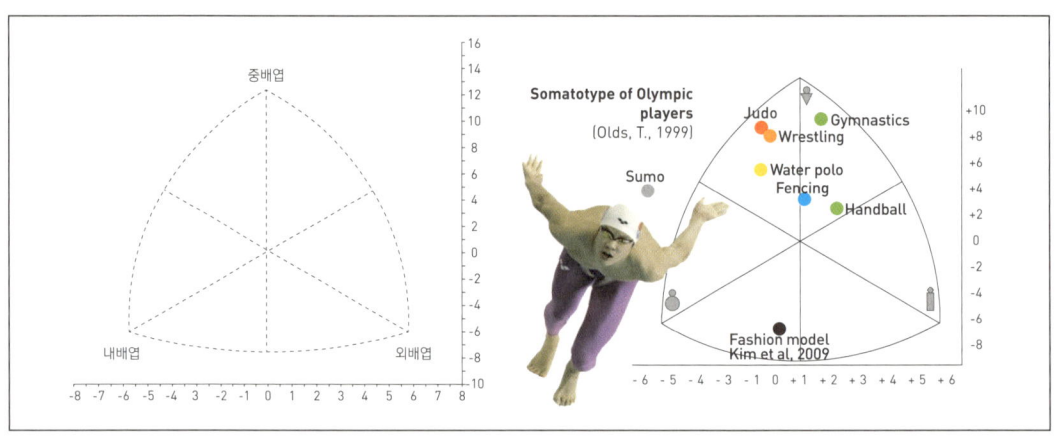

그림 7-3. 체형차트(좌) 와 종목별 운동선수의 시각화(우)

●●● 히스-카터 체형분류법의 문제점

히스-카터 체형분류법은 1970년대와 1980년대에 다양한 학문 분야에서 사용되었습니다. 특히, 스포츠과학자들은 운동선수들의 체형을 비교하거나, 종목별 우수선수를 발굴하기 위한 목적으로 히스-카터의 체형분류 이론을 적용했습니다. 운동선수들을 대상으로 인체측정을 이용한 자료를 수집한 후, 계산공식에 삽입하여 내배엽, 중배엽, 외배엽 값을 산출했습니다. 국제인체측정전문가회(ISAK: The International Society for the Advancement of Kinanthropometry)는 인체측정 전문가 양성을 위한 인증과정을 개설하고 있습니다. 히스-카터 체형분류법에서 요구하는 측정치(피하지방 두께, 신체너비, 신체둘레 등)를 직접측정해야하는 데 따르는

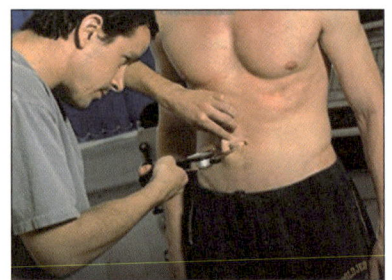

그림 7-4. 인체측정 장면

전문성이 필요하기 때문입니다.

전문성이 없는 측정자에 의해서 수집된 자료는 신뢰하기 어렵습니다. 공식으로 산출된 체형값도 신뢰하기 어려울 것입니다. 피측정자의 신체를 측정자에게 노출하는 데 따르는 거부감도 적지 않습니다. 특히, 신체의 민감 부위를 터치해야 하므로 측정의 거부감은 더욱 커질 것 같습니다. 따라서 딥러닝 모델이 히스-카터 체형분류법을 학습한 후 신체 비접촉으로 체형값을 산출한다면 이 문제들은 해결될 것 같습니다.

7-2. 체형분류를 위한 딥러닝 분석설계

히스-카터 체형분류법은 도구를 이용해 피하지방두께, 신체너비, 신체둘레 등을 측정해야 합니다. 앞에서 문제제기 하였듯, 측정자의 숙련도에 따라 수집된 자료의 신뢰도는 달라지고, 신체 민감부위를 만져야 하는 데 따른 거부감도 체형분류법 적용의 문제점입니다. 이런 생각을 해 봤습니다. BIA(생체전기저항법) 제품에서 제공하는 성별, 신장, 체중, 지방량, 근육량의 데이터를 수집하여 내배엽, 중배엽, 외배엽을 분류하면 어떨까? 히스-카터 체형분류이론은 신체외형과 신체구성의 측정치를 이용해 체형값을 산출하므로 이론적으로는 문제되지 않을 듯합니다. 딥러닝으로 학습만 잘 시킨다면 피측정자의 신체를 만지지 않아도 히스-카터 체형분류법을 적용할 수 있다는 생각입니다. 40년대에 소개되었던 히스-카터 체형분류 이론을 인공지능 시대를 맞아 새로운 모델로 혁신할 수 있겠다는 생각입니다. 이 책에서는 딥러닝 학습을 위해 사용 가능한 샘플 데이터를 제시했습니다. 정밀한 딥러닝 설계는 연구논문으로 발표할 예정입니다. 아이디어를 참고하여 앞으로 진보된 체형분류이론에 대한 논의가 진행되면 좋겠습니다.

●●● 예제 데이터 살펴보기

우리는 BIA로 측정한 신체구성 자료를 이용해 체형을 예측하는 딥러닝 모델을 만들기로 했습니다. 우선 데이터를 준비해야 합니다. 마침 우리 연구실(한국체육대학교 스포츠분석센터)은 한국연구재단 지원으로 3D 사진 스캐너를 이용한 체형분류 연구를 수행하고 있습니다. 3D 사진을 촬영하여 신체구성 성분과 체형을 예측하여 잠재적 질병 발병가능성을 추정하는 딥러닝 모델 개발입니다. 3D 사진뿐 아니라 DEXA(dual-energy X-ray absorptiometry), BIA, 인체측정 등과 개인의 병력 관련 데이터를 수집하고 있습니다. 이 자료 중 일부를 딥러닝 실습자료로 재구성했습니다. 예제 데이터의 학술적 의미는 없으니, 딥러닝 모델 구현에 관심을 두시면 되겠습니다.

파일명은 'somatotype.csv'입니다. 파일을 열어 데이터를 살펴보겠습니다. A부터 H까지 여덟 개의 칼럼을 사용하고 있습니다. 'NO'는 피검사자의 일련번호에 해당합니다. 'gender' 변수는 남자 '1' 그리고 여자 '2'의 값을 부여했습니다. 'height'는 신장, 'weight'는 체중, 'fat_kg'은 지방량, 'mm_kg'는 근육량입니다. 그리고 'somatotype'은 체형으로서 '0'은 내배엽, '1'은 중배엽, '2'는 내배엽을 의미합니다. 'somatotype'을 제외하면 모두 BIA로 수집 가능한 변수입니다. 여기서 목표변수는 'somatotype'입니다. 즉, 이 모델은 성, 신장, 체중, 지방량, 근육량을 변수로 투입하여 체형을 분류하는 딥러닝 모델을 구현하는 것입니다.

	A	B	C	D	E	F	G
1	NO	gender	height	weight	fat_kg	mm_kg	somatotype
2	1	1	177.07	70.7	13.9	53.4	1
3	2	1	175.68	68.4	3.7	61.1	1
4	3	1	174.38	74.8	12.1	59.1	1
5	4	1	169.64	65.1	6.4	55.3	1

그림 7-5. 'somatotype.csv' 예제 데이터 보기

●●● 딥러닝 아키텍처 설계

이제 BIA로 측정된 데이터를 딥러닝 모델에 투입하여 체형을 분류하는 딥러닝 기본 구조를 설계해야 합니다. 딥러닝 아키텍처(architecture) 설계라고도 부릅니다. 입력데이터는 성(gender), 신장(height), 체중(weight), 지방량(fat_kg), 근육량(mm_kg)으로 다섯 개입니다. 그리고 출력데이터는 체형(somatotype)입니다. 출력층은 세 개의 범주가 있습니다. 내배엽, 중배엽, 외배엽입니다. 성, 신장, 체중, 지방량, 근육량의 데이터를 받아 은닉층1, 은닉층2, 은닉층3을 거쳐 체형을 구분합니다. 출력층의 결괏값을 산출하는 방법은 다양할 수 있습니다. 내배엽, 중배엽, 외배엽의 세 범주 중 하나를 선택하는 모델이 있을 수 있습니다. 이때는 확률 총합이 1이 되어야 합니다. 다른 방법으로는 내배엽, 중배엽, 외배엽의 확률값을 각각 따로 추정하는 방법도 있습니다. 이때는 확률값의 총합이 이론적으로는 3의 값을 가집니다.

체형분류이론을 살펴본 바에 따르면, 체형은 내배엽 성향과 중배엽 성향을 동시에 가질 수 있습니다. 또는 외배엽 성향도 함께 가질 수 있습니다. 즉, 지방이 많으면서 동시에 근골격이 잘 발달한 체형도 있고, 지방이 많으면서 동시에 신체가 길어 보이는 체형도 있습니다. 그

렇다면 출력층의 각 노드별로 확률값을 산출하는 것이 좋겠다는 생각입니다. 그래서 은닉층에서는 ReLU 활성함수 그리고 출력층에서는 Sigmoid 활성함수를 사용하는 것이 적절하다는 생각입니다. 예제 데이터에서 입력층과 출력층 변수 데이터를 다음과 같이 설정할 수 있습니다. 전체 심층 신경망, 즉 딥러닝 모형을 그림으로 나타내면 그림 7-6과 같습니다. 입력층 하나, 은닉층 셋, 출력층 하나의 신경망 구조를 계획했습니다.

- ▶입력층 노드 : 성, 신장, 체중, 지방량, 근육량
- ▶은닉층1 노드 : node1, node2, node3…중간생략…node2559, node2560
- ▶은닉층2 노드 : node1, node2, node3…중간생략…node2559, node2560
- ▶은닉층3 노드: node1, node2, node3…중간생략…node1279, node1280
- ▶출력층 노드 : 내배엽, 중배엽, 외배엽

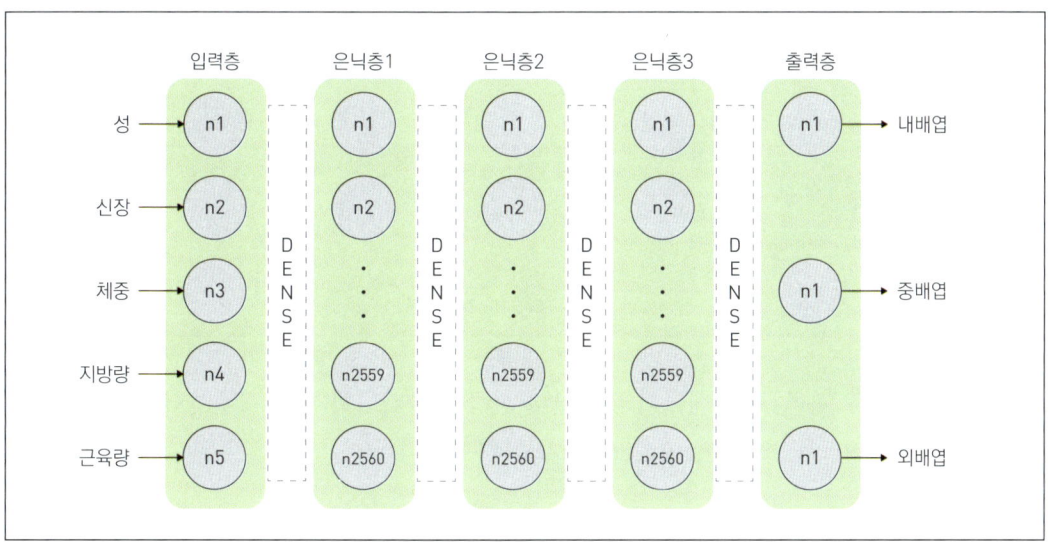

그림 7-6. 체형분류를 위한 기본 아키텍처

7-3. 체형분류 딥러닝 모델 개발

체형분류를 위한 데이터도 준비가 되었고, 기본 아키텍처에 대한 아이디어까지 정리했습니다. 이제 체형분류를 위한 딥러닝 모델을 개발하면 됩니다. VS Code에서 주피터노트북을 이용해 코드를 단계별로 진행하겠습니다. 항상 그렇듯 가장 먼저 해야 할 일은 필요한 라이브러리를 세팅하는 것입니다. 코드 07-03-01에 대한 설명은 생략하겠습니다.

[코드 07-03-01] 체형학습 라이브러리 세팅

```
1   #기본 라이브러리 세팅_07_03_01
2   import numpy as np
3   import pandas as pd
4   import tensorflow as tf
5   from sklearn.preprocessing import StandardScaler
6   data = pd.read_csv('somatotype.csv')
7   # data.info()
```

[결과]

[코드 07-03-02] 데이터 전처리

```
1   #데이터 전처리_07_03_02
2   y_data = data['somatotype'].values
3   print(y_data[:20])
4   x_data = data[['gender', 'height', 'weight', 'fat_kg', 'mm_kg']]
5   print(x_data[:1])
6   # x_data를 표준화
7   scaler = StandardScaler()
8   x_data_normalized = scaler.fit_transform(x_data)
9   print(x_data_normalized[:1])
```

[결과]
```
[1 1 1 1 1 1 1 1 1 0 2 1 1 1 1 1 1 1 1 1]
   gender  height  weight  fat_kg  mm_kg
0       1  177.07    70.7    13.9   53.4
[[-0.9537936  0.84503487  0.07325684 -0.57877768  0.47010085]]
```

코드 07-03-02는 입력된 데이터의 전처리 과정을 나타냅니다. 입력데이터와 출력데이터를 준비하고, 데이터를 표준화(standardization)하였습니다.

2줄. y_data = data['somatotype'].values: 데이터프레임에서 'somatotype' 열을 선택하고 '.values'를 사용하여 'NumPy' 배열로 변환하여 'y_data'를 생성합니다.

3줄. print(y_data[:20]): 'y_data'의 처음 20개 값을 출력합니다.

4줄. x_data = data[['gender', 'height', 'weight', 'fat_kg', 'mm_kg']]: 데이터프레임에서 'gender', 'height', 'weight', 'fat_kg', 'mm_kg' 열을 선택하여 'x_data'를 생성합니다.

5줄. print(x_data[:1]): 입력 데이터인 'x_data'의 처음 1개 행을 출력합니다.

7줄. scaler = StandardScaler( ): 데이터를 표준화하기 위해 'StandardScaler' 객체를 생성합니다.

8줄. x_data_normalized = scaler.fit_transform(x_data): 'fit_transform' 메서드를 사용하여 입력 데이터인 'x_data'를 표준화하고, 표준화된 데이터를 'x_data_normalized' 변수에 저장합니다.

9줄. print(x_data_normalized[:1]): 표준화된 입력 데이터인 'x_data_normalized'의 처음 1개 행을 출력합니다.

이 코드를 통해 주어진 입력데이터를 표준화했습니다. 데이터를 표준화한다는 의미는 각 특성의 평균을 0 그리고 표준편차를 1인 정규분포로 변환하는 것입니다. 표준화된 데이터를 입력하는 이유는 6장에서 설명하였습니다. 기본적으로 모델의 성능을 높이기 위한 다양한 방법 중 하나라고 이해하면 좋겠습니다.

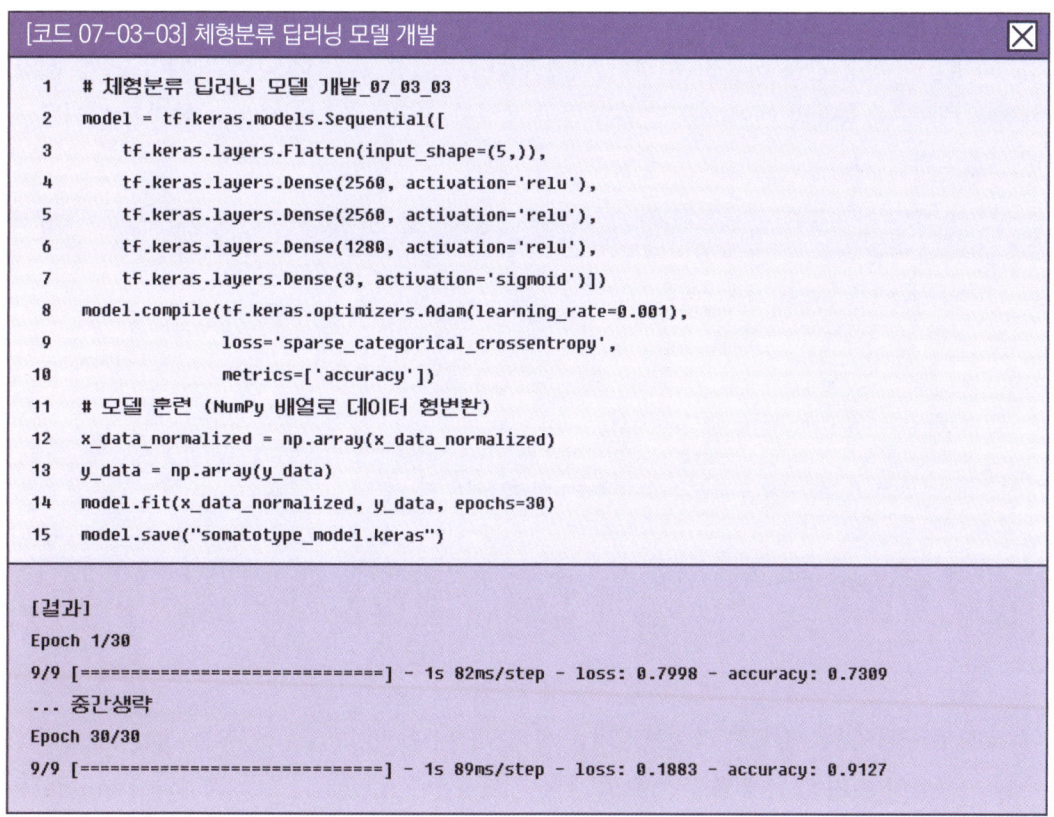

코드 07-03-03은 체형분류를 딥러닝 모델을 생성하고 훈련하는 과정을 진행합니다. 6장에서 수십 줄의 코드로 모델을 생성하였던 것을 주석(#)을 제외하면, 단 10줄의 코드만으로 체형분류를 위한 딥러닝 모델을 설정하고 훈련도 마쳤습니다. 에포크(epochs)는 30회 수행하였고, 정확도(accuracy)는 0.9127로서 나쁘지 않게 생성되었습니다. 학습된 모형은

'somatotype_model.keras'에 저장하였습니다. 저장된 모델을 불러서 BIA로 측정하는 신체 데이터를 활용해서 내배엽, 중배엽, 외배엽을 분류하는 딥러닝 서비스도 개발할 수 있을 듯합니다.

7-4. 체형분류 딥러닝 서비스 활용

BIA에서 측정되는 신체 데이터를 활용하여 체형을 분류하는 딥러닝 모델을 개발했습니다. 30회 반복 학습을 통해 91.27%의 성능을 확인했습니다. 그리고 'somatotype_model.keras'에 저장도 했습니다. 이제는 저장된 모형을 불러와 신체 데이터를 받아 내배엽, 중배엽, 외배엽의 체형 값을 산출하는 서비스를 만들어 보겠습니다. 더 나아가 개인의 성, 신장, 체중, 지방량, 근육량의 데이터를 입력을 받아 체형차트 위에 시각화하는 체형평가 딥러닝 서비스를 계획했습니다.

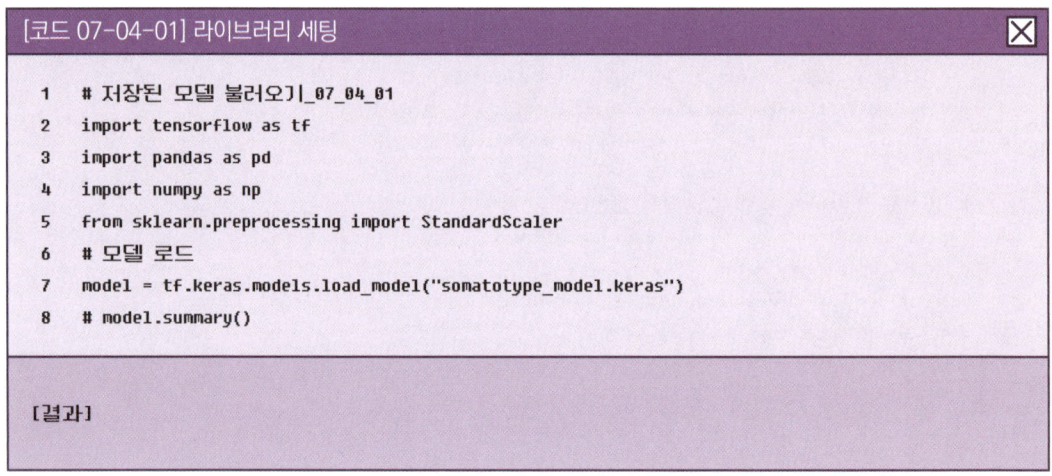

코드 07-04-01은 필요한 라이브러리를 불러왔습니다. 'tf.keras.models.load_model' 함수를 사용하여 이미 이전에 학습된 모델인 'somatotype_model.keras' 불러와서 'model'이라는 변수 이름으로 할당했습니다. 다른 코드는 몇 차례 반복하였으니, 설명은 생략했습니다.

●●● 신규 입력데이터 받아 예측

신규로 데이터를 입력받아 학습된 딥러닝 알고리즘으로 체형을 예측해야 합니다. 그렇다면 이번 코드에서는 데이터를 입력받아 변수에 저장하는 것이 매우 중요한 개념인 듯합니다. 'input( )' 함수가 중요합니다.

```
[코드 07-04-02] 표준점수 출력하기
1   # 성, 신장, 체중, 체지방량, 근육량 입력 받기|_07_04_02
2   gender = int(input("성별은? 남=1, 여=2: "))
3   height = float(input("신장은? cm: "))
4   weight = float(input("체중은? kg: "))
5   fat_kg = float(input("체지방량은?(kg):"))
6   mm_kg = float(input("근육량은?(kg):"))
7   data = pd.read_csv('somatotype.csv')
8   x_data = data[['gender', 'height', 'weight', 'fat_kg', 'mm_kg']]
9   scaler = StandardScaler()
10  scaler.fit(x_data)
11  input_data = [[gender, height, weight, fat_kg, mm_kg]]
12  input_data_normalized = scaler.transform(input_data)
13  print(input_data)
14  print(input_data_normalized)
```

[결과] 성별은? 남=1, 여=2:   신장은?cm: 체중은?kg: 체지방량은?(kg):   근육량은?(kg):
[[1, 175.0, 63.0, 14.0, 38.0]]
[[-0.9537936   0.62133253 -0.44033904 -0.56615665 -0.91178095]]

코드 07-04-02는 체형서비스 사용자로부터 성별, 신장, 체중, 체지방량, 근육량을 입력 받고, 표준점수로 출력하는 과정을 나타내고 있습니다. 6장에서 언급했듯 입력데이터는 원점수를 사용하지 않고 표준화된 값을 사용한다는 점 기억하시기 바랍니다.

2-6줄. 사용자 입력 받기: 사용자로부터 성별, 신장, 체중, 체지방량, 근육량을 입력받습니다. 이러한 정보를 'gender', 'height', 'weight', 'fat_kg', 'mm_kg'라는 이름의 변수에 저장합니다.

7-10줄. 데이터 로드 및 데이터 표준화: 'somatotype.csv' 파일에서 데이터를 읽어와 'data' 변수에 저장합니다. 'StandardScaler'를 사용하여 데이터를 표준화합니다. 표준화는 데이터의 평균을 0, 표준편차를 1로 만들어 데이터를 정규분포로 만드는 과정입니다.

11-12줄. 입력 데이터의 표준화: 'input( )' 함수를 이용해 사용자로부터 입력받은 데이터를 'input_data' 변수에 저장합니다. 이 데이터는 성별, 신장, 체중, 체지방량, 근육량을 포함하고 있습니다. 입력된 데이터를 'scaler.transform( )' 함수를 이용하여 표준화합니다.

코드 07-04-02를 실행하면 성, 신장, 체중, 체지방량, 근육량의 데이터를 입력하라는 메시지와 함께 데이터를 입력할 수 있는 창이 만들어집니다. 재차 말하지만 우리는 표준점수로 입력된 데이터를 이용해 모형을 학습하였기 때문에 실제 사용에서도 똑같이 입력데이터는 표준점수를 사용해야 합니다. 원점수를 표준점수로 변환시켜야 할 필요가 있습니다. 그러나 사용자에게 표준점수를 계산해서 입력하라고 할 수는 없습니다. 사용자가 원점수를 입력하면 표준점수를 자동으로 계산해 입력데이터로 사용합니다. 이제 남자이면서 신장은 175cm, 체중은 63kg, 지방량은 14kg, 근육량은 38kg인 경우 산출되는 체형을 예측할 수 있습니다.

```
[코드 07-04-03] 예측결과 확인하기
1  # 모델을 사용하여 체형 예측_07_04_03
2  prediction = model.predict(input_data_normalized)
3  endo = prediction[0][0]*10
4  meso = prediction[0][1]*10
5  ecto = prediction[0][2]*10
6  print("체형예측!  ", end="")
7  print("내배엽: {:.1f}, 중배엽: {:.1f}, 외배엽: {:.1f}".format(endo, meso, ecto))
```

[결과]
체형예측! 내배엽: 5.4, 중배엽: 4.1, 외배엽: 6.6

코드 07-04-03은 'predict( )' 함수를 이용해 체형을 예측한 결과를 나타냅니다. 코드 07-04-01에서 우리는 이미 학습된 모델을 'model'이라는 변수에 저장했었습니다. 그렇다면 'predict( )' 함수는 예측함수로서 이미 로드한 딥러닝 모델을 이용해 'input_data_normalized'를 입력데이터로 하여 체형을 예측하라는 것입니다. 코드를 하나씩 보겠습니다.

2줄. prediction = model.predict(input_data_normalized): 모델예측 함수를 사용하여 입력 데이터 'input_data_normalized'에 대한 체형 예측을 수행하고 결과를 'prediction' 변수에 저장합니다.

3-5줄. '내배엽', '중배엽', '외배엽'에 대한 예측값을 계산결과를 나타냅니다. 내배엽은 'endo' 변수, 중배엽은 'meso' 변수, 외배엽은 'ecto' 변수에 담았습니다. 곱하기 10을 함으로써 변수값의 범위가 최소 0에서 최대 10으로 변했습니다.

6-7줄. 체형 예측 출력: 계산된 '내배엽', '중배엽', '외배엽' 예측값을 출력합니다.

남자이면서 신장은 175cm, 체중은 63kg, 지방량은 14kg, 근육량은 38kg인 사람에 대하여 딥러닝 모형은 외배엽이 6.6으로 판단하였습니다. 다음은 내배엽 5.4 그리고 중배엽 4.1로 예측했습니다. 신장과 체중의 비율 그리고 지방량과 근육량을 살펴봤을 때, 딥러닝이 외배엽으로 판단한 결과는 일반적인 상식 범위와 크게 다르지는 않은 듯합니다. 검증된 결과는 아니지만, 제 경험적으로는 괜찮은 모델인 것 같습니다. 이제 차트에 올려 체형을 시각화하겠습니다.

●●● 예측결과 시각화

앞에서 입력된 신체 데이터를 기반으로 '5.4-4.1-6.6'이라는 값을 산출하며 체형을 예측했습니다. 예측된 체형은 외배엽 성향이 강하며, 지방의 발달 역시 보통보다는 높습니다. 즉, 근육량이 적어 마른 비만형으로도 판단해 볼 수 있습니다. 앞에서 배웠던 체형차트 위에 올려보겠습니다. 절차는 먼저 내배엽, 중배엽, 외배엽 값을 이용해서

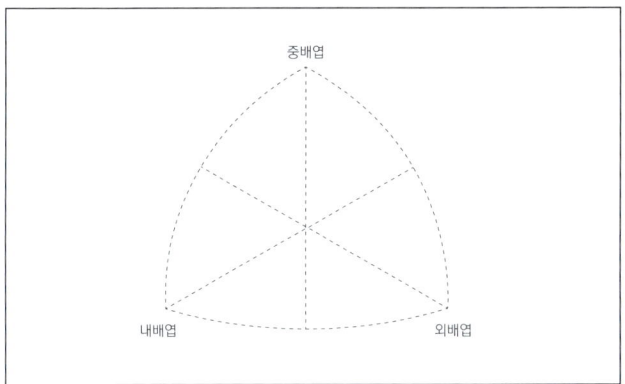

그림 7-7. 체형차트의 배경으로 사용을 위한 'somato_chart.jpg' 그림 파일

2차원인 X와 Y 차트에 나타내야 합니다. 그리고 삼각형 모양의 체형 차트도 미리 준비해야 하겠습니다. 예제에서는 체형차트를 'somato_chart.jpg' 그림 파일로 준비했습니다. 이 파일을 2차원 차트의 배경으로 활용하면 좋을 것 같습니다. 이 차트 위에 점은 눈에 잘 띄는 붉은 색으로 결정했습니다.

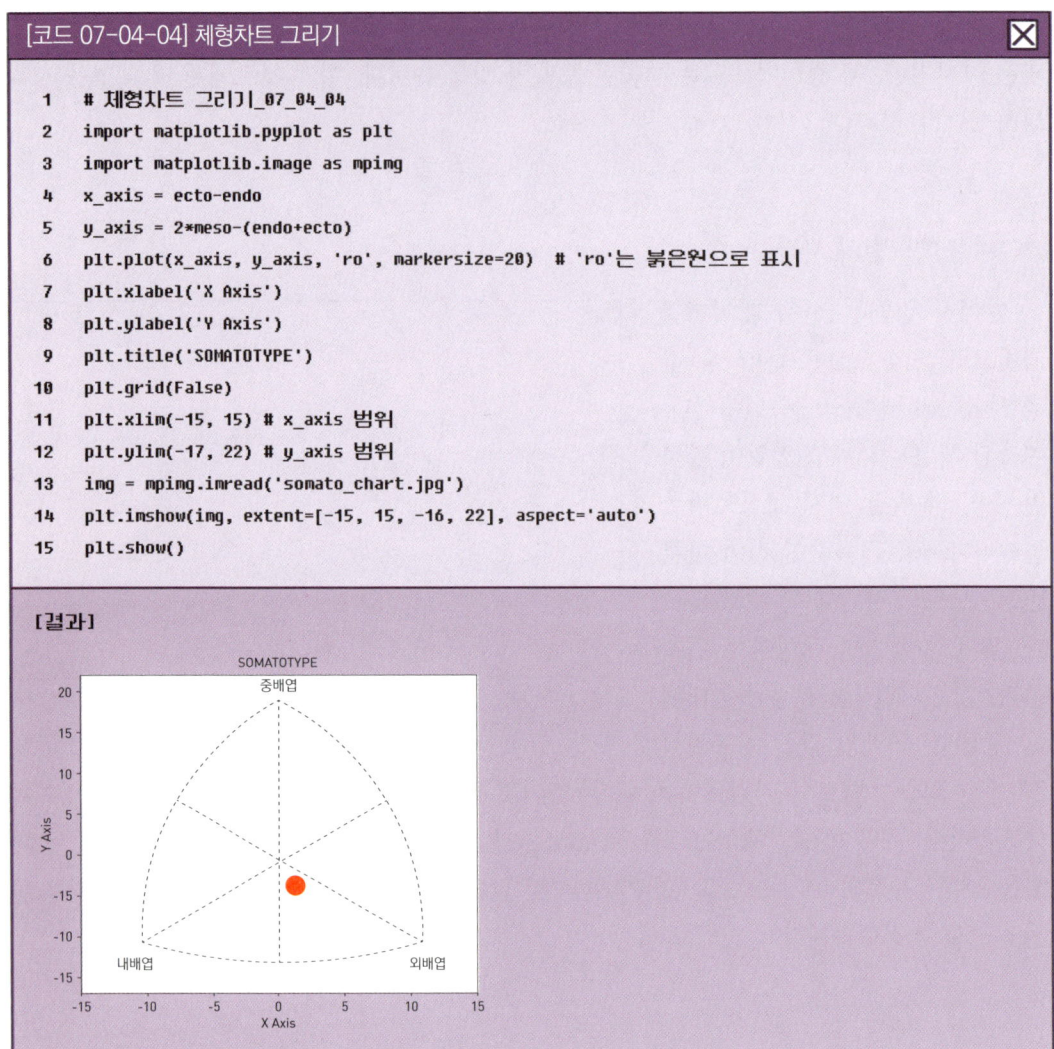

코드 07-04-04는 'Matplotlib'을 사용하여 체형차트를 만드는 것입니다. 체형의 숫자를 시각화하면 더욱 쉽게 체형을 위치를 이해하는 데 도움이 될 것 같습니다. 종목별 그리고 질병 상태별로도 차이가 있다고 하는 군요. 개인별 체형을 비교하기에도 쉬울 것 같습니다.

2-3줄. 차트 그림을 그리기 위한 'Matplotlib' 라이브러리를 불러왔습니다.

4-5줄. x와 y 축 계산: 내배엽, 중배엽, 외배엽 값을 2차원 차트에 나타내기 위해 x와 y 축을 계산합니다.

6줄. plt.plot(x_axis, y_axis, 'ro', markersize=15): 차트에 점을 그립니다. 'ro'는 붉은 원으로 표시하고, 'markersize' 매개변수를 사용하여 충분히 잘 보이는 15 크기의 원을 그립니다.

7-9줄. 레이블 및 제목 설정: 'plt.xlabel', 'plt.ylabel', 'plt.title'을 사용하여 x축, y축의 레이블 및 그래프의 제목을 설정합니다.

10줄. plt.grid(False): 그래프에 그리드를 표시하시 않도록 설정합니다.

11-12줄. x와 y 축 범위 설정: 'plt.xlim'과 'plt.ylim'을 사용하여 x와 y 축의 범위를 설정합니다.

13. img = mpimg.imread('somato_chart.jpg'): 'mpimg.imread'를 사용하여 'somato_chart.jpg' 이름의 이미지 파일을 읽어옵니다. 그리고 'img'라는 이름의 변수에 저장합니다.

14줄. plt.imshow(img, extent=[-15, 15, -16, 22], aspect='auto'): 'plt.imshow'를 사용하여 이미지를 그래프에 추가합니다. 'extent' 매개변수는 이미지를 표시할 위치와 크기를 지정하고, 'aspect' 매개변수는 이미지의 가로세로 비율을 자동으로 유지하도록 설정합니다.

15줄. plt.show( ): 그래프를 표시합니다.

드디어 우리 손으로 딥러닝 체형분류 서비스 개발에 성공하였습니다! 양질의 데이터가 있다면, 더 재미있는 딥러닝 서비스를 제작해 보고 싶다는 생각도 들었을 것입니다. 이렇게 만들어진 서비스가 웹이든 앱이든 올려서 대중적으로 서비스를 시작할 수 있습니다. 참신하고 좋은 아이디어가 있다면 대박 앱으로 탄생하기도 합니다. 이번에는 5개의 입력데이터를 사용하여 체형을 분류하는 딥러닝 알고리즘을 구현해 보았습니다. 입력데이터가 이미지일수도 있고, 더 다양한 형태의 데이터가 있을 수도 있습니다. 또한 체형을 내배엽, 중배엽, 외배엽의 범주로 구분하는 단순 확률이 아닌 직접 추정된 값을 사용하면 더 타당할 것 같습니다. 어떤 데이터를 어떻게 활용할 수 있을 것인가에 대한 논의가 필요할 것 같습니다. 다음 장에는 더 재미있는 딥러닝 모델을 배우게 될 것입니다. 조금 더 전문적인 얘기로 이어가겠습니다.

8장
배당률 데이터 활용 이상 베팅 식별 예제

8-1. 스포츠 승부조작의 이해
8-2. 승부조작 모니터링을 위한 딥러닝 분석설계
8-3. 승부조작 식별 딥러닝 모델 개발
8-4. 승부조작 식별 딥러닝 서비스 활용

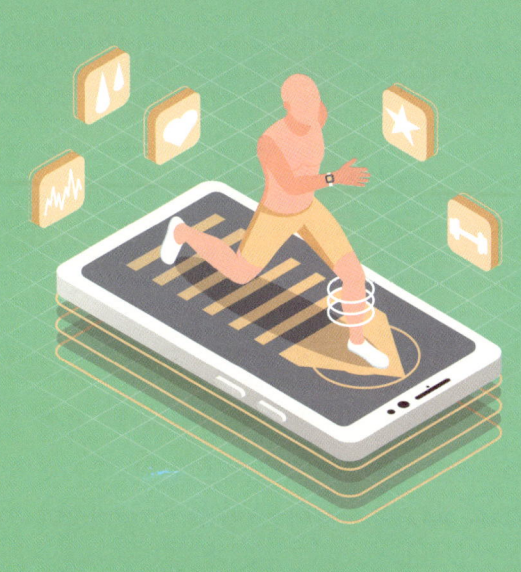

8장
배당률 데이터 활용 이상 베팅 식별 예제

이번 장에서는 배당률 데이터를 활용해 승부조작과 같은 이상 베팅 신호를 식별하는 예제를 실습해 보겠습니다. 이 일이 정말 가능할까요? 인공지능 딥러닝 분야에서 계속 발전시켜 나가야 할 부분입니다. 스포츠경기에서 발생하는 승부조작은 스포츠 자체의 경쟁 가치를 훼손하는 대표적 비윤리적 행위입니다. 전 IOC 위원장 자크로게(Jacques Rogge)는 "금지약물 복용은 한 개인의 문제에 해당하지만, 승부조작의 효과는 스포츠 근본 경쟁가치에 부정적 영향을 미친다."라고 하며 승부조작의 심각성을 언급한 적도 있습니다. 승부조작은 스포츠 경기에 관여하고 있는 일부 구성원의 은밀한 거래 관계로 이루어지기 때문에 사전에 식별해 내기 쉽지 않습니다. 사회문화적으로 미치는 영향은 매우 큰 것이 현실이지만, 모니터링은 비용의 한계 때문에 한계가 있는 현실입니다. 승부조작 위험 정도를 모니터링하는 데 딥러닝 기술을 적용하려는 아이디어로 예제를 구성했습니다. 이 장에서는 스포츠 경기를 대상으로 이루어지는 베팅 배당률 데이터로 승부조작을 예측하는 딥러닝 모델을 만들겠습니다. 앞 장에서도 언급하였듯, 딥러닝 예제로 활용하기 위해 가공된 데이터입니다. 예제 데이터의 학술적 의미는 전혀 없습니다.

8-1. 스포츠 승부조작의 이해

스포츠 승부조작은 범죄행위입니다. 유엔범죄사무국과 IOC(국제올림픽위원회: International Olympic Committee) 등에 의하면 밝혀진 승부조작 사례만 산출하여도 전 세계적으로 4000회 이상이고, 이 중 70% 이상이 2000년대 이후에 발생한 것으로 보고되었습니다. 스포츠 승부조작을 근절하기 위하여 다양한 교육 프로그램이 개발되고 있고, 승부조작 가담자에 대해 처벌을 강화하는 등의 제도적 예방책이 제안되고 있습니다. 그러나 스포츠 승부조작은 근절되지 않고, 지속되고 있습니다. 승부조작은 개인 간에 이루어지는 은밀한 행위여서, 외부에 드러나기 쉽지 않다는 점이 이유입니다. 실제로 이루어진 승부조작 중에서 세상에 드러나 처벌이 가해진 사례는 일부였다고 추정해 봅니다.

스포츠 승부조작은 개념 역시 모호합니다. 이는 승부조작 가담자에 대해 비일관적 처벌이 이루어지는 원인이 되기도 합니다. 예를 들면, ①월드컵 축구 조별예선의 본선 16강 진출이 결정된 팀이 남은 조별예선 경기에 주전선수를 출전시키지 않고 고의로 후보 선수만으로 경기에 임한 사례와 ②월드컵 축구 조별예선의 본선 16강 진출이 결정된 팀이 남은 조별예선 경기에서 승리하는 경우 세계랭킹 1위 상대를 만나고, 패하는 경우 세계랭킹 60위 상대를 만나는 상황에서 고의로 패배한 사례를 비교할 수 있습니다. 승부조작의 개념정리가 필요하다는 생각입니다. 승부조작에 대한 개념이 모호하다면, 어떠한 방법을 적용하더라도 승부조작을 식별해 내는 것은 불가능합니다.

●●● 스포츠 승부조작의 구분

그렇다면, 승부조작에 대한 개념 정리가 필요합니다. 그림 8-1은 한국체대 스포츠분석센터에서 정리한 승부조작의 개념입니다. 승부조작은 크게 네 가지로 유형을 구분하였습니다. 제1유형 조직형 승부조작, 제2유형 관계형 승부조작, 제3유형 생계형 승부조작, 제4유형 목표형 승부조작입니다.

		Monetary involvement	
		Money invovlved	Money not involved
Human networks	Internal-External network	Type 1 Organization-based match fixing	Type 2 Relation-based match fixing
	Internal networks	Type 3 Sustenance-based match fixing	Type 4 Goal-based match fixing

그림 8-1. 스포츠 승부조작의 구분(출처: Park, Choi, & Yoon, 2019: How should sports match fixing be classified?)

제1유형-조직형 승부조작

조직형 승부조작은 내외부 인적 네트워크가 함께 협력하여 스포츠 경기의 결과를 조작합니다. 주로 큰돈을 벌기 위해 외부 브로커와 내부 선수, 지도자, 심판 등이 개입됩니다. 조직적인 승부조작을 통해 범죄행위로 금전적 이익을 얻는 것이 목적입니다. 예를 들어, 베팅에 개입하여 브로커로 하여금 경기를 조작하는 사례입니다. 주로 범죄 조직과 연계되어 수익이 만들어집니다.

제2유형-관계형 승부조작

관계형 승부조작은 내부와 외부 인적 네트워크의 협력으로 경기 결과를 조작하지만, 주로 돈은 개입되어 있지 않습니다. 돈이 개입되더라도 그것이 주된 목적은 아닙니다. 즉, 경기는 개인적 또는 직업적 관계를 위해 조작됩니다. 예를 들어, 개인적 관계 때문에 특정 선수의 대학입시 성적을 만들기 위해 져주기 경기를 하는 경우입니다.

제3유형-생계형 승부조작

생계형 승부조작은 외부의 네트워크 개입이 없이 내부 단독으로 경기결과를 조작하여 금전적 이익을 추구하는 승부조작입니다. 주로 돈을 벌겠다는 것이 목적이기는 하나, 외부의 조직적 네트워크는 개입되지 않습니다. 주로 용돈을 벌거나 생계를 유지하는 목적으로 진행되는 것이 대부분입니다. 예를 들어, 선수, 지도자, 심판이 자신의 경기에 베팅한 후, 조작을 통해 이익을 보는 사례입니다.

제4유형-목표형 승부조작

목표형 승부조작이 승부조작에 해당하느냐의 여부에 대해 논쟁은 있습니다. 본래의 경기 결과와 다른 결과를 만든다는 점에서 승부조작으로 포함합니다. 스포츠 경기에서 목표달성이 승부조작의 목적입니다. 승리만을 위해 부정행위를 시도하는 사례입니다. 예를 들어, 경기에 이기기 위해 금지약물을 복용한다든지, 기계 장비를 불법 개조한다든지, 또는 자신에게 유리한 심판의 오심을 묵인한다든지 하는 행위들이 이에 해당합니다.

이 장의 목표는 딥러닝으로 스포츠 승부조작의 위험도를 모델링하는 것입니다. 앞의 네 개의 승부조작 유형 중에서 가장 간단하게 딥러닝을 적용해 볼 수 있는 사례가 제1유형 조직형 승부조작입니다. 제1유형을 제외한 다른 유형은 비정형 데이터가 처리되어야 할 것 같은 느낌입니다. 우리는 제1유형 조직형 승부조작을 대상으로 위험도를 산출하는 딥러닝 모델링을 수행하도록 하겠습니다.

●●●● 조직형 승부조작의 특성 이해

제1유형 조직형 승부조작을 좀 더 구체적으로 살펴보겠습니다. 핵심은 돈입니다. 스포츠베팅과 연계된 브로커가 스포츠 경기 네트워크에 들어오는 구조입니다. 즉, 경기와 관계가 없는 외부 브로커가 경기를 수행하는 내부자(심판, 선수, 지도자 등)와 연결고리를 만들어 승부를 조작하는 체계입니다. 조직적 승부조작이 뉴스에 보도된 사례는 그림 8-2와 같습니다. 경기와 관계가 없는 외부에 총책을 두고 있습니다. 총책은 브로커를 통해 승부조작에 가담해 줄 선수, 지도자, 심판 등을 섭외합니다. 그리고 불법으로 베팅 참가자를 모집하여 큰돈을 만들어 경기의 판돈으로 사용합니다.

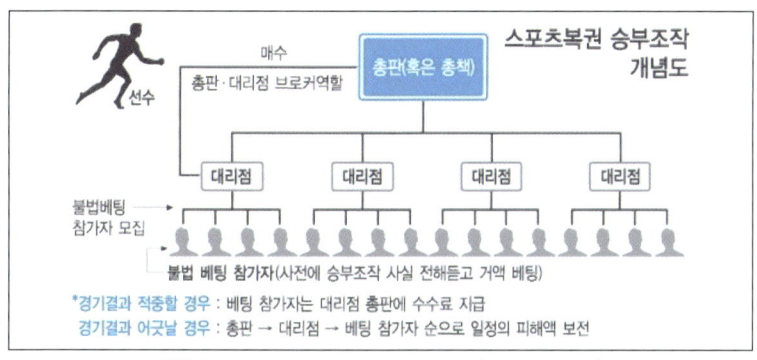

그림 8-2. 스포츠복권 승부조작 개념도(출처: 경향신문)

대부분 사람은 스포츠베팅을 스포츠토토와 같이 합법적 영역에서만 이루어질 것이라고 생각합니다. 스포츠토토에 포함되어 있지 않은 종목은 베팅에 노출되지 않을 것이라고 안심합니다. 그림 8-3의 사례에서 확인되듯, 해외에서 허가를 받고 운영되는 스포츠베팅 사이트는 우리나라 축구, 배구, 농구 등의 스포츠토토 종목뿐 아니라 배드민턴, 핸드볼 등 국내 비인기 종목에도 베팅이 이루어집니다. 불법 베팅 사이트를 포함한다면 시장규모는 가늠이 되지 않습니다. 합법 스포츠베팅 시장은 2019년 기준으로 약 5조 2000억 원으로 알려져 있습니다. 불법 스포츠베팅 시장은 합법 시장의 네 배 규모인 약 20조 5000억 원으로 추산됩니다. 그러나 그 어떤 기관에서도 스포츠베팅에 대해 체계적인 모니터링은 이루어지고 있지 않은 것 같습니다. 불법 스포츠베팅과 연계된 승부조작의 위험성은 항상 존재합니다. 이상 베팅 사례를 하나하나 사람을 고용해 감시하도록 하려면 너무 많은 비용이 예상됩니다. 딥러닝으로 모델링 해야 하는 명분은 명확합니다.

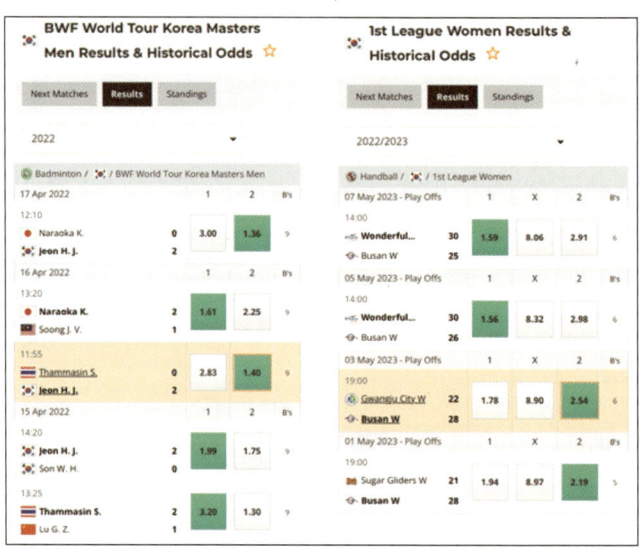

그림 8-3. 해외 스포츠베팅 사이트의 국내 배드민턴(좌)과 핸드볼(우) 베팅

8-2. 승부조작 모니터링을 위한 딥러닝 분석설계

　딥러닝 기술로 스포츠 승부조작 위험성을 모니터링하려면 먼저 데이터가 있어야 합니다. 어떻게 데이터에서 승부조작 시그널을 찾을 수 있을까요? 단순히 생각나는 아이디어는 승부조작 경기는 어떤 패턴으로 베팅이 이루어졌고, 일반경기는 어떤 패턴으로 베팅이 이루어졌는지 그 차이를 학습해야 할 것 같습니다. 해당의 패턴을 학습한 후, 새로운 데이터가 들어오면 딥러닝 모델이 승부조작 경기에 가까운지 또는 일반경기에 가까운지를 판단해 위험성을 경고하는 시스템이면 되겠습니다. 이 예제 역시 샘플 자료로서 딥러닝 학습을 위해 가공한 것입니다. 실제 자료를 활용해 구축한 승부조작 위험성 정도를 판정하는 시스템은 한국체대 스포츠분석센터에서 운영(www.cleansports.re.kr)하고 있습니다. 현재 축구 K리그1, K리그2, 프리미어리그에 한정해서 운영되고 있습니다.

●●● 예제 데이터 살펴보기

　예제 데이터를 살펴보겠습니다. 먼저 승부조작 경기에서 어떤 패턴으로 베팅이 이루어지는지를 확인해야 합니다. 그래서 승부조작이 이루어진 경기를 찾았습니다. 승부조작이라고 확정된 경기를 찾아야 했고, 이 경기에서 이루어진 스포츠베팅 데이터를 확보했습니다. 예제는 승부조작이 발생한 21경기의 베팅 데이터를 실습자료로 제시하였습니다. 승부조작이 이루어지지 않은 일반경기의 베팅 데이터도 수집해야 합니다. 그런데, 승부조작 경기와 비교하면 일반경기는 사례수가 지나치게 많습니다. 서로 균형이 맞지 않네요. 일반경기 중에서 승부조작 경기와 비슷한 시기 그리고 비슷한 규모로 치러진 일반경기를 무작위로 21개 선택하였습니다. 해당경기의 베팅 데이터도 수집하였습니다. 파일은 두 개로 구분하여 폴더를 정리했습니다. 승부조작 경기는 'data_bad' 그리고 일반경기는 'data_good'입니다. 파일 폴더가 곧 라벨, 정답에 해당됩니다. 앞에서 공부했었던 손글씨인식과 체형분류법 예제는 파일에 하나의 칼럼에 라벨링이 되어 있었는데, 조금 다른 데이터 구조를 가졌습니다. 정리하면 승부조작 베팅 데이터 파일은 'data_bad'라는 폴더, 그리고 일반경기 베팅 데이터 파일은 'data_good'이라는 폴더에 저장하였습니다.

이름

📁 data_bad

📁 data_good

'data_bad' 폴더를 열어 '371988.xlsx'이라는 파일을 하나 열어 살펴보겠습니다. 데이터는 'HomeWin', 'Standoff', 'GuestWin'의 배당률이 제시되어 있습니다. 'Modify Time'은 베팅이 이루어진 시간을 나타냅니다. 엑셀 파일의 아래쪽에 있는 시트를 살펴보겠습니다. '188bet', 'interwetten', 'vcbet' 등 다양한 베팅회사에서 제공하는 배당률로 보입니다. 우리가 이전에 경험했었던, 손글씨 인식이나 체형분류법 데이터와 비교할 때 상당히 복잡하다는 생각이 듭니다. 살짝 걱정이 앞서긴 하지만, 걱정은 하지 않으셔도 됩니다. 하나하나 따라오면 쉽게 정복할 수 있습니다.

		A	B	C	D	E	F	G	H	I
엑셀 데이터	1	level_0	index	ScheduleID	CompanyID	HomeWin	Standoff	GuestWin	ModifyTime	Company_name
	2	133	14684	371988	23	3.8	3.3	1.96	2010-07-18 14:59:00	188bet
	3	134	14685	371988	23	3.85	3.3	1.94	2010-07-18 14:58:00	188bet
	4	135	14686	371988	23	3.9	3.3	1.91	2010-07-18 14:37:00	188bet

엑셀 시트: 188bet | interwetten | vcbet | 12bet | Willhill | Macauslot | sbobet | wewbet | mansion88 | easybet | Bet365 | Crown

그림 8-4. 'data_bad' 파일폴더의 '371988.xlsx' 파일 열어보기

●●● 데이터 전처리

데이터가 조금 복잡합니다. 'data_good' 폴더에 21개 파일이 있고, 파일을 열면 시트(sheet)가 10개 이상 있습니다. 각 시트마다 데이터 길이가 다른 형태로 배당률이 제시되어 있습니다. 데이터를 이해해 보겠습니다. 하나의 파일은 한 경기에 대한 배당률입니다. 홈팀과 어웨이팀이 구분되어 있으니 홈승(HomeWin), 무승부(Standoff), 게스트승(GuestWin)에 대한 배당률입니다. 그런데, 이 경기를 하나의 베팅회사만 배당률을 산정하는 것은 아니겠지요? 엑셀 파일의 시트는 베팅회사의 이름입니다. 첫 번째 시트 '188bet'는 188bet이라는 이름의 회사를 통해서 이루어진 베팅 배당률이 됩니다. 두 번째 시트 'interwetten'은 interwetten이라는 회사를 통해서 이루어진 베팅 배당률입니다. 각기 다른 회사로부터 수집된 배당률 데이터를 모두 통합하면 좋겠다는 생각이 듭니다. 이유는 한 회사로부터 수집된 데이터보다는 해당 경기에 대해 10개 이상의 회사로부터 수집된 데이터가 더 안정적일 것같다는 생각이 들었기 때문입니다. 좀 더 고급의 전처리 기술을 적용해야 할 것 같습니다.

[코드 08-02-01] 일반경기 배팅 데이터 전처리

```python
# 일반경기 배팅 데이터 전처리_08_02_01
import pandas as pd
import os
folder_path = 'data_good/'
all_data_frames = []
# 폴더 내의 모든 엑셀 파일을 반복해서 처리합니다.
for i, file_name in enumerate(os.listdir(folder_path)):
    if file_name.endswith('.xlsx'):
        file_path = os.path.join(folder_path, file_name)
        xls = pd.ExcelFile(file_path)
        sheet_names = xls.sheet_names
        data_frames = [xls.parse(sheet_name) for sheet_name in sheet_names]
        merged_data = pd.concat(data_frames, ignore_index=True)
        merged_data['ModifyTime'] = pd.to_datetime(merged_data['ModifyTime'],
            format='%H:%M:%S', errors='coerce')
        merged_data = merged_data.sort_values(by='ModifyTime', ascending=True)
        all_data_frames.append(merged_data)
        csv_file_name = os.path.join(folder_path, f"merged_good_data_{i+1:02}.csv")
        merged_data.to_csv(csv_file_name, index=False)
        print(csv_file_name, "을 통합 저장하였습니다.")
```

[결과]
data_good/merged_good_data_01.csv 을 통합 저장하였습니다.
...생략...
data_good/merged_good_data_21.csv 을 통합 저장하였습니다.

코드 08-02-01 몇 줄로 순식간에 마법이 일어났습니다. 폴더에 있던 모든 파일을 열어 엑셀 시트에 있는 회사별 배당률 데이터를 하나로 통합하여 시간순으로 정렬까지 했습니다. 시간은 표시방법의 차이 때문에 다르게 보이는 것일 뿐입니다. CSV 파일로 저장할 때 날짜와 시간 포맷을 지정하지 않았을 뿐, 시간 기록에는 전혀 문제는 없습니다. 오른쪽 끝 칼럼에는 베팅 회사를 나타냈습니다. 코드에 대한 설명은 따로 하지 않겠습니다. 그냥 따라 해 보시면 됩니다. 파이썬에서 데이터 구조를 다루는 작업은 대부분 판다스(pandas) 라이브러리를 사용합니다. 판다스를 자유롭게 활용할 수 있다면, 파이썬을 더욱 편리하게 사용할 수 있습니다.

	A	B	C	D	E	F	G	H	I
1	level_0	index	ScheduleID	CompanyID	HomeWin	Standoff	GuestWin	ModifyTime	Company_name
2	0	473	371338	1	3.5	3.13	1.95	50:00.0	Macauslot
3	19	492	371338	3	3.55	3.25	1.95	57:00.0	Crown
4	103	576	371338	35	3.55	3.25	1.95	04:00.0	wewbet
5	73	546	371338	22	3.52	3.27	2	16:00.0	10bet
6	92	565	371338	31	3.7	3.15	2.03	22:00.0	sbobet

그림 8-5. 'data_good' 파일폴더의 'merged_good_data_01.csv' 파일 열어보기

데이터가 하나로 잘 통합되었습니다. 그러면 시간을 가로축으로 하고 배당률을 세로축으로 하여 코드 08-02-02와 같이 그래프도 그려보았습니다. 딥러닝을 배우는데 중요한 절차는 아니지만, 그냥 재미로 한번 그려보았습니다. 왜냐하면, 제가 그려보고 싶었습니다.

```
[코드 08-02-02] 배당률 통합 파일 차트 그리기
1   # 배당률 통합 파일 차트 그리기_08_02_02
2   file_path = 'data_good/merged_good_data_07.csv'
3   merged_data = pd.read_csv(file_path)
4   import pandas as pd
5   import matplotlib.pyplot as plt
6   plt.figure(figsize=(12, 6))
7   plt.plot(merged_data['ModifyTime'], merged_data['HomeWin'], label='HomeWin', marker='o')
8   plt.plot(merged_data['ModifyTime'], merged_data['Standoff'], label='Standoff', marker='o')
9   plt.plot(merged_data['ModifyTime'], merged_data['GuestWin'], label='GuestWin', marker='o')
10  plt.title('HomeWin, Standoff, and GuestWin Over Time')
11  plt.xlabel('ModifyTime')
12  plt.ylabel('Odds')
13  plt.legend()
14  plt.autoscale(enable=True, axis='both')
15  plt.xticks(rotation=45)
16  plt.grid(True)
17  plt.tight_layout()
18  plt.show()
```

[결과]

이제는 승부조작 데이터도 일반경기 데이터와 같이 전처리를 하여야 합니다. 코드 08-02-01의 4번째 줄과 18번째 줄만 수정하면 될 것 같습니다. 4번째 줄 'folder_path='data_good/''을 'folder_path='data_bad/''로 변경하면 됩니다. 그리고 18번째 줄 'merged_good_data' 부분을 'merged_bad_data'로 변경합니다. 다시 반복해서 말씀드리지만, 전체 코드는 아래 깃허브에서 확인할 수 있습니다. 직접 코드를 입력하고, 변경해보는 경험도 중요합니다. 이제 승부조작 모델링을 위한 데이터 전처리가 완료되었습니다.

깃허브 접속 주소: https://github.com/jaehyeonknsu/SportsAnalyticsDL

●●● 딥러닝 아키텍처 설계

데이터 구조도 확인했고, 분석을 위한 데이터 전처리도 했습니다. 이제 21개 승부조작 경

기와 21개 일반경기로부터 수집된 배당률을 입력데이터로 삼아 딥러닝 모델링을 구현하겠습니다. 입력데이터는 'HomeWin', 'Standoff', 'GuestWin'입니다. 'HomeWin'은 홈경기 팀이 승리한다는데 따른 배당률이며, 'Standoff'는 무승부에 따른 배당률이고, 'GuestWin'은 어웨이팀이 승리한다는데 따른 배당률입니다. 베팅 데이터는 직전의 배당률이 현재의 배당률에 영향을 미치는 순차적 모형을 가지고 있습니다. 시계열적 성격을 지닌 데이터는 시간에 따라 관측된 데이터로 구성이 됩니다. 시간 간격이 규칙적일 수도 있고, 불규칙적일 수도 있는데, 과거 데이터가 현재 또는 미래의 데이터에 영향을 미치는 특성이 있습니다. 베팅 데이터도 시계열적 성격을 지니고 있지만, 본 예제에서는 시계열적 요인에 대한 고려 없이 데이터의 구조에 따른 결괏값을 산출하는 딥러닝 모델 구현에만 주된 관심을 두겠습니다. 아키텍처 구조는 그림 8-6에 제시했습니다.

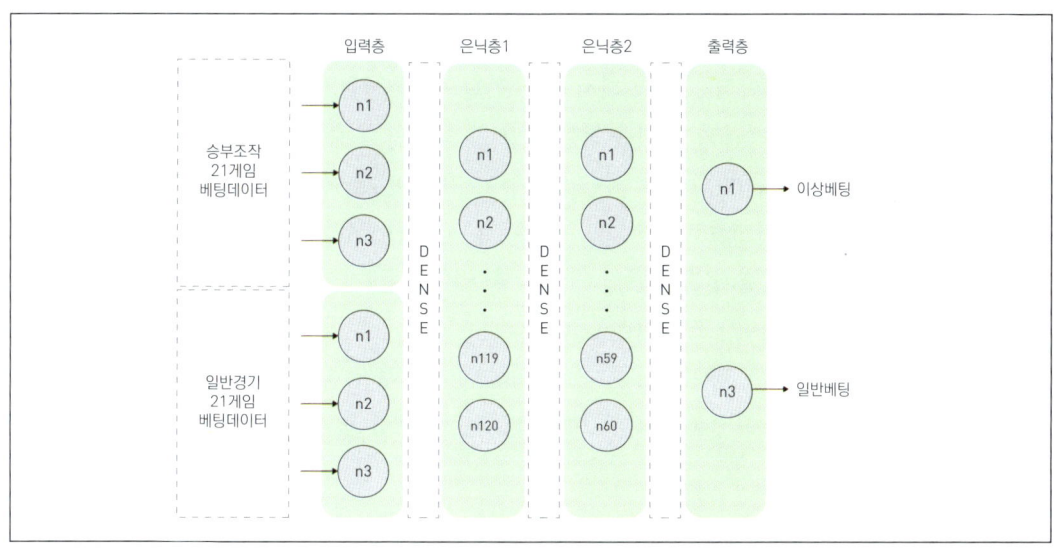

그림 8-6. 승부조작 식별을 위한 딥러닝 기본구조

    입력데이터는 승부조작 21개 게임으로부터 수집된 배당률입니다. 배당률은 각 업체마다 다른 시간에 다양한 입력값을 가지고 있지만, 결국 입력되는 데이터는 'HomeWin', 'Standoff', 'GuestWin'의 세 개의 변수입니다. 그림 8-6에서 보듯 은닉층에는 두 개의 레이어를 두었습니다. 첫 번째 레이어는 120개 노드를 두었고 두 번째 레이어는 60개의 노드를 두었습니다. 은닉층 레이어를 몇 개 두어야 하는지, 그리고 노드를 몇 개로 설정해야 하는지는 모두 딥러닝 모델의 개발자 몫입니다. 이전 장의 체형분류 예제와는 다르게 은닉층 노드 수를 크게 줄였습니다. 모델 학습의 시간을 크게 줄일 수 있을 듯합니다. 출력층의 노드는 두 개입니다. 이상베팅과 일반베팅으로 구분됩니다. 각각의 확률을 산출할 수 있습니다. 출력층 라벨은 'data_good'과 'data_bad'로 구분된 폴더 이름입니다. 데이터 구조와 관련된 설명은 전처리 부분을 참고하시기 바랍니다.

▶입력층 노드: 'HomeWin', 'Standoff', 'GuestWin'

▶은닉층1 노드: node1, node2, node3...중간생략...node119, node120

▶은닉층2 노드: node1, node2, node3...중간생략...node59, node60

▶출력층 노드: 이상베팅, 일반베팅

8-3. 승부조작 식별 딥러닝 모델 개발

이제는 스포츠베팅 데이터를 활용해서 승부조작의 이상베팅 시그널을 분류하는 딥러닝 모델을 개발하겠습니다. 지금까지 학습했던 내용을 약간만 응용하면, 스포츠 분야에서 필요한 다양한 딥러닝 알고리즘을 구현할 수 있습니다. 가장 먼저 해야 할 일은 파이썬 라이브러리를 세팅해야 합니다. 라이브러리의 사용은 항상 'import' 명령을 사용해 왔음을 기억하시기 바랍니다. 승부조작 경기와 일반경기 배당률 데이터를 처리하기 위해 'os'와 'pandas' 라이브러리를 사용했습니다. 또한 'tensorflow'는 딥러닝 분석을 위한 라이브러리입니다. 'sklearn'은 딥러닝을 위한 데이터표준화 및 학습데이터와 검증데이터를 자동구분하고, 정확도 등 모델평가를 위해 요구되는 라이브러리입니다. 모형 평가에 관한 내용은 10장을 참고하세요.

[코드 08-03-01] 승부조작 이상베팅 시그널 탐지를 위한 라이브러리 설정

```
1   # 기본 라이브러리 설정_08_03_01
2   import os
3   import pandas as pd
4   import tensorflow as tf
5   from sklearn.preprocessing import StandardScaler
6   from sklearn.model_selection import train_test_split
7   from sklearn.metrics import accuracy_score
8   from sklearn.metrics import accuracy_score, classification_report
```

[결과]

[코드 08-03-02] 데이터 로딩 및 데이터 표준화

```
1   # 데이터 로딩 및 분석세팅_08_03_02
2   data_good_folder = 'data_good/'
3   data_bad_folder = 'data_bad/'
4   def load_data_from_folder(folder, label):
5       data_frames = []
6       for file_name in os.listdir(folder):
7           if file_name.startswith('merged_') and file_name.endswith('.csv'):
8               file_path = os.path.join(folder, file_name)
9               df = pd.read_csv(file_path)
10              df['Label'] = label   # 승부조작 경기는 1, 일반경기는 0으로 레이블 설정
11              data_frames.append(df)
12      return pd.concat(data_frames, ignore_index=True)
13  data_good = load_data_from_folder(data_good_folder, 0)
14  data_bad = load_data_from_folder(data_bad_folder, 1)
15  merged_data = pd.concat([data_good, data_bad], ignore_index=True)
16  X = merged_data[['HomeWin', 'Standoff', 'GuestWin']]
17  y = merged_data['Label']
18  # 데이터 표준화 (Standardization)
19  scaler = StandardScaler()
20  X_scaled = scaler.fit_transform(X)
21  # 학습 데이터와 테스트 데이터 분리
22  X_train, X_test, y_train, y_test = train_test_split(X_scaled, y, test_size=0.2,
23      random_state=1)
```

[결과]

코드 08-03-02는 승부조작 딥러닝 모델 학습을 위한 준비과정을 설정한 것입니다. 'data_good' 폴더에 있는 일반경기와 'data_bas' 폴더에 있는 승부조작 경기의 베팅 데이터를 로딩하고 데이터를 표준화하는 과정을 나타내는 코드입니다. 코드 설명은 다음과 같습니다.

2-3줄. data_good_folder와 data_bad_folder 변수에 각각 'data_good/'와 'data_bad/' 폴더 경로를 지정하여 저장합니다.

4-12줄. def load_data_from_folder(folder, label): load_data_from_folder 함수를 정의합니다. 이 함수는 지정된 폴더에서 CSV 파일을 찾아 읽고, label 매개변수를 통해 데이터에 레이블을 할당합니다. 읽은 데이터는 pd.concat( ) 함수를 사용하여 리턴했습니다.

13-14줄. data_good와 data_bad 데이터프레임을 생성하고, 승부조작 경기 데이터는 1 그리고 일반경기 데이터는 0의 라벨을 설정하였습니다.

15줄. merged_data = pd.concat([data_good, data_bad], ignore_index=True):

pd.concat 함수를 사용하여 data_good와 data_bad를 하나의 데이터프레임인 merged_data로 통합합니다.

16줄. X = merged_data[['HomeWin', 'Standoff', 'GuestWin']]: X는 'HomeWin', 'Standoff', 'GuestWin' 열을 포함하여 설정합니다.

17줄. y = merged_data['Label']: y는 'Label' 열을 포함하도록 설정합니다.

19줄. scaler = StandardScaler( ): StandardScaler를 사용하여 독립 변수 X를 표준화합니다. 표준화는 데이터의 평균을 0으로, 표준 편차를 1로 만드는 과정입니다. 딥러닝 성능을 높이는 데 도움이 됩니다.

22-23줄: X_train, X_test, y_train, y_test = train_test_split(X_scaled, y, test_size=0.2, random_state=1): train_test_split 함수를 사용하여 데이터를 학습 데이터와 테스트 데이터로 분리합니다. 학습 데이터는 모델을 학습시키는 데 사용되고, 테스트 데이터는 모델의 성능을 평가하는 데 사용됩니다. 데이터의 80%가 학습 데이터로, 20%가 테스트 데이터로 분할됩니다.

위 코드는 승부조작 이상 신호 탐지를 위해 데이터를 불러온 후, 분석을 위한 데이터 표준화를 진행하였습니다. 지금까지의 예제와 다른 점은 결과 라벨이 파일의 특정 칼럼에 기록되어 있지 않고, 파일 폴더로 라벨을 구분하였다는 것입니다. 조금 더 복잡한 절차를 거쳤지만, 전혀 문제는 없었습니다.

[코드 08-03-03] 딥러닝 모델 생성 및 분석

```
1   # TensorFlow 모델 생성 및 분석_08_03_03
2   model = tf.keras.Sequential([
3       tf.keras.layers.Input(shape=(X_train.shape[1],)),
4       tf.keras.layers.Dense(120, activation='relu'),
5       tf.keras.layers.Dense(60, activation='relu'),
6       tf.keras.layers.Dense(2, activation='softmax')])
7   model.compile(optimizer='adam',loss='sparse_categorical_crossentropy',metrics=['accuracy'])
8   model.fit(X_train, y_train, epochs=100, batch_size=32, validation_split=0.2)
9   y_pred = model.predict(X_test)
10  y_pred = [1 if pred[1] > pred[0] else 0 for pred in y_pred]
11  accuracy = accuracy_score(y_test, y_pred)
12  report = classification_report(y_test, y_pred, target_names=['일반경기', '승부조작'])
13  print(f"모델의 정확도: {accuracy}")
14  print(f"분류 보고서:\n{report}")
15  model.save("matchfixing_model.keras")
```

[결과]
```
Epoch 1/100
- 1s 3ms/step - loss: 0.6044 - accuracy: 0.6680 - val_loss: 0.5680 - val_accuracy: 0.7033
...중간생략...
Epoch 100/100
- 0s 2ms/step - loss: 0.4084 - accuracy: 0.8136 - val_loss: 0.4288 - val_accuracy: 0.8122
모델의 정확도: 0.818327330932373
분류 보고서:         precision    recall  f1-score   support

        일반경기      0.78      0.83      0.80      1115
        승부조작      0.86      0.81      0.83      1384

     accuracy                          0.82      2499
    macro avg      0.82      0.82      0.82      2499
 weighted avg      0.82      0.82      0.82      2499
```

코드 08-03-03은 승부조작 이상 베팅 범주 구분을 위한 딥러닝 모델 생성 및 분석을 위한 코드입니다. 단 15줄의 코드로 그 복잡한 딥러닝 분석을 진행했습니다. 물론, 코드를 더 줄일 수도 있지만, 가독성 등을 고려해서 위와 같이 만들었습니다. 코드 설명은 다음과 같습니다.

2줄. model = tf.keras.Sequential: tf.keras.Sequential을 사용하여 모델을 정의합니다. 이 모델은 입력 레이어 다음에 두 개의 은닉 레이어와 출력 레이어로 구성되어 있습니다.

3줄. tf.keras.layers.Input(shape=(X_train.shape[1],)): 입력 레이어를 정의합니다. shape 매개변수를 사용하여 입력 데이터의 형태를 지정하며, X_train.shape[1]은 입력 데이터의 특성 수를 나타냅니다. 이 레이어는 모델의 첫 번째 레이어로 사용됩니다.

4줄. tf.keras.layers.Dense(120, activation='relu'): 첫 번째 은닉 레이어를 정의합니다. 120은 은닉 뉴런의 수를 나타내며, activation='relu'는 활성화 함수로 ReLU(Rectified Linear Unit) 함수를 사용한다는 것을 나타냅니다.

5줄. tf.keras.layers.Dense(60, activation='relu'): 두 번째 은닉 레이어를 정의합니다. 60은 은닉 뉴런의 수를 나타내며, 역시 활성화 함수로 ReLU를 사용합니다.

6줄. tf.keras.layers.Dense(2, activation='softmax'): 출력 레이어를 정의합니다. 이 경우, 두 개의 출력 뉴런을 가지며, 활성화 함수로 'softmax' 함수를 사용하여 다중 클래스 분류를 수행합니다. 일반적으로 이진 분류 모델에서는 출력 레이어의 뉴런 개수가 2개로 설정됩니다.

7줄. model.compile(optimizer='adam',loss='sparse_categorical_crossentropy',metrics=['accuracy']): 모델을 컴파일합니다. 이 부분에서 모델의 학습 방식과 평가 방식을 설정합니다.

8줄. model.fit(X_train, y_train, epochs=100, batch_size=32, validation_split=0.2): 모델을 학습시킵니다. 'X_train과 y_train'은 학습 데이터입니다. 'epochs=100'은 전체 학습 데이터셋을 100번 반복하고 'batch_size=32'를 통해 배치의 크기를 32로 설정해 한 번에 32개의 샘플을 사용하여 가중치를 업데이트를 합니다. 'validation_split=0.2'는 학습 데이터 중 20%를 검증(validation) 데이터로 사용하여 모델의 성능을 평가하는 코드입니다.

9-10. 'y_pred'에 모델을 사용하여 테스트 데이터 'X_test'에 대한 예측을 저장하고, 이진 분류를 수행하여 예측 결과를 결정합니다.

11-12. 정확도와 분류 보고서를 출력하여 모델의 성능을 평가합니다.

15줄. model.save("matchfixing_model.keras"): 학습된 모델을 'matchfixing_model.keras' 파일로 저장합니다.

딥러닝을 위한 모델 구성, 분석, 저장까지 일사천리로 마무리되었습니다. 물론 'matchfixing_model.keras'라는 이름으로 저장된 모델은 이전의 예제와 마찬가지로 불러와서 재사용 할 수도 있습니다. 이때는 다시 모델을 학습시킬 필요가 없이 그 어떤 데이터만 입력하면 학습된 모델에 의해서 승부조작의 위험성 여부를 판단할 수 있는 것입니다. 정밀한 데이터를 이용한 다양한 사례로 응용하여 모델을 구현한다면, 공정한 스포츠 환경을 만드는데 딥러닝을 활용할 수 있을 것입니다. 모형의 학습과정을 시각화 한 그래프는 그림 8-6에 제시하였습니다. 에포크를 100회 반복 수행한 결과 학습을 거듭할수록 추정의 오차(loss)는 점차 줄어들고 정확도(accuracy)는 증가하고 있는 것을 확인할 수 있었습니다. 이 코드는 깃허브를 통해 제공하고 있으니, 참고하세요(깃허브 주소: https://github.com/jaehyeonknsu/SportsAnalyticsDL).

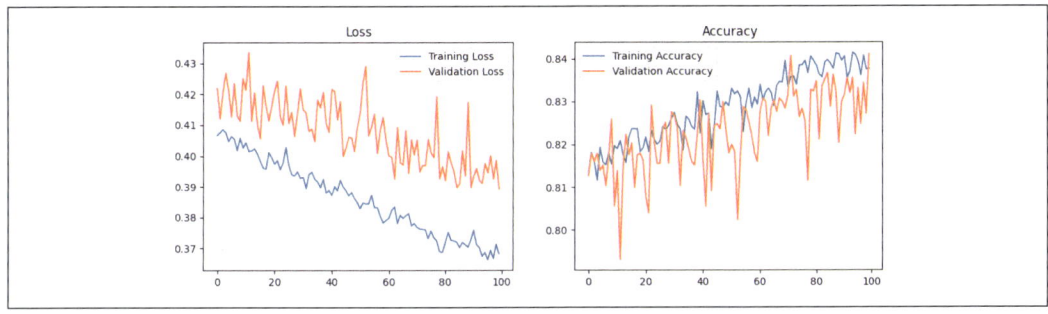

그림 8-7. 승부조작 데이터의 학습 차트

8-4. 승부조작 식별 딥러닝 서비스 활용

지금까지 베팅 데이터로부터 수집된 배당률을 이용해서 승부조작 경기에서 이상베팅 범주를 구분하는 모델을 구현하였습니다. 단순한 21개 샘플을 이용해서 만들었음에도 정확도는 약 80% 남짓으로 나타났습니다. 스포츠 팬들에게 주의를 환기시키는 목적의 역할은 충분히 할 수 있을 것 같습니다. 특히, 선수들의 움직임 또는 경기기록 데이터 등을 포함하면 보다 더 정밀한 모델을 구현할 수도 있을 것 같습니다.

한국체대 스포츠분석센터는 전 세계 200여 개 베팅업체로부터 데이터를 수집하여 이상베팅 시그널을 분석하여 다섯 단계의 위험도를 제공하고 있습니다(그림 8-7 참조). 'www.cleansports.re.kr'를 통해 '안전', '관심', '주의', '경고', '심각'의 단계로 제공합니다. 다양한 머신러닝 모델을 적용하였고, 실시간 배당률 데이터를 입력받

그림 8-8. 한국체대 스포츠분석센터 제공 이상 베팅 위험 시그널

아 K리그1, K리그2와 유럽 프리미어리그를 대상으로 이상 베팅 위험정보를 제공하고 있습니다. 각각의 분석방법과 성능에 대해서는 학술지(AI-Based Betting Anomaly Detection System to Ensure Fairness in Sports and Prevent Illegal Gambling, 2023년 출판)를 참고하시기 바랍니다.

우리는 승부조작 경기와 일반경기 각각 21개를 대상으로 딥러닝 모델링을 했습니다. 만약 양질의 데이터를 확보하여 학습시킨다면 매우 재미있는 서비스를 만들 수도 있을 것 같습니다. 물론 자신감이 가장 중요합니다. 모델의 아키텍처를 구성하고, 하이퍼파라미터를 어떻게 설정해야 하는지 등에 대해서는 많은 연구가 필요할 것 같습니다.

[코드 08-04-01] 승부조작 딥러닝 모델 적용

```python
# 승부조작 딥러닝 모델 적용_08_04_01
import pandas as pd
import tensorflow as tf
from sklearn.preprocessing import StandardScaler
file_name = "apply_1.csv"    # 적용파일 불러오기
apply_df = pd.read_csv(file_name)
model = tf.keras.models.load_model("matchfixing_model.keras")    # 저장 모형 불러오기
X = apply_df[['HomeWin', 'Standoff', 'GuestWin']]
scaler = StandardScaler()           # 표준화
X_scaled = scaler.fit_transform(X)
y_pred = model.predict(X_scaled)    # 예측확률 산출
match_fixing_prob = y_pred[:, 1].mean() * 100    #결과 출력
normal_game_prob = y_pred[:, 0].mean() * 100
print(f"승부조작 확률: {match_fixing_prob:.2f}%")
print(f"일반경기 확률: {normal_game_prob:.2f}%")
```

[결과]
```
4/4 [==============================] - 0s 2ms/step
승부조작 확률: 51.91%
일반경기 확률: 48.09%
```

코드 08-04-01은 학습된 딥러닝 저장 파일을 불러와서 승부조작 딥러닝 모델에 적용한 것입니다. 이전에 베팅 데이터를 학습하여 'matchfixing_model.keras'라고 하는 파일 이름으로 저장했습니다. 이 파일을 불러와서 새로운 데이터에 적용 해 보겠습니다. 먼저 특정 경기에 대해 홈팀의 승리와 어웨이팀의 승리 그리고 무승부에 대한 배당률 데이터를 'apply_1.xlsx' 파일로 수집하였습니다. 이 데이터를 우리가 학습시킨 딥러닝 모델을 활용해서 승부조작 위험정도를 판단했습니다. 코드에 대한 설명은 다음과 같습니다.

2-4줄. 필요한 라이브러리와 모듈을 가져옵니다. 'pandas'는 데이터를 다루기 위한 라이브러리이고, 'tensorflow'는 딥러닝 모델을 사용하기 위한 라이브러리입니다. 'sklearn'은 데이터의 표준화를 위해 사용됩니다.

5줄. file_name = "apply_1.csv": 예측을 적용할 데이터 파일의 이름을 지정합니다.

6줄. apply_df = pd.read_csv(file_name): 지정한 파일 이름으로부터 데이터를 불러옵니다. 이 데이터는 모델에 입력으로 사용될 것입니다.

7줄. model = tf.keras.models.load_model("matchfixing_model.keras"): 이전에 학습한 딥러닝 모델인 'matchfixing_model.keras' 파일을 불러옵니다. 이 파일은 학습된 가중치와 구조를 저장하고 있습니다.

8-10줄. 입력 데이터를 모델에 적용하기 전에 데이터를 표준화합니다. 표준화는 학습 데이터와 동일한 전처리 단계를 적용해야 하므로, 'StandardScaler'를 사용하여 표준화를 수행합니다.

11줄. y_pred = model.predict(X_scaled): 표준화된 입력 데이터 'X_scaled'에 대한 모델의 예측 확률을 계산합니다. 이 모델은 이진 분류 모델이므로, 각 클래스에 속할 확률을 예측합니다. 'y_pred'에는 예측된 확률이 저장됩니다.

12-13줄. 예측된 확률을 사용하여 '승부조작 확률'과 '일반경기 확률'을 계산합니다. 이 모델은 2개의 클래스를 분류하는 모델이므로, 첫 번째 클래스(승부조작경기)와 두 번째 클래스(일반조작)에 속할 확률을 계산하고, 평균값을 구한 후 100을 곱하여 확률로 표시합니다.

14-15줄. 최종적으로 승부조작경기 확률과 일반경기 확률을 출력합니다.

모델은 예제로 제공한 'apply_1.xlsx' 파일의 배당률을 근거로 승부조작경기라고 예측했습니다. 승부조작 확률을 51.91%로 예측하였습니다. 베팅 데이터는 하나의 지표일 뿐이고, 다양한 투입변수를 사용하여 보다 정밀한 예측도 가능할 것 같습니다. 스포츠 승부조작을 미리 예방할 수 있는 딥러닝 모델이 제공된다면, 지금보다 더 안전하고 재미있는 스포츠를 즐길 수 있을 것입니다. 이번 장에서는 여러 입력 루트를 가지고 있는 소스를 통해서 데이터를 입력받아, 파일을 통합하고 라벨링 한 후 딥러닝 모델에 적용하는 예제를 수행했습니다. 물론 간단한 예제 데이터를 활용하여 실습하였음에도, 전체적인 딥러닝 모델링의 구조를 익히는 데는 전혀 문제가 없었을 것입니다. 여기까지 잘 따라오셨다면 여러분은 이미 딥러닝 기초를 숙달했다고 말씀드리겠습니다. 딥러닝에 대한 자신감이 좀 생겼다면, 더 깊이 있는 모델링을 시작하셔도 되겠다는 판단입니다.

9장
이미지 데이터 활용 체조 동작 평가 예제

9-1. 인공지능 스포츠 동작 평가
9-2. 코딩 없이 학습하는 구글 티처블머신
9-3. 체조 동작평가 딥러닝 서비스

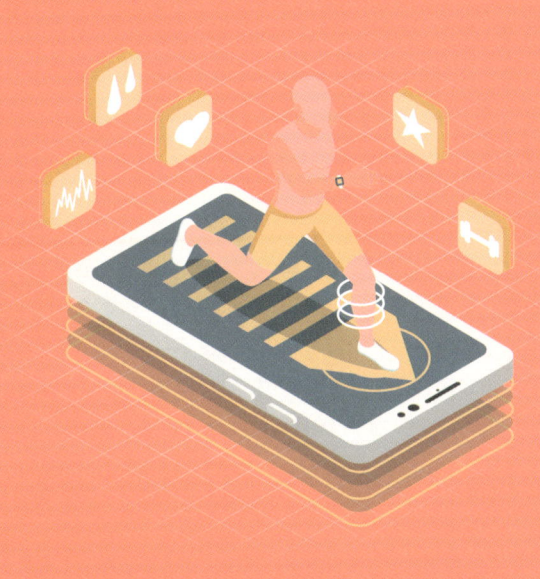

9장
이미지 데이터 활용 체조 동작 평가 예제

지금까지 우리는 숫자 데이터를 받아 학습한 후, 딥러닝 모델을 만들어 보았습니다. 신장, 체중, 체지방량, 근육량 등 흔히 스포츠 현장에서 쉽게 수집할 수 있는 전형적인 신체데이터를 학습시켜 체형을 구분해 보았고, 스포츠베팅 업체로부터 특정 비주기적으로 수집된 반정형 배당률 데이터를 학습시켜 이상베팅 시그널을 탐지하는 딥러닝 모델을 구현해 보았습니다. 모두 예제 데이터이니 학술적인 의미는 없다는 점 다시 한번 상기시켜 드립니다.

이번 장에는 이미지 데이터를 다루고자 합니다. 이미지 데이터는 컴퓨터 비전(computer vision: CV) 분야에서 매우 중요한 응용 분야 중 하나입니다. 이미지 데이터를 다루는 작업은 결국 영상 데이터를 다루는 것과 보통 비슷한 전처리 작업을 수행하게 됩니다. 예컨대, 초당 30프레임으로 촬영된 영상이라면 결국 초당 30개의 이미지를 가지고 있는 것이기 때문입니다. 이미지 분류하는 대표적인 모델은 CNN(convolutional neural network)이 있습니다. 강아지와 고양이 이미지를 분류하는 작업에 해당합니다. 또한 물체를 검출하는 모델로 YOLO(you only look once)도 인공지능 분야에서 흔한 기술입니다. 또한 이미지를 분할 한다든지, 새로운 이미지를 생성하거나 특정 스타일로 변환하는 작업 등이 모두 컴퓨터 비전 분야에 해당합니다.

이미지 데이터를 다룰 때는 대규모 데이터셋과 강력한 하드웨어가 요구됩니다. 그래픽 처리장치(GPU: graphics processing unit) 또는 텐서 처리장치(TPU: tensor processing unit)가 그것입니다. 이번 장에서 우리는 구글에서 제공하고 있는 티처블머신(teachable machine)을 이용하겠습니다. 구글 티처블머신은 주로 컴퓨터 비전 기반 기계학습을 위해 설계된 모델입니다. 특히, 이미지를 분류하거나 객체를 감지하는 모델을 훈련시킬 수 있습니다. 웹 브라우저에서 실행되기 때문에 특별한 설치나 설정 없이 모델을 생성해서 비주얼 스튜디오 코드로 가지고 와서 사용해 보도록 하겠습니다. 이 과정을 통해 우리는 이미지를 분류하는 모델의 스포츠분석에 어떻게 활용할 것인가에 대해 학습하게 될 것입니다.

9-1. 인공지능 스포츠 동작 평가

인공지능 딥러닝을 활용한 스포츠 동작평가는 커다란 잠재력을 가지고 있는 분야입니다. 다양한 스포츠 종목에서 인공지능에 의한 심판이 도입되고 있는 현실입니다. 인공지능은 인간이 놓치기 쉬운 순간 동작을 식별하고 편견 없는 객관적 가치관으로 공정한 평가행위가 가능할 것이라는 기대감 때문입니다. 특히, 스포츠 심판의 오심은 경기장 밖에서 불필요한 논란을 일으킨다는 점에서 인공지능 심판 도입의 필요성을 제기하기도 합니다. 인공지능 기술 발전은 스포츠 환경을 다양화하여 콘텐츠를 풍성하게 만들 것입니다.

지난 월드컵 축구 경기에서 오프사이드 판정에 인공지능 기술이 도입되었습니다. 과거에 종종 논란이 되었던 오프사이드 오심 논란을 단번에 종식했습니다. 야구 경기에서는 투수가 던지는 투구볼에 대해 스트라이크와 볼의 판단을 인공지능 기술에 맡기고 있습니다. 머신러닝으로 정확한 스트라이크 존과 공의 궤적에 따른 스트라이크와 볼의 판정 결과를 학습시킨 후, 야구 경기 현장에 도입하고 있습니다. 또한 COVID19 팬데믹은 홈트레이닝에 대한 수요를 일으켰고, 인공지능을 이용한 AI 코치에 대한 기술적 관심이 커지는 계기가 되었습니다.

인공지능 딥러닝 기술은 학교체육 현장에서 체육교사 업무를 드라마틱하게 전문화할 수 있을 것으로 생각됩니다. 학교체육 현장에서는 한 명의 체육교사가 여러 명의 학생을 대상으로 스포츠활동에 대한 지도와 평가가 이루어집니다. 교육현장에서 요구하는 다양한 수요를 체육교사가 모두 수용할 수는 없으므로 체육교육 현장에서 인공지능에 의한 평가 시스템의

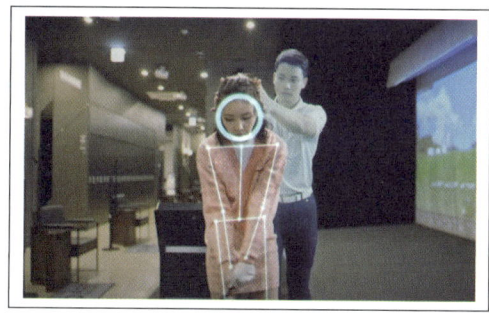

그림 9-1. 골프 동작 교정을 위한 AI 코치

성장 가능성은 점차 커질 것이라고 점쳐지고 있습니다. 스포츠 현장에서 데이터를 어떻게 확보해야 하는가를 고민해야 하는 시점입니다.

앞에서도 언급하였듯이 이미지 또는 영상 데이터를 이용한 인공지능 모델은 CV(컴퓨터 비전) 분야입니다. 이미지나 영상에서 물체의 인식, 객체 검출, 이미지 분할, 동작 인식, 특징 추출, 패턴 인식 등의 난이도 높은 전처리 작업이 필요합니다. 이미지 또는 영상은 우리가 다루었던 숫자 데이터 기반의 모델보다 데이터처리 용량이 훨씬 크고 복잡하게 이루어집니다. 이미지는 픽셀로 구성되는데, 고해상도 이미지라면 많은 픽셀로 이루어져 있어 대규모 데이터 세트를 다루어야 하기 때문입니다. 그러기 위해서는 고사양의 GPU나 TPU가 필요합니다.

지금까지 말씀드린 내용을 요약하면, 이미지 또는 영상은 딥러닝 분석을 위해 전처리해야 할 작업이 많다는 것입니다. 데이터가 크고 복잡하며, 차원이 고차원이어서 각 픽셀 간 상호작용 성격을 지니며, 딥러닝 처리를 위해 높은 계산 리소스가 요구된다는 것입니다. 물론 우리가 적용하고자 하는 체조 동작평가는 역시 이미지일 수밖에 없습니다. 이제 막 딥러닝에 입문하였는데, 이미지와 영상 데이터를 자유 자제로 전처리하기란 현실적으로 무리일 수밖에 없다는 변명을 해 봅니다. 그래도 이번 장에서 동작 분류를 주제로 한 실습을 진행할 생각입니다. 우리에게는 구글에서 제공하는 티처블머신(teachable machine)이 있기 때문입니다. 이번 장에서 우리가 도전해 볼 인공지능 기술인 티처블머신은 체조 동작 중 등대고 물구나무서기를 학습시킨 후, 새로운 등대고 물구나무서기 이미지에 대해 성공 또는 실패를 판단하는 알고리즘입니다.

9-2. 코딩 없이 학습하는 구글 티처블머신

구글 티처블머신(google teachable machine)은 2017년 처음 소개된 머신러닝 및 딥러닝 도구입니다. 이는 Google Creative Lab에서 개발했던 프로젝트로서 출시 목적은 딥러닝에 대해 더욱 친근하게 접근하도록 만드는 것이었습니다. 예컨대 딥러닝과 같은 고급 기계학습 기술을 코딩에 대한 경험이 없는 비전문가나 초보자도 쉽게 사용하면서 개념을 익힐 수 있도록 설계되었습니다. 구글에서는 6살 어린이도 딥러닝 모델을 훈련시킬 수 있게 해주는 사용자 친화적 도구라고 홍보하고 있습니다. 코딩한줄 작성하지 않고 학습된 모형의 성능은 놀라운 수준입니다. 이미지, 오디오, 포즈를 이용한 딥러닝 프로젝트를 활용할 수 있습니다. 우리는 오늘 이미지 프로젝트를 활용하여 체조 동작을 판단하는 모델을 만들어 보겠습니다.

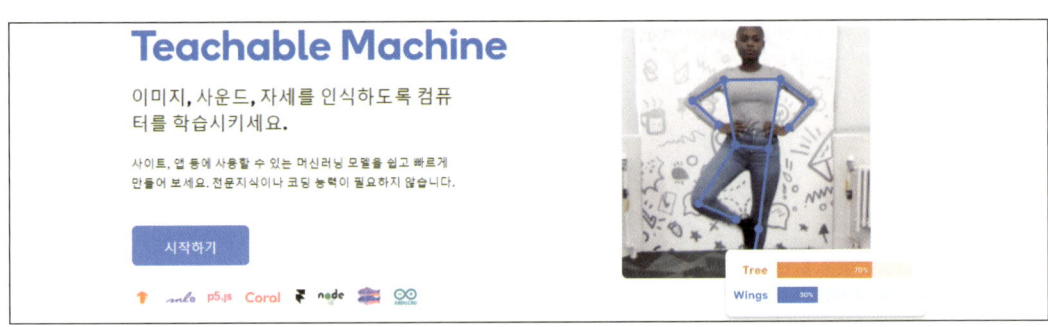

그림 9-2. 구글의 티처블머신 첫화면

●●● 체조 등대고 물구나무서기 동작

체조 물구나무서기 동작은 체육학을 전공하는 학생들이 기본적으로 경험해야 하는 일종의 통과의례 학습 콘텐츠 중 하나입니다. 중고등학교 체육수업의 콘텐츠에도 체조 물구나무서기 동작은 포함되어 있습니다. 체육수업이 아니더라도 누구나 한 번쯤은 시도해 보았을 동작이기도 합니다. 누구나 멋있는 자세로 물구나무서기를 원하고 있지만, 단번에 숙달된 자세를 만들기는 쉽지 않습니다. 그래서 보통은 물구나무서기 동작을 수행하

그림 9-3. 기계체조 등대고 물구나무서기 동작

기에 앞서 등대고 물구나무서기 자세를 배우게 됩니다. 그림 9-3과 같이 바닥에 등을 대고 골반, 무릎, 발목이 직선으로 쭉 뻗은 자세입니다. 이때 혼자 등대고 물구나무서기를 학습해야 하는 홈트레이닝 상황을 가정해 보겠습니다. 자신의 자세가 올바르게 수행되었는지에 대한 의문도 생기고, 전문가의 판단을 받아보고 싶다는 생각도 듭니다. 물론 대부분의 인공지능 코치 서비스 알고리즘도 이와 유사한 콘셉트로 개발되고 있습니다.

●●● 등대고 물구나무서기 이미지 준비

등대고 물구나무서기 학습을 위해 이미지를 준비해야겠습니다. 등대고 물구나무서기의 성공 동작과 실패 동작의 이미지를 각각 준비해야 합니다. 우리는 등대고 물구나무서기 이미지를 성공 동작 37개 그리고 실패 동작에 대해 37개 이미지를 각각 준비하였습니다. 실패 동작은 엉덩이가 완전히 펴지지 않았다든지, 무릎이 굽혀졌다든지 하는 동작입니다. 준비된 이미지는 train 폴더 내 success와 failed 폴더에 준비하였습니다. 좀 더 고난도 이미지 처리를 위해서는 이미지를 목적에 따라서 객체만을 추출하고, 배경 등 잡음을 제거하면 좋겠지만, 우리는 딥러닝을 초보자이기 때문에 이미지 전처리 없이 원본 이미지를 학습에 적용하겠습니다.

그림 9-4. 'chapter_09/train/success' 폴더의 등대고 물구나무서기 성공 이미지

그림 9-5. 'chapter_09/train/failed' 폴더의 등대고 물구나무서기 실패 이미지

●●● 티처블머신 시작

자!, 그럼 구글에서 제공하는 티처블머신을 시작해 보겠습니다. 우리는 체조 등대고 물구나무서기 이미지를 학습할 예정이므로 티처블머신의 시작화면에서 이미지 프로젝트를 선택하도록 하겠습니다. 이어지는 새 이미지 프로젝트에서 224 × 224 픽셀 컬러이미지를 사용하는 표준 이미지 모델을 적용하겠습

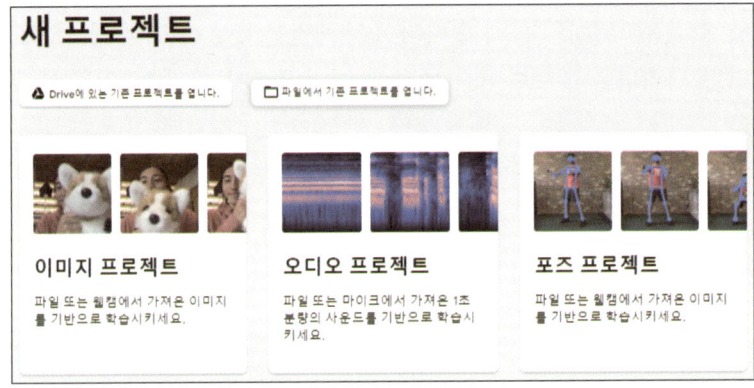

그림 9-6. 새 프로젝트 선택 화면

니다. 움직임 동작을 학습하고자 한다면 포즈 포르젝트를 선택할 수 있습니다.

이미지 프로젝트를 선택하였다면 체조 등대고 물구나무서기 동작의 이미지를 사전 분류된 성공 이미지와 실패 이미지를 삽입할 각각의 폴더를 구성합니다. 그림 9-7에 제시된 번호의 순서대로 살펴보겠습니다. ①의 'Class 1'은 성공 동작 이미지를 업로드하여야 하기 때문에 명칭을 'success'로 정하였습니다. 그리고 ② 업로드를 선택해 성공 이미지 37개를 선택하여 업로드합니다. 마우스로 이미지를 선택하여 '드래그 앤 드롭'할 수 있습니다. ③의 'Class 2'에는 실패 동작 이미지를 업로드하여야 하기 때문에 명칭을 'failed'로 정하였습니다. 또한 ④ 업로드를 선택하여 실패 이미지 37개를 업로드합니다. 만약 클래스가 더 있다면, failed 클래스 아래에 있는 '클래스 추가'를 선택하여 클래스를 추가할 수 있습니다. 티처블머신을 이용한 이미지 학습 준비가 완료되었습니다. ⑤의 학습 단계에서 모델 학습시키기를 진행하시면 됩니다.

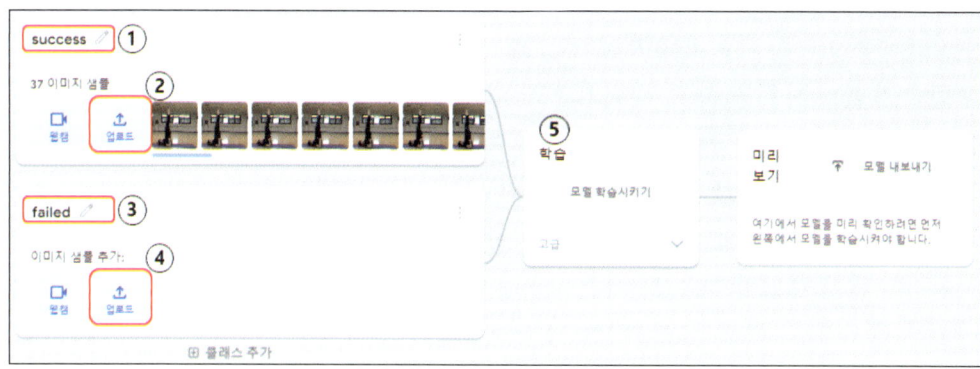

그림 9-7. 클래스 설정 및 학습 동작 파일 업로드

●●● 티처블머신 모델 학습

이제 모델을 학습시켜 보겠습니다. 그냥 모델 학습시키기를 클릭하면 진행되지만, 고급을 클릭해서 내용을 한번 살펴보겠습니다. 우리가 배웠던 반가운 용어들이 등장합니다. 에포크는 반복 학습 횟수를 의미합니다. 에포크 값이 1이라면 모든 샘플 데이터들이 적어도 한번은 학습자료로 피드 됨을 의미합니다. 배치크기는 한번에 투입되는 샘플 데이터의 양으로 이해하시면 될 것 같습니다. 배치크기가 16이라면 한번에 16개의 이미지가 학습자료로 투입됨을 의미합니다. 이미지를 한장한장 따로 학습할 수도 있지만, 16장을 한꺼번에 투입하여 학습하는 것이 시간 관계상 더 효율적일 수도 있겠습니다. 학습률은 디폴트로 0.001로 설정되어 있습니다. 숫자가 너무 크다면 역전파 이후 가중치 값의 변경이 크게 변경될 것이고 숫자가 너무 작다면 가중치 값의 변경이 조금씩 변경하게 됩니다. 여러 검증된 자료를 바탕으로 신중하게 선택하여야 합니다.

모델 학습시키기를 클릭하여 학습을 진행시켜 보겠습니다. 우리는 디폴트로 설정된 에포크 횟수보다 적은 30회로 설정하였습니다. 30회 반복 학습 하는데 채 10초의 시간이 걸리지 않습니다. 정말 대단한 솔루션입니다. 학습 데이터가 많다면 그리고 에포크 횟수가 늘어나면 시간이 더 걸리게 될 것입니다.

●●● 티처블머신 학습모델 평가

티처블머신을 이용해 학습된 모델이 얼마나 정확한지에 대해 요약된 평가 결과를 살펴보겠습니다. 그림 9-8의 학습 설정 메뉴 가장 아래에 있는 고급 설정에서 확인 할 수 있습니다. 구글 티처블머신은 사용자가 이미지 데이터를 제공하면, 임의적으로 85%의 데이터는 학습 샘플로 사용을 하고, 나머지 15%는 검증 샘플로 구분합니다. 즉, 85%의 학습 샘플은 우리가 제공한 이미지를 활용해서 등대고 물구나무 서기의 성공 자세와 실패 자세를 분류하는 방법을 배우는데 사용됩니다. 그리고 나머지 15%의 검증 샘플은 학습 샘플에서 사용하지 않은 모델이 처음 본 이미지입니다. 이전에 본 적이 없는 새로운 샘플 15%에 대해 분류하여 그 정확도를 확인하게 됩니다. 훈련 샘플에서 높은 정확도를 가지고 있고, 검증 샘플에서도 높은 정확도를 가지게 된다면 우수한 성능을 지닌 인공지능 모델이라고 판단할 수 있습니다.

그림 9-8. 학습모델의 설정

그림 9-9에 제시한 성능을 살펴보겠습니다. 클래스별 정확도는 success의 17개 샘플 중 약 15%에 해당하는 6개 검증 샘플의 정확도가 100%로 나타났습니다. 검증 샘플은 모델이 이전까지 본 적이 없었던 체조 등대고 물구나무서기 동작입니다. 코딩 없이 분류된 모델을 대상으로 놀라운 성능을 보여주고 있습니다. 혼동행렬을 살펴보겠습니다. 혼동행렬의 새로축은 실제 분류이며, 가로축은 모델이 예측한 분류값입니다. 실제 6개의 성공 샘플과 실제 6개의 실패 샘플 모두 성공과 실패로 각각 정확하게 분류하고 있습니다. 코딩 없이 만든 모델이라는 점을 고려하면 정말 대단한 성능이라고 판단됩니다.

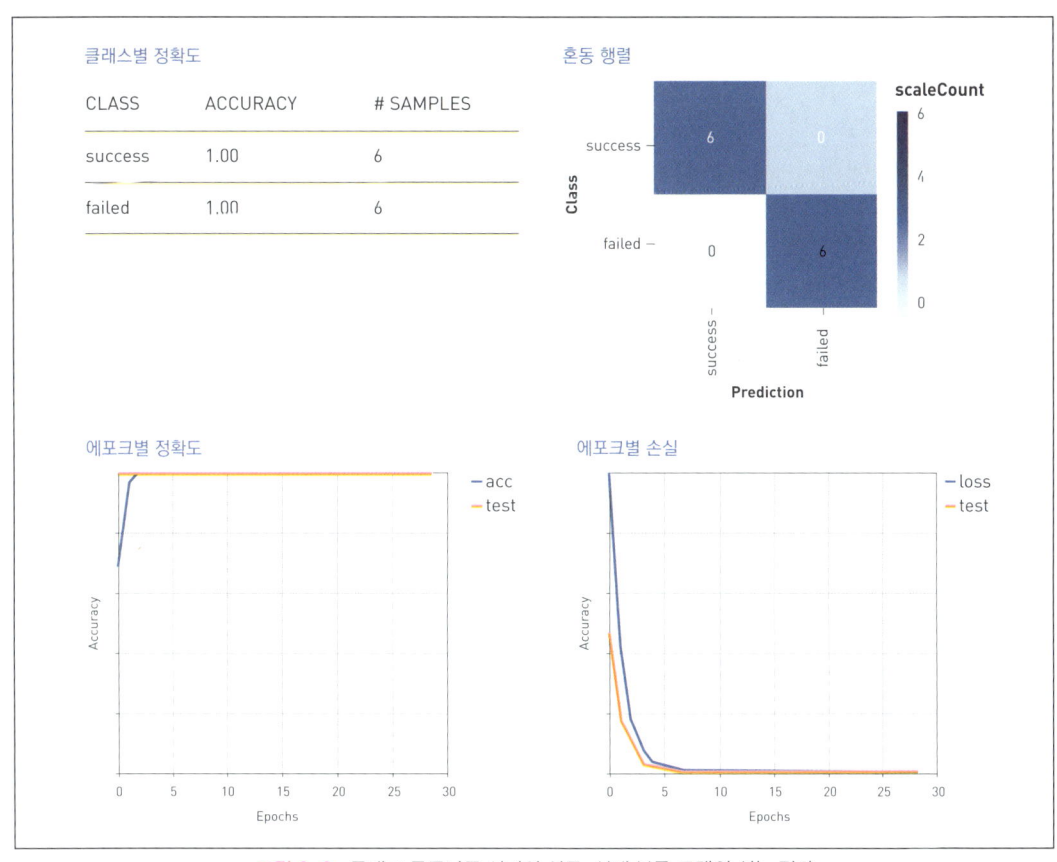

그림 9-9. 등대고 물구나무 서기의 성공, 실패 분류 모델의 성능 평가

●●● 수업에서 제출받은 학생 과제 이미지 평가

대학강의에는 체조 수업이 있습니다. 체조 수업에서 학생들은 등대고 물구나무서기 과제를 촬영하여 이미지를 제출합니다. 교수는 과제로 제출된 이미지를 하나하나 평가해야 합니다. 학생수가 200명 이상 되면 학생들이 제출한 이미지 파일을 열어서 동작평가를 하는 일도 만만찮은 작업입니다. 간단한 코멘트를 달아야 한다면 시간은 더 걸릴 것 같습니다.

과제로 제출받은 이미지를 영상에 비춰서 평가해 보겠습니다. 이미지를 휴대폰에 다운

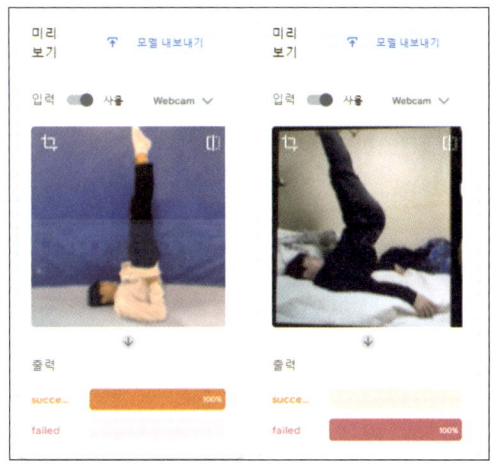

그림 9-10. 학생들이 제출한 등대고 물구나무 서기 과제평가

을 받아 비춰보겠습니다. 학생들은 자신의 동작을 수업중에도 평가받을 수 있을 것 같습니다. 다양한 수업모델로 발전시킬 수 있겠다는 생각이 듭니다. 학생들이 제출한 사진을 모델에 비춰서 판단을 받았습니다. 그림 9-10과 같이 좌측 이미지에 대해서는 100% 'success'로 판단을 하였고, 우측 이미지에 대해서는 100% 'failed'로 판단했습니다. 비교적 정확한 평가를 수행한 것 같습니다.

9-3. 체조 동작평가 딥러닝 서비스

티처블머신은 구글의 기술 및 서버를 이용하기 때문에 사전에 설정해야 조건들이 거의 없습니다. 머신러닝 또는 딥러닝에 대한 사전 지식이 없더라도 모델을 만들어 사용할 수 있다는 점에서 썩 괜찮은 도구인 것도 사실입니다. 티처블머신으로 학습한 모델을 우리가 원하는 방식의 서비스로 개발하여 제품을 만들어 볼 수 있겠다는 생각도 듭니다. 그렇다면 한번 시도해 봐야겠지요? 티처블머신으로 학습된 모델을 조금 수정해서 학생들이 제출한 등대고 물구나무서기 이미지를 자동 평가하는 시스템을 구현하겠습니다. 간단한 코멘트도 달아 주면 좋을 것 같습니다. 이 책에서 간단한 예제로 소개하지만, 상황에 맞도록 응용하면 아주 재미있는 딥러닝 서비스도 개발할 수 있겠다는 의견입니다.

●●● 티처블머신의 학습 모델 저장

티처블머신으로 학습된 모델을 다운받아 체조 등대고 물구나무서기 동작을 자동 평가하는 서비스를 만드는 것이 목표입니다. 이 서비스를 웹 또는 앱으로 구현하는 것 역시 프로그래밍에 대한 간단한 지식만 있다면 어렵지 않은 작업이 될 것입니다. 우리는 VS code에서 텐서플로우 라이브러리를 사용하는 모델로 다운을 받겠습니다. 그림 9-10의 오른쪽 위에 있는 모델 내보내기를 클릭하면 그림 9-11과 같은 메뉴가 나타납니다. 우리는 'Tensorflow.js'와 'Tensorflow Lite' 사이에 있는 'Tensorflow'를 선택하고, 모델 변환 유형을 'Savedmodel'을 선택한 후, 모델 다운로드를 클릭하겠습니다. 물론 'Keras' 모델도 가능하지만, 파이썬 2.0 이상에서 구동되는 텐서플로우에서는 'Savedmodel'이 더 안정적이라고 보고되고 있습니다.

모델을 다운로드 클릭하면 약간의 시간이 지난 후에 ZIP 압축파일로 'converted_savedmodel.zip'이라는 이름으로 저장됩니다. 다운받은 모델을 'gymnastics_keras'라는 폴더를 만들고 압축을 해제하겠습니다. 제가 깃허브에 올려둔 예제에는 이미 다운을 받아서

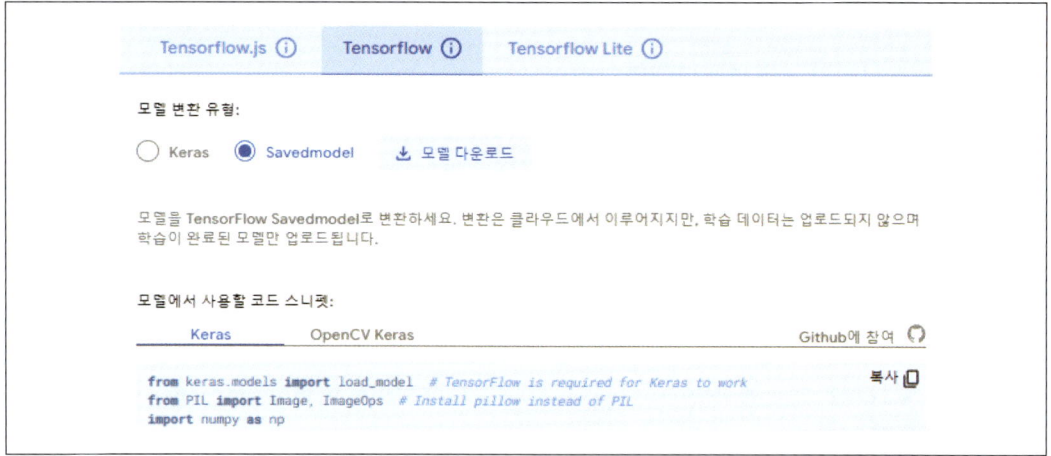

그림 9-11. 구글 티처블머신 학습모델 다운로드

저장된 폴더까지 모두 제공하고 있으니, 이 과정에 대한 실습을 건너뛰고자 한다면, 저장된 파일을 그대로 사용하여도 무방합니다. 'gymnastics_keras'라는 폴더에 압축을 풀었더니, 다음과 같이 'model_savedmodel'이라는 폴더 하나와 'labels'라는 파일이 하나 만들어졌습니다. 이렇게 폴더와 파일이 만들어졌다면, 구글 티처블머신으로 학습된 모델을 정상적으로 다운을 받은 것입니다.

- model.savedmodel
- labels

그림 9-11의 하단에서 나타나 있듯, 구글에서 모델에서 사용할 수 있는 코드는 'Keras'와 'OpenCV Keras' 형태로 제공하고 있는 사실을 확인할 수 있습니다. 우리는 이 코드를 사용하지 않고, 저장된 모델만 불러와서 등대고 물구나무서기 이미지를 판단하는 서비스를 제작하겠습니다.

●●● 저장된 모델 불러오기

코드 09-03-01은 티처블머신을 이용해서 만든 등대고 물구나무서기의 저장된 모델을 불러오는 코드입니다. 필요한 라이브러리를 설정하고, 앞에서 다운받아 압축파일을 해제하였던 모델의 경로를 지정해 주었습니다. 여러 번 반복했기 때문에 코드에 대한 설명은 생략하겠습니다. 실행을 시켰는데, 결과와 같은 메시지가 출력되었다면 모델을 정상적으로 불러온 것입니다.

[코드 09-03-01] 저장된 티처블머신 모델 불러오기

```python
1  # 구글 티처블머신 모델 불러오기_09_03_01
2  import tensorflow as tf
3  from PIL import Image
4  import numpy as np
5  import os
6  import matplotlib.pyplot as plt
7  model_path = 'gymnastic_keras/model.savedmodel'
8  model = tf.saved_model.load(model_path)
9  print(model)
```

[결과]
```
<tensorflow.python.saved_model.load.Loader._recreate_base_user_object.<locals>._UserObject object at 0x0000014DB2DA5A50>
```

●●● 구글 티처블머신 활용 동작평가

이제 모델을 정상적으로 불러왔으니, 제가 가지고 있는 이미지 데이터를 활용하여 등대고물구나무 평가를 해 보겠습니다. 'apply' 폴더에 'apply*.jpg'라는 파일 이름으로 저장되어 있습니다. 모델 입장에서는 학습에 사용된 적이 없는 처음 보는 이미지들입니다.

[코드 09-03-02] 구글 티처블머신 활용 동작평가

```python
1   # 구글 티처블머신 활용 동작평가_09_03_02
2   image_path = 'apply/apply1.jpg'  # 이미지를 선택하세요.
3   image = Image.open(image_path)
4   image = image.resize((224, 224))  # 모델의 입력 크기에 맞게 조정
5   image = np.array(image, dtype=np.float32) / 255.0
6   if image.shape[-1] == 4: # 이미지가 4채널인 경우, 마지막 채널을 제거
7       image = image[:, :, :-1]
8   image = np.expand_dims(image, axis=0)  # 배치 차원을 추가하여 모델의 입력 형태에 맞춤
9   predictions = model(image)  # 모델을 호출하여 예측 수행
10  success_probability = predictions[0][0]*100  # "성공" 클래스에 대한 확률
11  failure_probability = predictions[0][1]*100  # "실패" 클래스에 대한 확률
12  plt.imshow(np.array(Image.open(image_path))) # 결과 출력
13  plt.axis('off')
14  plt.show()
15  print(f"성공판단: {success_probability:.2f}%, 실패판단: {failure_probability:.2f}%")
16  if success_probability > failure_probability:
17      print('성공입니다. 좋은 자세유지를 위해 계속 노력해 주세요.')
18  else:
19      print('실패입니다. 엉덩이 또는 무릎을 펴야 합니다.')
```

[결과]

성공판단: 99.93%, 실패판단: 0.07%
성공입니다. 좋은 자세유지를 위해 계속 노력해 주세요.

코드 09-03-01은 구글 티처블머신에서 학습한 모델을 사용하여 이미지를 분류하고 분류 결과를 출력하는 코드입니다. 코드에 대한 해설은 다음과 같습니다.

2-3줄.: image_path 변수에 이미지 파일 경로를 지정합니다.

4줄. image = image.resize((224, 224)): 이미지를 열고 모델의 입력 크기에 맞게 크기를 조정합니다.

5줄. image = np.array(image, dtype=np.float32) / 255.0: 0에서 1 사이의 값으로 정규화합니다.

6-7줄.: 이미지가 4채널인 경우, 마지막 채널을 제거합니다.

8줄. image = np.expand_dims(image, axis=0): np.expand_dims( )를 사용하여 이미지에 배치 차원을 추가합니다.

9줄. predictions = model(image): 모델을 호출하여 이미지를 분류하고 predictions에 결과를 저장합니다.

10-11줄.: 각 클래스별 확률 값을 계산합니다.

12-14줄.: 분류 결과를 시각화하고 확률을 출력합니다.

15-19줄.: 성공 확률과 실패 확률을 비교하여 결과를 출력합니다.

위 코드를 실행하여 등대고 물구나무 서기 이미지를 모델에 입력으로 주고, 모델이 이 이미지를 분류한 결과, 성공과 실패를 확률로 출력하고, 그 결과를 시각적으로 보여주며, 성공 또는 실패를 판단하는 기능을 수행하였습니다. 우리는 이제 이미지를 활용한 동작 평가도 수행해 보았습니다. 딥러닝 정말 별것아닙니다. 도전해 볼만한 분야가 분명합니다.

[코드 09-03-03] 학생 제출 과제 일괄평가

```
1   # 학생 제출 과제 일괄평가_09_03_03
2   image_paths = ['apply/apply{}.jpg'.format(i) for i in range(1, 6)]
3   def predict_image(image_path):
4       image = Image.open(image_path)
5       image = image.resize((224, 224))   # 모델의 입력 크기에 맞게 조정
6       image = np.array(image, dtype=np.float32) / 255.0
7       if image.shape[-1] == 4:
8           image = image[:, :, :-1]
9       image = np.expand_dims(image, axis=0)
10      predictions = model(image)
11      success_probability = predictions[0][0] * 100
12      failure_probability = predictions[0][1] * 100
13      return success_probability, failure_probability
14  for image_path in image_paths: # 이미지별로 예측 및 결과 출력
15      success_probability, failure_probability = predict_image(image_path)
16      plt.imshow(np.array(Image.open(image_path)))
17      plt.axis('off')
18      plt.show()
19      print(f"성공판단: {success_probability:.2f}%, 실패판단: {failure_probability:.2f}%")
20      if success_probability > failure_probability:
21          print('성공입니다! 좋은 자세유지를 위해 계속 노력하세요.')
22      else:
23          print('실패입니다. 엉덩이 또는 무릎을 펴야 합니다.')
```

[결과]

성공판단: 95.31%, 실패판단: 4.69%
성공입니다! 좋은 자세유지를 위해 계속 노력하세요.

성공판단: 0.19%, 실패판단: 99.81%
실패입니다. 엉덩이 또는 무릎을 펴야 합니다.

학생들이 제출한 등대고 물구나무 서기 이미지를 일관적으로 평가하였습니다. 14줄부터 있는 for 반복문장만을 제외한다면, 앞의 코드와 크게 다르지 않습니다. 학생들이 파일을 제출할 때 파일이름을 이메일 주소 또는 휴대폰 전화번호로 제출하도록 하고, 이메일 주소 또는

휴대폰 전화번호에 해당하는 파일 이름으로 학생들이 제출한 과제의 평가 결과를 전송하는 자동화 서비스도 어렵지 않게 가능할 것 같습니다. 간단히 수행할 수 있는 예제를 담아 봤는데, 큰 어려움 없이 수행하였습니다. 특히, 파이썬 기반으로 딥러닝용으로 공개되어 있는 다양한 라이브러리를 활용한다면 더 엄청난 인공지능 서비스를 개발할 수 있을 것입니다. 지금까지 잘 따라오셨습니다. 여러분은 이제 스포츠AI 딥러닝 전문가라고 칭하여도 전혀 손색이 없습니다. 수고 하셨습니다. 더 성장하길 기대합니다.

●●● 체조 동작 연속 평가 서비스

학생들이 제출한 등대고 물구나무서기 이미지가 300개 이상이라고 가정해 봅니다. 반복적으로 300개 이상의 이미지를 확인한 후, 간단한 코맨트도 달아야 합니다. 과제평가의 난이도나 중요도에 비해 업무량이 너무 많다는 생각입니다. 그래서 자동평가 시스템을 설계했습니다. 학생들이 제출한 파일은 'apply' 폴더에 있다고 가정합니다. 임의적으로 'apply1.jpg', 'apply2.jpg'… 와같이 파일을 구성하였습니다. 실습자료에는 모두 5개의 이미지가 있습니다. 100개든 200개든 관계 없습니다. 코드를 조금만 수정하면 학생들에게 메일로 평가결과를 자동발송하는 평가 프로그램도 가능할 것 같습니다. 코드는 다음과 같습니다.

10장
스포츠AI 딥러닝 모델 평가

10-1. 인공지능 딥러닝의 성능 평가
10-2. 과적합의 문제
10-3. 기타 고려해야 하는 딥러닝의 사항들

10장
스포츠AI 딥러닝 모델 평가

이 책은 스포츠분석을 위한 인공지능 딥러닝 입문이라는 주제로 집필을 시작했습니다. 인공지능에 관한 대강의 개념정리부터 시작해 스포츠통계, 딥러닝 작동 원리 그리고 딥러닝을 이용한 체형분류와 승부조작 위험 시그널 예측 등 실습도 해 보았습니다. 어땠나요? 어렵게만 생각해 왔던 딥러닝이 절대 어렵지만은 않다는 생각이 들지는 않았나요? 그랬다면 이 책을 집필한 목적은 달성한 것으로 생각됩니다. 앞으로 딥러닝 관련 다양한 예제를 여러분 스스로 찾아서 딥러닝을 적용할 수 있는 수준에 있다고 판단되기 때문입니다.

그러나 인공지능 딥러닝이 누구나 쉽게 접근할 수 있다고 여러 차례 말씀드렸고 실제로 그렇다는 것도 사실이지만, 또한 실제 응용 분야에 들어서면 어려운 부분에 부딪히는 것도 맞는 말입니다. 여러분이 포기하지 않고 열심히 파다 보면 여러분도 모르는 사이에 전문가로 자리를 잡을 수 있다고 확신합니다. 이 장에서는 그동안 다루지 못했던 인공지능 딥러닝 관련 내용 중에서 초보자 딱지를 떼기 위해서 반드시 알아야 할 몇 가지 개념들을 공부해 보겠습니다.

10-1. 인공지능 딥러닝의 성능 평가

인공지능 딥러닝 모델을 만들었다면, 모델의 성능을 평가하는 과정은 필수입니다. 보통은 'performance evaluation(성능평가)'이라고 부릅니다. 좋은 딥러닝 모델은 학습된 데이터에 잘 맞는 것은 당연하고 현실 세계에서 처음 보는 데이터에도 잘 들여 맞는 모델이어야 합니다. 개발한 딥러닝 모델의 성능을 다양한 데이터로부터 측정하여 딥러닝 모델이 원하는 작업을 얼마나 잘 수행하는지를 파악하는 것이 성능 평가입니다. 일반적으로 딥러닝 모델의 성능평가는 정확도(accuracy), 정밀도(precision), 재현율(recall), F1 점수 등의 지표들을 사용해서 측정합니다. 각각의 지표들에 대해 살펴보겠습니다. 이진분류, 다중분류, 회귀예측 등에 따라 다른 지표를 선택해서 사용해야 하지만, 이진분류에서 흔히 사용하는 모델 평가 개념을 중심으로 살펴보겠습니다.

●●● 정확도 accuracy

정확도는 인공지능 딥러닝 모델의 성능을 평가하는 가장 기본적인 지표입니다. 모델이 이진 분류(두 개의 범주 분류) 또는 다중 분류의 작업을 얼마나 정확하게 수행하는지에 대한 성능지표입니다. 측정평가 또는 질병 역학 분야에서 분류 정확도를 판단할 때 흔히 활용하는 개념입니다. 정확도가 무엇이냐고 묻는다면, "전체 데이터 중에서 예측값이 실제값과 얼마나 일치하는지 정도"라고 정의할 수 있습니다. 그렇다면 정확도는 어떻게 계산할 수 있을까요? 먼저 실제값이 있어야 하고, 예측값을 실제값과 비교하여 어느 정도 일치하는지를 확인하면 되겠습니다.

예를 들어 그림 10-1은 혼돈행렬(confusion matrix)의 예를 나타낸 것입니다. 혼돈행렬을 만들려면 실제값이 있어야 하고, 동시에 모델이 추정한 값(예측값)이 있어야 합니다. 그림에서 실제값은 세로축 그리고 추정값은 가로축에 펼쳐서 2×2 행렬을 만들었습니다. 이렇게 정리하니, 전체 패턴을 한눈에 볼 수가 있네요. 코드 10-01-01을 이용하면 혼돈행렬을 만들 수 있습니다. 혼돈행렬은 'confusion_matrix( )'라고 하는 함수를 이용해서 간단히 만들 수 있습니다. y_true 변수에는 실제값을 담고, y_pred 변수에는 예측값을 담았습니다. 그동안 계속 학습했던 코드였기 때문에 이해하는데 어려움은 전혀 없습니다.

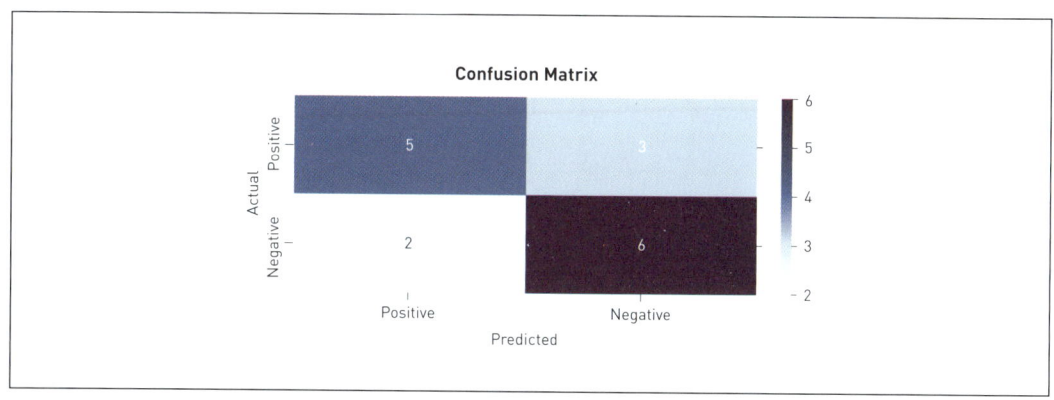

그림 10-1. 혼돈행렬(confusion matrix) 예

[코드 10-01-01] 혼돈행렬 예제

```python
# 혼돈행렬 예제_10_01_01
import numpy as np
from sklearn.metrics import confusion_matrix
import matplotlib.pyplot as plt
import seaborn as sns
y_true = [1, 0, 1, 1, 0, 1, 0, 0, 1, 0, 0, 0, 1, 1, 1, 0] #실제 값
y_pred = [1, 0, 0, 1, 0, 1, 1, 0, 1, 1, 0, 0, 0, 1, 1, 1] #예측 값
cm = confusion_matrix(y_true, y_pred) # 혼동 행렬 계산
plt.figure(figsize=(6, 2))
sns.heatmap(cm, annot=True, fmt="d", cmap="Blues", xticklabels=['Negative', 'Positive'],
    yticklabels=['Negative', 'Positive'])
plt.xlabel('Predicted')
plt.ylabel('Actual')
plt.title('Confusion Matrix')
plt.show()
```

[결과]

그림 10-1에서 모델의 정확도는 어떻게 계산할 수 있을까요? 2×2 매트릭스 전체 셀 중에서 정확하게 예측한 비율로 계산해 볼 수 있겠습니다. 그렇다면 계산의 개념을 돕기 위해서 그림 10-2의 2×2 매트릭스를 살펴보겠습니다. 그림을 살펴보면 실제 양성(positive)을 양성으로 정확하게 예측하는 'TP'와 실제 음성(negative)을 음성으로 정확하게 예측하는 'TN'이 바로 정확도에 해당하는 영역입니다. 그렇다면 전체 중에서 'TP'와 'TN'이 차지하는 비율이 정확도입니다. 정확도는 'TP+TN+FP+FN' 중에서 'TP+TN'의 비율입니다. 그림 10-1에서 정확도는 0.69로 계산할 수 있습니다. 정확도는 상당히 중요하게 사용되는 지표이니, 반드시 기억해 두어야 합니다. 그렇다면 잘못 예측한 비율은 어떻게 계산이 될까요? 1-정확도로 나타낼 수 있습니다. 그림 10-1에서 오정확도는 0.31입니다.

		Predict	
		Predict	Predict
Actual	Positive	TP (true positive)	FN (false negative)
	Negative	FP (false positive)	TN (true negative)

그림 10-2. 정확도 계산을 위한 매트릭스

$$정확도 = \frac{TP+TN}{TP+TN+FP+FN} = 0.69$$

$$오정확도 = 1 - \frac{TP+TN}{TP+TN+FP+FN} = 0.31$$

●●● 재현율 recall

재현율은 실제 양성에 대하여 모형이 양성으로 예측하는 비율을 의미합니다. 예를 들어 실제 Covid19 검사의 양성환자를 대상으로 한 검사에서 Covid19 양성환자라고 정확하게 예측하는 비율입니다. 실제 양성을 얼마나 양성으로 잘 재현해내는지를 평가한다고 하여 재현율이라고 합니다. 질병 역학(epidemiology) 등 전통 학문 분야에서는 민감도(sensitivity)가 더욱 익숙한 용어일 것입니다. 또는 진양성률이라고 하여 'True Positive Rate'로서 TPR이라고 부르기도 합니다. 모두 같은 개념이니 혼돈 없으시길 바랍니다. 혹자들은 가끔 "민감도는 알겠는데, 재현율은 배우지 않아 모르겠습니다."라고 하는데, 동의이언(同義異言: 같은 뜻 다른 말)으로 사용되는 용어입니다. 높은 재현율은 모델이 실제 양성을 잘 재현해내는 것으로 해석할 수 있습니다. 즉, 실제 양성을 잘 감지하고 있다는 뜻입니다. 반대로 낮은 재현율은 모델이 실제 양성을 놓치고 있다는 것을 나타냅니다. 그림 10-1에서 재현율은 0.71입니다.

$$재현율 = \frac{TP}{TP+FN} = 0.71$$

●●● 정밀도 precision

정밀도 역시 인공지능 딥러닝의 분류 모델의 성능을 평가하는데 중요한 지표로 사용됩니다. 정밀도는 양성으로 예측한 사례 중에서 실제 양성인 사례의 비율을 나타냅니다. 재현율과 정밀도 모두 양성을 판단하는 데 대하여 같은 성능지표이기는 하지만, 그림 10-2를 살펴보면 재현율은 실제 양성의 사례를 나타내는 가로 행 그리고 정밀도는 예측된 양성의 사례를 나타내는 세로 열에서 각각 양성의 비율을 계산하고 있다는 점에서 차이를 확인할 수 있습니다. 정밀도가 낮은 모델의 경우 어떤 문제의 발생을 예상할 수 있을까요? 수영을 전혀 하지 못하는 사람에게 수상인명구조사 자격이 부여되는 황당한 예가 적당할 수 있겠습니다. 즉, 모델은 합격으로 예측했는데 실제로도 합격인 사례의 비율이 정밀도에 해당합니다. 그림 10-1에서 정밀도는 0.62입니다.

$$정밀도 = \frac{TP}{TP+FN} = 0.62$$

●●● 특이도 specificity

재현율과 정밀도가 모두 양성에 관한 판단이라면 특이도는 음성에 관한 판단 지표입니다. 특이도는 실제 음성을 얼마나 음성으로 잘 예측했는지를 나타내고 있습니다. 즉, 실제 Covid19가 아닌 음성에 대하여 모델이 음성이라고 얼마나 잘 예측하는지 보여주는 척도입니다. 실제 음성을 양성으로 잘못 판단하는 것에서 나타나는 심각한 문제를 특이도 지표를 통해 확인할 수 있습니다. 특이도는 그림 10-1의 매트릭스에서 0.67로 계산되었습니다.

$$특이도 = \frac{TP}{FP+TN} = 0.67$$

●●● F1 점수

정확도가 인공지능 딥러닝의 성능을 평가하는 데 널리 사용되는 지표인 것은 분명합니다. 하지만, 각각의 셀에 있는 데이터가 불균형한 경우에 정확도는 편향적으로 나타나는 위험성이 있습니다. 예를 들어 10명을 대상으로 개발한 모델을 가정해 보겠습니다. 실제 값은 양성 8명과 음성 2명이 있습니다. 이때 모델은 10명을 모두를 양성으로 예측한다면 정확도는 어떻게 될까요? 0.8의 값을 갖게 됩니다. 음성을 하나도 예측하지 못하였는데도 0.8이라는 높은 정확도 값을 보여주었습니다. 그래서 정확도를 해석할 때에는 양성과 음성의 데이터의 균형도를 매우 중요하게 고려해야 합니다. F1 점수는 각 범주 간에 데이터 간 불균형이 나타나는 경우 사용할 수 있는 지표로 이해하면 좋겠습니다.

F1 점수는 재현율과 정밀도를 조합해 만든 값입니다. 일반적으로 데이터의 불균형이 크게 발생하는 경우에는 정확도 보다 F1 점수를 모델평가에 사용할 것을 제안하고 있습니다. F1

이라는 이름은 'F-beta score'에서 파생되었으며, F1은 beta 값이 1인 경우를 의미합니다. F-beta score는 정밀도와 재현율 사이의 균형을 조정하는 데 사용되며, beta 값을 조절하여 두 지표 중 하나를 강조할 수 있습니다. F1은 beta가 1인 특수한 경우로, 정밀도와 재현율의 가중치를 동일하게 반영하여 균형을 나타내는 일반적인 성능 지표 중 하나입니다. 그림 10-1의 매트릭스에서 F1 점수는 0.67로 계산되었습니다.

$$F1 = 2 \times \frac{정밀도 \times 재현율}{정밀도 + 재현율} = 0.67$$

코드 10-01-02는 정확도, 재현율, 정밀도, 특이도, F1 점수 산출을 위한 코드입니다. 이제는 코드에 대한 설명이 없을 정도로 여러분이 익숙할 듯합니다.

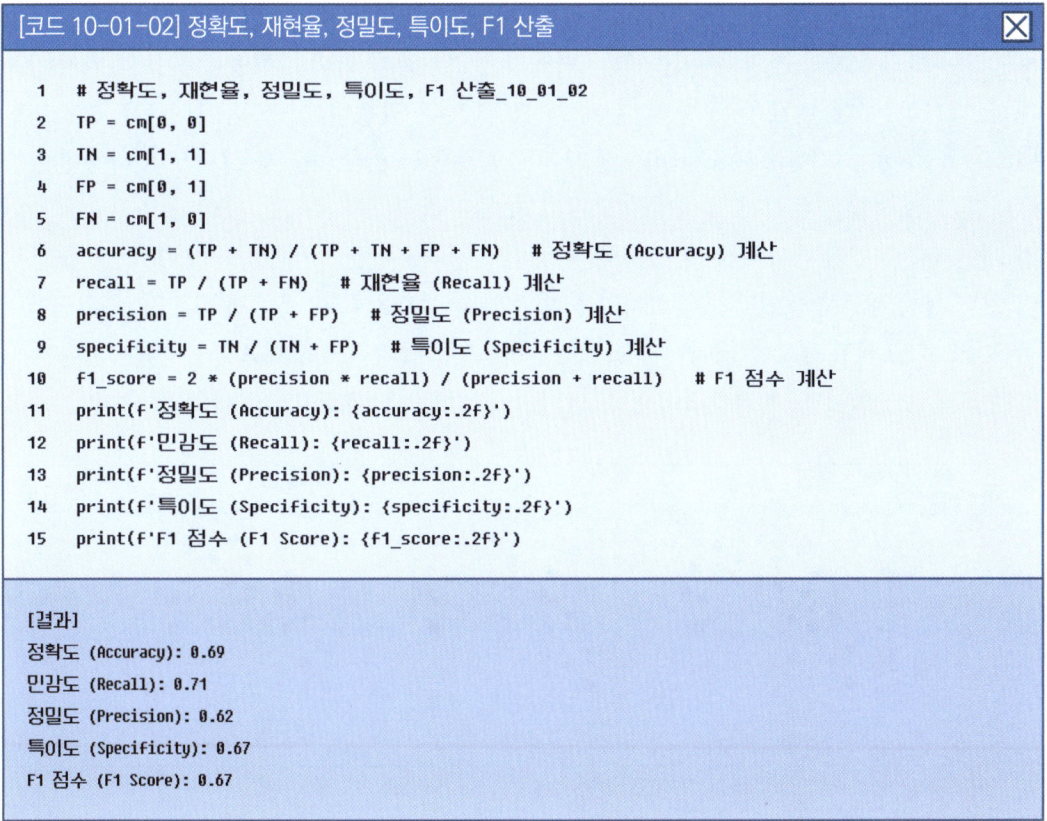

[코드 10-01-02] 정확도, 재현율, 정밀도, 특이도, F1 산출

```
# 정확도, 재현율, 정밀도, 특이도, F1 산출_10_01_02
TP = cm[0, 0]
TN = cm[1, 1]
FP = cm[0, 1]
FN = cm[1, 0]
accuracy = (TP + TN) / (TP + TN + FP + FN)   # 정확도 (Accuracy) 계산
recall = TP / (TP + FN)   # 재현율 (Recall) 계산
precision = TP / (TP + FP)   # 정밀도 (Precision) 계산
specificity = TN / (TN + FP)   # 특이도 (Specificity) 계산
f1_score = 2 * (precision * recall) / (precision + recall)   # F1 점수 계산
print(f'정확도 (Accuracy): {accuracy:.2f}')
print(f'민감도 (Recall): {recall:.2f}')
print(f'정밀도 (Precision): {precision:.2f}')
print(f'특이도 (Specificity): {specificity:.2f}')
print(f'F1 점수 (F1 Score): {f1_score:.2f}')
```

[결과]
정확도 (Accuracy): 0.69
민감도 (Recall): 0.71
정밀도 (Precision): 0.62
특이도 (Specificity): 0.67
F1 점수 (F1 Score): 0.67

10-2. 과적합의 문제

인공지능 딥러닝을 적용하여 모델을 구축할 때 흔히 부딪히는 문제가 바로 과적합 (overfitting)입니다. 딥러닝 모델을 개발해 본 경험이 부족한 초보자들에게는 너무나 어려운 문제입니다. 과적합은 모델이 학습을 너무 잘해서 발생하는 문제로 생각하면 이해가 쉽습니다. 예를 들어 집에 있던 수학 학습지를 너무 오랫동안 그리고 너무 많이 공부해서 그 문제들을 달달 외우게 되었습니다. 배웠던 문제로 시험을 보면 당연히 한 문제도 틀리지 않는데, 그 동안 풀어본 적이 없던 새로운 문제로 시험을 보면 공부한 성적이 나오지 않겠지요?

이 문제가 바로 과적합의 문제입니다. 모델이 학습 데이터에 너무 맞추어져 있어 이전에 본 적이 없는 새로운 데이터에 대하여 성능이 저하되는 현상을 가리킵니다. 타당도 측면에서 보면 일반화의 문제라고 할 수 있습니다. 딥러닝 알고리즘이 최적의 해답을 찾을 때까지 반복해서 계산하는 데 따르는 필연적 문제로 생각할 수 있습니다. 그림 10-3은 과소적합 (underfitting), 최적합(optimalfitting) 그리고 과적합(overfitting)을 그림으로 나타내고 있습니다. 과소적합은 주어진 데이터를 모델이 제대로 반영하지 못하는 예이며 과적합은 주어진 데이터를 모델이 지나치게 잘 예측하는 예입니다. 과소적합 그리고 과적합 모두 학습한 적이 없던 전혀 새로운 데이터가 입력되었을 때 정확한 예측을 하지 못하게 되겠지요. 그림에서 붉은색으로 표시된 새로운 데이터가 들어왔을 때 가장 합리적으로 예측할 수 있는 모델이 최적합 모델인 듯합니다. 최적합 모델은 일반화가 잘 이루어진 알고리즘이라고 할 수 있습니다.

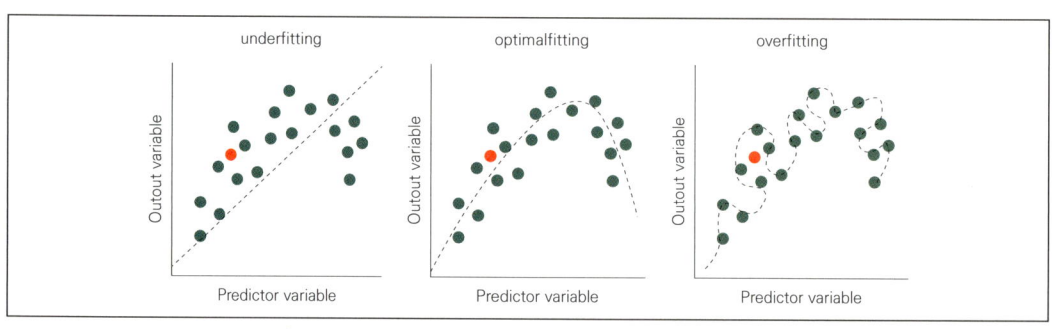

그림 10-3. 과적합의 개념(출처: www.quora.com의 과적합 문제)

그렇다면, 과적합은 인공지능 딥러닝 모델을 개발할 때 가장 중요하게 고려해야 하는 개념 중 하나입니다. 과적합을 판단하는데 대해 절대적인 기준은 아직 학계에서 정해져 있지 않습니다. 일반적으로 모델 및 데이터에 따라 다를 수 있으므로 데이터에 대한 이해와 모형 평가에 관한 개념정립이 요구됩니다. 일반적으로는 범용으로 현실 세계의 데이터에 적용하였을 때 잘 맞는 것이 좋은 모델입니다. 명시적으로 정해진 절대 기준은 없지만, 과적합을 판단하는 데 사용하는 일반적인 방법은 다음과 같습니다. 이에 대해 살펴보겠습니다.

① 학습 및 검증 데이터의 성능 비교: 모델을 학습할 때 사용한 학습 데이터(training data)와는 별도의 검증 데이터(test data)를 사용하여 성능을 비교합니다. 모델이 학습 데이터에서는 높은 성능을 보이지만 검증 데이터에서 성능이 저조하면 과적합의 가능성이 크다고 판단합니다. 일반적으로 학습 데이터와 검증 데이터 간의 성능 차이가 큰 경우 과적합일 가능성은 증가합니다.

② 학습 곡선과 검증 곡선: 학습 데이터에서 나타나는 학습 곡선과 검증 데이터에서 나타나는 검증 곡선은 학습 횟수 증가에 따른 모델의 성능을 시각적으로 나타냅니다. 과적합된 모델은 학습 곡선에서는 좋은 성능을 보이지만 검증 곡선에서는 학습 곡선의 성능 향상 패턴과는 다르게 어느 수준에서 성능이 떨어집니다. 따라서 두 곡선 사이의 간격이 크면 과적합 가능성이 크다고 판단합니다.

③ 데이터 교차 검증: 여러 개의 데이터 세트를 구성하여 데이터 폴더를 만들고 교차 검증을 통해 모델의 일반화 성능을 평가함으로써 과적합을 탐지할 수 있습니다. 모델이 교차 검증을 시행한 결과 각 폴더에서 일관된 성능을 나타내면 해당의 모델은 과적합의 가능성이 작다고 판단합니다.

과적합 여부를 판단하는 데에는 특정한 하나의 기준만 존재하는 것은 아닙니다. 여러 가지 요소를 종합적으로 고려해야 한다는 것입니다. 데이터와 모델의 특성을 고려하여 과적합 여부를 판단하는 것이 가장 중요합니다. 모델의 과적합 문제를 해소하는데, 사용할 수 있는 몇 가지 방법들 역시 소개되고 있습니다. 과적합을 해결하는 방법 역시 절대적인 것이 있다고 단정할 수 없는 듯합니다. 인공지능 딥러닝에서 아직 밝혀내야 할 부분이 많다는 뜻이기도 합니다. 과적합을 줄이는 방법을 생각해 보겠습니다. 간단히 생각해 보면, 과적합이 발생하는 상황과 반대상황을 만들면 될 것 같습니다. 과적합이 일어나는 조건이라면 입력 데이터가 부족한 것이 하나의 이유가 될 수 있습니다. 입력 데이터가 작다면 딥러닝은 반복 학습으로 데이터를 통째로 외워버리는 상황이 되겠습니다. 입력 데이터를 늘림으로써 과적합은 줄일 수 있습니다. 다른 방법은 인공지능 딥러닝이 추정해야하는 파라미터의 수를 줄임으로써 해결할 수 있습니다. 파라미터를 줄이는 방법은 가중치를 감소시킨다든지 가중치 링크의 숫자를 줄인다든지 하는 방법이 사용되고 있습니다. 과적합과 관련된 해결 방법은 차후에 다른 방법으로 다시 다루도록 하겠습니다.

10-3. 기타 고려해야 하는 딥러닝의 사항들

이제 여러분은 인공지능 딥러닝의 초보자가 아닙니다. 기초 이론도 배웠고, 딥러닝 코드도 작성해 보았습니다. 당장이라도 데이터를 수집해서 딥러닝 모델을 만들 수 있을 듯한 자신감도 생겼습니다. 각각의 장에서 다루지 못했던 몇 가지 고려해야 할 사항들을 살펴보며 기초 딥러닝 강좌를 마무리 짓겠습니다. 딥러닝은 비지도학습, 전이학습, 강화학습 등 도전해야 할 분야가 참으로 많습니다. 앞으로 계속 함께할 예정입니다.

데이터 수집과 전처리

좋은 딥러닝 모델 설계를 위해서는 품질이 우수한 데이터 수집이 필수입니다. 또한 분석에 적합한 형태로 전처리하여 모델이 데이터를 받아들이고 이해할 수 있는 형식으로 가공해야 합니다. 데이터 라벨링 작업도 매우 중요합니다. 정확한 라벨링이 정확한 결과물을 만들어낸다는 점 꼭 기억하셔야 합니다.

모델 선택

딥러닝을 위한 자료수집이 완료되면 어떤 모델 구조를 사용할 것인지를 결정해야 합니다. 보통은 문제의 복잡성과 데이터의 특성에 따라 달라집니다. 딥러닝으로 해결해야 할 문제가 어떤 문제인지에 대한 정확한 분석이 매우 중요합니다. 사전에 훈련된 모델을 활용할 수 있는 경우라면 전이학습도 고려할 수 있고, 문제에 대한 해결 방법을 정확하게 알고 있지 않는 경우라면 강화학습도 고려해 볼 수 있습니다. 앞으로 도전해야 할 분야가 다양하다는 사실에 즐겁습니다.

하드웨어 및 인프라

딥러닝 모델은 계산 리소스를 많이 필요로 합니다. 사용 가능한 리소스가 어떻게 되는지도 중요하게 고려해야 하는 부분입니다. 참고로 2016년 구글에서 만든 알파고는 잠실야구장 정도 규모의 서버를 통해 계산이 이루어졌다고 합니다. 챗GPT 역시 월별 전기요금이 우리 돈으로 1조 원을 상회합니다. 활용 가능한 리소스를 알아야 합니다.

하이퍼파라미터 튜닝

하이퍼파라미터는 개발자가 모델의 성능을 높이기 위하여 조정할 수 있는 파라미터를 의미합니다. 예를 들면 학습률을 0.1 또는 0.001로 설정할 것인지에 관한 결정, 배치크기를 32 또는 64로 설정할 것인지에 관한 결정, 또는 에포크 수를 1000 또는 100으로 설정할 것인지에 관한 결정입니다. 다양한 설정을 통해 모델의 성능을 최적화해야 합니다.

실험 기록

딥러닝을 설계하는 실험 환경, 하이퍼파라미터 설정, 모델 버전, 결과 및 결정 등을 문서로 만들어 지속해서 기록하여야 합니다. 최적의 딥러닝 모델을 만들어가는 과정은 일종의 실험행위입니다. 실험과정에 대한 문서화 기록을 통해 실험 데이터의 신뢰성을 높이고, 실험 결과의 재현 가능성을 유지해야 합니다.

이 책은 스포츠분석을 위한 인공지능 딥러닝의 입문을 위해서 기초 지식을 다루었습니다. 충분한 내용을 다루었다는 생각이 들지는 않지만, 인공지능 딥러닝의 기초를 다지는 절차로 생각하면 만족스러운 듯합니다. 지금까지 수고 많았습니다. 앞으로 인공지능 딥러닝 모델을 활용한 스포츠분석 콘텐츠들을 더 많이 접할 수 있었으면 좋겠습니다. 스포츠AI 딥러닝에 관해 함께 나눌 이야기 공간들이 더욱 많아졌으면 좋겠습니다. 한국체대 스포츠분석센터가 여러분과 함께하겠습니다. 항상 감사합니다.

실전 예제로 배우는
스포츠분석을 위한
인공지능 딥러닝 입문

인　쇄	2023년 12월 15일 인쇄
발　행	2023년 12월 29일 발행
저　자	박재현·윤지운·윤효준·전민수·이지용
발 행 처	레인보우북스
주　소	서울 관악구 신림로 75 레인보우B/D
전　화	02) 2032-8800 02) 871-0935(팩스)
E-mail	min8728151@rainbowbook.co.kr

I S B N 978-89-6206-543-5 [93690]
정　가 25,000원

*잘못된 책은 구입처에서 교환하여 드립니다.